清华大学汽车工程系列教材

汽车人机工程学

Automotive Human-machine Engineering

袁 泉 编著

Yuan Quan

清华大学出版社
北 京

内 容 简 介

本书全方位呈现了人机工程学的基本理论和设计方法及其在汽车设计领域的具体应用,从人的因素出发,涵盖人体的几何尺寸、人体的机能特性,进而介绍人机界面设计、作业空间与环境设计,最后聚焦汽车人机工程设计。内容以人机界面设计为重,针对人—机—环境系统,探讨改善影响人的安全、健康、舒适、效率等方面的因素。让读者了解有关人机工程学的思想与方法,并进一步提高有效运用人机工程的科学方法解决实际设计与分析中具体问题的能力。本书参考引用了人机工程相关的最新国家标准,并探讨汽车的智能化和电动化给人机工程设计带来的新变化。

版权所有,侵权必究。举报: 010-62782989,beiqinquan@tup.tsinghua.edu.cn。

图书在版编目(CIP)数据

汽车人机工程学/袁泉编著. —北京: 清华大学出版社,2018(2023.12重印)
(清华大学汽车工程系列教材)
ISBN 978-7-302-51752-8

Ⅰ. ①汽… Ⅱ. ①袁… Ⅲ. ①汽车工程—人—机系统—高等学校—教材 Ⅳ. ①U461

中国版本图书馆 CIP 数据核字(2018)第 271426 号

责任编辑: 许 龙
封面设计: 常雪影
责任校对: 赵丽敏
责任印制: 沈 露

出版发行: 清华大学出版社
网　　址: https://www.tup.com.cn, https://www.wqxuetang.com
地　　址: 北京清华大学学研大厦 A 座
邮　　编: 100084
社 总 机: 010-83470000
邮　　购: 010-62786544
投稿与读者服务: 010-62776969, c-service@tup.tsinghua.edu.cn
质量反馈: 010-62772015, zhiliang@tup.tsinghua.edu.cn

印 装 者: 涿州市般润文化传播有限公司
经　　销: 全国新华书店
开　　本: 185mm×230mm
印　　张: 13.5
字　　数: 293 千字
版　　次: 2018 年 10 月第 1 版
印　　次: 2023 年 12 月第 5 次印刷
定　　价: 45.00 元

产品编号: 074174-03

前言

人机工程学是一门综合性很强的新兴学科。它是从人的生理和心理特点出发，研究人、机、环境三者之间的相互关系和相互作用的规律，以期优化整个人—机—环境系统的交叉学科。人机工程学理论思想的重要性在汽车及交通工程领域的设计、研究、开发工作中最能得到充分体现。汽车人机工程学是人机工程的理论与方法在汽车工程学科和领域中的具体应用。

"以人为本"已成为当前工程设计的基本思路。人机工程学的研究发展及其在车辆工程领域的实际应用，是"以人为本"的具体表现，对于改善车内乘员的安全性和舒适性、提升交通工具的宜人性和运行效率，都有着明显的促进作用。当前，随着车辆智能化和自动化的不断发展，人机结合、人机共驾、人工智能在汽车人机工程中的应用愈加重要，也为人机工程学增添了新的前沿课题方向和研发挑战。

广大工科专业的本科生、研究生、学者和研发人员，通过人机工程学的学习，可以掌握人机工程的基本理论思想和设计方法，从而在各种工程领域的设计、实际运用和研究开发过程中，注重考虑以人为中心、人—机—环境三者之间有机结合的系统工程思想的应用，在未来的科研、设计和技术开发工作中发挥作用。

清华大学的"人机工程学"课程是主要面向车辆工程专业车身设计方向本科学生开设的一门专业基础课。经过多年的教学积累，编者总结汇编了这本适合于车辆工程专业本科生使用的《汽车人机工程学》教材，其中包含了人机工程学的基本原理、研究和设计方法，以及重点面向车辆工程、交通工程等领域的基础理论和应用案例，内容较全面，容量和难度适中。

在本书的编撰过程中，参阅了大量的文献资料，考虑了专业特点和实际需求，并结合了国内外最新相关标准和研究成果。全书共分为6章，分别为人机工程学概述；人体尺寸及其应用；人体的机能特性；人机界面设计；作业空间与环境设计；汽车人机工程设计。每章前有引言导入和知识点归纳，每章后附有适量的习题供课后选做。

感谢历年参加清华大学人机工程学课程学习的同学们在上课过程中对讲义提出的建议，以及完成的作业作品成为后续教学的宝贵素材。感谢覃川洲、李垚君、张书语、程雪菲、符升迁、王勇皓、张宇、冯超、赵俊玮等同学为本教材制作的图片和提供的资料。

  感谢本书引用的参考文献作者们提供的丰富的素材来源。特别感谢人机工程专家——中国农业大学周一鸣教授,其关于车辆人机工程的著作和成果为本书的内容提供了经典的理论基础和重要参考。

  因编者水平所限,本书内容中难免有错误、疏漏或不足之处,恳请各位专家和广大读者指正。

作 者

2018 年 5 月于清华园

目 录

第 1 章 人机工程学概述 …………………………………………………………… 1
引言 人机工程无处不在 ……………………………………………………… 1
1.1 人机工程学的研究内涵 ……………………………………………………… 2
    1.1.1 人机工程学的定义 …………………………………………………… 2
    1.1.2 人机工程学的研究内容 ……………………………………………… 4
1.2 人机工程学的发展历程 ……………………………………………………… 5
    1.2.1 人机工程学发展简史 ………………………………………………… 5
    1.2.2 人机工程学在我国的发展 …………………………………………… 8
1.3 人机工程学的基本概念 ……………………………………………………… 9
    1.3.1 人—机系统 …………………………………………………………… 9
    1.3.2 人—机界面 …………………………………………………………… 9
    1.3.3 人—机关系 …………………………………………………………… 10
    1.3.4 人—机交互 …………………………………………………………… 10
1.4 人机工程学的研究方法 ……………………………………………………… 11
    1.4.1 实际观察法 …………………………………………………………… 11
    1.4.2 实际调查法 …………………………………………………………… 11
    1.4.3 心理测验法 …………………………………………………………… 11
    1.4.4 统计研究法 …………………………………………………………… 12
    1.4.5 实际测量法 …………………………………………………………… 12
    1.4.6 试验研究法 …………………………………………………………… 12
    1.4.7 仿真研究法 …………………………………………………………… 13
    1.4.8 系统分析法 …………………………………………………………… 17
1.5 人机工程学的应用 …………………………………………………………… 17
    1.5.1 人机工程学的应用领域 ……………………………………………… 17

1.5.2 机器设计中的人体因素 ………………………………………………… 18
1.5.3 交通与汽车工程中的人机工程问题 …………………………………… 18

第2章 人体尺寸及其应用 ……………………………………………………… 22
引言 人体所需要的空间 ……………………………………………………… 22
2.1 人体尺寸概述 …………………………………………………………… 23
2.1.1 人体尺寸测量简史 …………………………………………………… 23
2.1.2 我国成年人的人体结构尺寸 ………………………………………… 24
2.1.3 我国成年人的人体功能尺寸 ………………………………………… 26
2.1.4 未成年人和老年人的人体尺寸 ……………………………………… 26
2.2 人体尺寸的特点 ………………………………………………………… 27
2.2.1 人体尺寸的空间特点 ………………………………………………… 27
2.2.2 人体尺寸的时代特点 ………………………………………………… 28
2.2.3 人体尺寸的统计特征 ………………………………………………… 29
2.3 人体尺寸的应用 ………………………………………………………… 30
2.3.1 产品尺寸设计的分类 ………………………………………………… 30
2.3.2 满足度 ………………………………………………………………… 31
2.3.3 设计界限值的选择 …………………………………………………… 32
2.3.4 人体尺寸测量数据的修正 …………………………………………… 33
2.3.5 产品功能尺寸的确定 ………………………………………………… 34
2.3.6 人体尺寸在车身设计中的应用 ……………………………………… 35
2.4 人体尺寸数据的测量 …………………………………………………… 35
2.4.1 人体测量的分类 ……………………………………………………… 35
2.4.2 人体测量的参照系 …………………………………………………… 36
2.4.3 人体测量的项目和方法 ……………………………………………… 36
2.4.4 人体尺寸的间接计算方法 …………………………………………… 37
2.4.5 人体尺寸的相关性 …………………………………………………… 39
2.5 人体模型 ………………………………………………………………… 39
2.5.1 人体模型的分类 ……………………………………………………… 39
2.5.2 二维人体模板 ………………………………………………………… 40
2.5.3 三维人体模型 ………………………………………………………… 42
2.5.4 人体模型的应用 ……………………………………………………… 43

第3章 人体的机能特性 ………………………………………………………… 47
引言 关注人的感知觉 ………………………………………………………… 47

目录

- 3.1 人的感知觉特性 ·········· 48
  - 3.1.1 感觉和知觉 ·········· 48
  - 3.1.2 感觉的基本特性 ·········· 50
  - 3.1.3 知觉的基本特性 ·········· 51
- 3.2 人的神经系统 ·········· 54
  - 3.2.1 神经系统的组成 ·········· 54
  - 3.2.2 脑的机能 ·········· 54
  - 3.2.3 反射活动的规律 ·········· 55
- 3.3 人的信息传递 ·········· 56
  - 3.3.1 信息与信息量 ·········· 56
  - 3.3.2 人的信息处理系统模型 ·········· 57
  - 3.3.3 信息输入显示器 ·········· 58
  - 3.3.4 信息流模型 ·········· 59
  - 3.3.5 影响信息传递的主要因素 ·········· 60
  - 3.3.6 人的反应时间 ·········· 62
- 3.4 人的视觉特性 ·········· 66
  - 3.4.1 视觉器官的功能和结构 ·········· 66
  - 3.4.2 视觉特性 ·········· 70
- 3.5 人的听觉特性 ·········· 77
  - 3.5.1 听觉器官 ·········· 77
  - 3.5.2 听觉特性 ·········· 78
  - 3.5.3 听觉信息传递装置 ·········· 80
- 3.6 人的皮肤感觉特性 ·········· 81
  - 3.6.1 触觉 ·········· 81
  - 3.6.2 温度觉 ·········· 86
  - 3.6.3 痛觉 ·········· 86
- 3.7 人的其他感觉特性 ·········· 86
  - 3.7.1 人的本体感觉 ·········· 86
  - 3.7.2 人的味觉和嗅觉 ·········· 87
- 3.8 人的生物力学特性 ·········· 88
  - 3.8.1 人体运动系统 ·········· 88
  - 3.8.2 骨骼肌的特性 ·········· 93
  - 3.8.3 人体的出力 ·········· 93
  - 3.8.4 人体动作的灵活性与准确性 ·········· 97

第4章 人机界面设计 ······ 100
引言 身边的人机界面 ······ 100
4.1 显示装置概述 ······ 101
4.1.1 显示方式的类型 ······ 101
4.1.2 视觉显示装置的功能和类型 ······ 102
4.2 仪表设计 ······ 103
4.2.1 刻度盘设计 ······ 104
4.2.2 刻度和刻度线设计 ······ 105
4.2.3 文字符号设计 ······ 106
4.2.4 指针设计 ······ 109
4.3 仪表板设计 ······ 110
4.3.1 仪表板的空间位置 ······ 111
4.3.2 仪表的分区布置 ······ 111
4.3.3 仪表的照明 ······ 112
4.3.4 电动汽车仪表板 ······ 113
4.4 信号灯与图形标志设计 ······ 114
4.4.1 信号灯设计 ······ 114
4.4.2 图形标志设计 ······ 116
4.5 操纵装置概述 ······ 116
4.5.1 操纵装置的类型 ······ 117
4.5.2 操纵装置设计的人机工程问题 ······ 118
4.6 操纵装置设计 ······ 128
4.6.1 手控操纵装置的设计 ······ 128
4.6.2 脚控操纵装置的设计 ······ 133

第5章 作业空间与环境设计 ······ 136
引言 舒适的车内空间 ······ 136
5.1 基本设计原则 ······ 137
5.1.1 人机工程原则 ······ 137
5.1.2 人体尺度的应用 ······ 138
5.1.3 作业空间范围 ······ 139
5.2 作业空间布置设计 ······ 141
5.2.1 作业空间的布置 ······ 141
5.2.2 作业空间的设计 ······ 142
5.3 工作台设计 ······ 146

5.4 座椅设计 ·· 147
    5.4.1 舒适坐姿的生理特征 ······························ 148
    5.4.2 工作座椅的设计 ·································· 151
5.5 环境设计 ·· 154
    5.5.1 光环境设计 ······································ 154
    5.5.2 热环境设计 ······································ 157
    5.5.3 声环境设计 ······································ 159
    5.5.4 振动环境设计 ···································· 161
    5.5.5 空气环境设计 ···································· 164
5.6 作业空间设计评价 ·· 164
    5.6.1 设计评价方法 ···································· 165
    5.6.2 评价步骤 ·· 165
    5.6.3 作业空间的设计评价 ······························ 165

第6章 汽车人机工程设计·································· 168
引言 汽车人机工程设计内涵 ···································· 168
6.1 汽车设计用人体模型 ·· 170
    6.1.1 汽车用 H 点三维人体模型的结构 ···················· 170
    6.1.2 汽车用 H 点三维人体模型的用途 ···················· 171
    6.1.3 H 点二维人体模板 ································ 172
    6.1.4 数字化人体模型 ·································· 172
6.2 汽车驾驶员的手伸及界面 ···································· 173
    6.2.1 手伸及界面的含义 ································ 173
    6.2.2 手伸及界面的特点 ································ 174
    6.2.3 手伸及界面研究工具 ······························ 175
6.3 汽车驾驶员的眼椭圆 ·· 175
    6.3.1 汽车驾驶员眼椭圆的概念 ·························· 175
    6.3.2 汽车驾驶员眼椭圆的发展过程 ······················ 176
    6.3.3 A 类车、行程可调节座椅眼椭圆 ···················· 177
    6.3.4 A 类车、固定座椅眼椭圆 ·························· 182
    6.3.5 B 类车眼椭圆 ···································· 183
    6.3.6 眼椭圆的理论解释 ································ 184
    6.3.7 眼椭圆的应用 ···································· 186
6.4 汽车座椅静态舒适性设计 ···································· 187
    6.4.1 汽车座椅概述 ···································· 187

6.4.2　驾驶员静态舒适性 ………………………………………………… 189
　　6.4.3　静态舒适性的结构要素 …………………………………………… 189
　　6.4.4　座椅静态舒适性设计 ……………………………………………… 190
　　6.4.5　相关法规标准 ……………………………………………………… 190
　　6.4.6　汽车座椅发展设想 ………………………………………………… 191
6.5　汽车驾驶室作业空间设计 ………………………………………………… 192
　　6.5.1　基本设计要点 ……………………………………………………… 192
　　6.5.2　常用设计工具与标准 ……………………………………………… 193
6.6　汽车车身人机工程设计 …………………………………………………… 195
　　6.6.1　SAE相关标准 ……………………………………………………… 195
　　6.6.2　车身室内人机工程布置设计 ……………………………………… 195
　　6.6.3　车身室内居住性评价试验 ………………………………………… 198
6.7　自动驾驶汽车人机工程设计探讨 ………………………………………… 199
　　6.7.1　自动驾驶汽车概述 ………………………………………………… 199
　　6.7.2　自动驾驶汽车的人机关系 ………………………………………… 200
　　6.7.3　自动驾驶汽车的人机工程设计 …………………………………… 201

参考文献 ………………………………………………………………………… 204

第1章 人机工程学概述

引言　人机工程无处不在

人机工程的发展史，可以追溯到原始社会，我们的祖先学会了制造石器，并且积累了许多经验，以此在狩猎、捕鱼等活动中逐渐获得主动，适应了大自然，提高了生存本领。那时人和工具及周围环境之间的关系非常朴素，外部世界还有太多的未知等待人类去探索。很长一段时期，人机工程的发展非常缓慢，在我国古代历史长河中也曾涌现出指南车、针灸铜人等重要标志性发明，而到了近代，随着蒸汽机、电机的产生及电子技术的发展，从机械化到电子化、自动化，加速了人机工程发展的进程，从人主动适应机器到机器适应人，再到人机结合，人机之间的关系发生了质的飞跃，"人性化"成为各种产品设计所遵循的目标。

看一看身边的"人机工程"：小到枕头、开瓶器，大到汽车、客运飞机，人们的衣食住行总会遇到有关舒适、安全和方便的问题，比如两种最典型的场景：驾驶和体育运动。

例1：未来某天，当你驱车行驶在高速公路上，系好安全带半躺在座椅上，听着优美的音乐，准备小憩一会儿的时候，你的同伴——辛勤为你服务的无人驾驶系统会帮你把座椅调整到最舒适的位置，让你放心地休息一下！你正在体验的舒适的车内环境还包括随时调整座椅、遮阳板、空调和收音机音量的过程，这正是一次很真实的人机工程体验。

例2：现实某天，行车通过高速公路入口收费站的时候，技术娴熟的司机会让乘客感觉不到他的刹车，从容自如地打开车窗，同时将接过的票据放在前方人机界面最方便的位置，等待出口交费时可以迅速拿到。整个过程又是一个人机结合的过程，如果这个过程很协调，人适机、机宜人，驾驶员会完成一系列从容的动作。反之，如果一个毛手毛脚的新司机突然减速、摇车窗、遍寻不到那张票据，就会引起一阵慌乱，引来后面车辆急促的笛声。

例3：各种健身和运动器械需要适应人的需要，就连游泳时人与水之间的作用也可视为一种人机系统。一个高水平的选手，他的姿势与水之间的结合达到了最协调、最适宜的程度，阻力最小、效率最高，就像鱼和水一样默契，构成了一个完美高效的人机系统。

例4：你爱打保龄球吗？看一下哪个球的重量最适合你，球体上面的三个握孔是否适合你的手指把握,而在设计保龄球的时候又是怎样考虑人体尺寸的呢?

其实,生活中的各种人机工程学问题比比皆是,希望能够引起大家的注意,尤其车辆及交通工程方面,更是与每个人的安全出行和舒适驾乘息息相关。应建树"以人为本"的设计理念和方法,发挥我们的想象和灵感,让人类生活得更舒适、更自如、更轻松!

基本要求:
(1) 熟悉人机工程学的定义和基本概念;
(2) 掌握人机工程学的研究方法;
(3) 了解人机工程学的发展历程和应用领域。

知识点: 人机工程学的定义、研究内容、发展历程;人机工程学的基本概念;人机工程学的研究方法;人机工程学的应用领域。

1.1 人机工程学的研究内涵

人机工程学20世纪40年代起源于欧洲,是一门跨越不同学科领域,应用多种学科的理论、方法和技术发展起来的新兴交叉学科。

1.1.1 人机工程学的定义

目前关于人机工程学的名称林林总总,定义五花八门,如表1-1、表1-2所示。

表1-1 人机工程学名称

国家及地区	名 称
欧洲	工效学(ergonomics)、人类工程学(human engineering)
美国	人因学(human factors)、人因工程学(human factor engineering)
苏联	工程心理学(engineering psychology)
日本	人间工学
中国	人机工程学、人体工程学、工效学、人类工效学、人因工程学、工程心理学等
其他	人机控制学、机械设备利用学、宜人学

ergonomics的原意是"人的出力正常化"或"人的工作规律"。关于人机工程学的定义,世界各国的专家也有各自的看法,但其基本内涵大体相近(表1-2)。

表1-2 人机工程学的定义列举

定 义 者	著 作	定 义 内 容
W. E. Woodson		人机工程学研究的是人与机及其相互关系的合理方案,亦即对人的知觉显示、操纵控制、人机系统的设计及其布置和作业系统的组合等进行有效的研究,其目的在于获得最高的效率和作业时感到安全和舒适
E. J. McCormick 和 M. S. Sanders	Human Factors in Engineering and Design	"为人的使用而设计"和"工作和生活条件的最优化"
K. H. E. Kroemer, H. B. Kroemer, K. E. Kroemer-Ibert 等	Ergonomics—How to Design for Ease and Efficiency	"为适当地设计人的生活和工作环境而研究人的特性"以及"工作的宜人化"
日本人机工程专家		根据人体解剖学、生理学和心理学等特性,了解并掌握人的作业能力和极限,让机器、工作、环境、起居条件等和人体相适应的科学
国际人机工程学会(International Ergonomics Association,IEA)		研究人在某种工作环境中的解剖学、生理学和心理学等方面的各种因素,研究人和机器及环境的相互作用,以及在工作中、家庭生活中和休假时怎样统一考虑工作效率,人的健康、安全和舒适等问题的学科
封根泉	《人体工程学》	为了研究解决机器系统设计与人体有关的种种问题,使整个人机系统的工作效能达到最优而建立起来的一门科学
赖维铁	《人机工程学》	运用生理学、心理学和其他有关学科知识,使机器和人相互适应,创造舒适和安全的环境条件,从而提高工效的一门学科
曹琦	《人机工程》	研究并优化人机系统的科学
周一鸣	《车辆人机工程学》	从人的生理和心理特点出发,研究人、机、环境相互关系和相互作用的规律,以优化人—机—环境系统的一门学科
	《中国企业管理百科全书》	研究人和机器、环境的相互作用及其合理结合,使设计的机器和环境系统适合人的生理、心理等特点,达到在生产中提高效率、安全、健康和舒适的目的
	《辞海》	运用人体测量学、生理学、心理学和生物力学以及工程学等学科的研究方法和手段,综合地进行人体结构、功能、心理以及力学等问题研究的学科

我国著名科学家钱学森曾经这样阐述:"人机工程是一门非常重要的应用人体科学技术,它专门研究人和机器的配合,考虑到人的功能能力,如何设计机器,使得人在使用机器时整个人和机器的效果达到最佳状态。"这一论断比较全面地揭示了人机工程学最初的宗旨。钱学森在20世纪90年代即提出了"人机一体化"的概念,并预言21世纪的机械工程将是"人机一体化"的时代,事实证明这种发展趋势有一定的必然性。

1.1.2 人机工程学的研究内容

人机工程学的研究对象是"人—机—环境系统",简称"人机系统"。因此,人机工程学既要研究人、机、环境各因素的属性,更要着重研究人—机—环境系统的总体属性,以及人、机、环境之间的相互关系的规律。

人机工程设计的对象是人机界面,涉及解剖学、生理学、心理学等人的因素,要达到的目标是生活、工作的舒适、安全、高效。

总体上,人机工程学由两个学术研究方向构成:

(1) 通过研究和实验确定工程设计所需要的有关人的特征和特性的具体数据;

(2) 应用和工程设计宜人化的用品、工具、机器、环境、作业程序、工作任务等。

人机系统的构成包括人、机、环境三个子系统,这三个子系统各自独立又两两交叉,统一为人—机—环境系统,见图 1-1。由此也决定了人机工程学的基本研究内容,具体包括如下 7 个方面:

(1) 人的因素研究;

(2) 机的因素研究;

(3) 环境因素研究;

(4) 人—机关系研究;

(5) 人—环境关系研究;

(6) 机—环境关系研究;

(7) 人—机—环境系统总体性能研究。

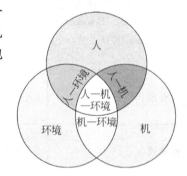

图 1-1 人—机—环境系统关系图

人机工程学的研究内容列举见表 1-3。

表 1-3 人机工程学的研究内容

研究方向	研究内容列举
人的因素	人体形态参数、人体模型、力学性能、人的劳动生理特征及心理过程、感知特征、可靠性
机的因素	信息传达显示方法、操纵控制技术、安全保障技术、仿真技术、有关人体舒适性的技术
环境的因素	作业空间、物理化学环境、生物环境、人工环境、人文环境、社会环境
人—机关系	人—机系统功能分配、人—机相互作用及人机界面研究、人—机系统安全性、人—机系统可靠性

续表

研究方向	研究内容列举
人—环境关系	环境对人的影响、环境质量标准、环境控制、人体防护技术
机—环境关系	环境对机器性能的影响、机器对环境的影响、环境保护技术
人—机—环境系统	系统总体性能的分析、评价、仿真、优化、改进等

概括起来,人机工程学是基于人的因素(包括人的几何尺寸、生理和心理特性)研究人—机—环境系统的使用方便性、安全性和舒适性的学科。

人机工程学是建立在人类科学、工程科学和社会科学之上的一门综合性交叉学科,它与相关的其他学科之间的联系如图1-2所示。

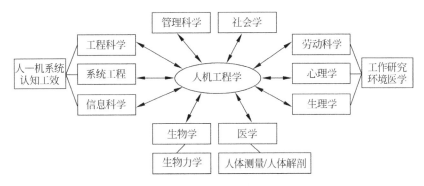

图1-2 人机工程学与相关学科的关系

1.2 人机工程学的发展历程

1.2.1 人机工程学发展简史

人机工程学的发展伴随着人类社会的发展,从远古的缓慢发展到现代的飞速发展,越来越依赖于工业的进步。

1. 原始人机关系——人与器物

自从有了人类社会,就有了最原始的人机关系——人与器物之间的关系。比如原始人类狩猎用的棍棒、石块,其尺寸、重量总是与人的体能大致相适应,类似的各种现实问题自然也形成了一些朴素的常识和规范。

2. 古代人机关系——经验的人机工程学

随着人类社会的发展,人创造和使用的器物和机器不断得到改进,由简单到复杂逐步完善。这种实际存在的人机关系及其发展,可称为经验的人机工程学。

大约2400多年前的战国初期,我国出现了第一部科技汇编名著《考工记》,其历史与科学价值名闻中外。在这部古代科技名著中，对一些器物制作应考虑的宜人性问题已有深入、精彩的论述，比如兵器握柄的形状、弓箭的制作和使用以及掘土工具"耒"（图1-3）等。战国时期的《黄帝内经》中，对人体尺寸的测量方法、测量部位、测量工具等有着详细的说明。指南车的发明，是经验人机工程学的典范，是最早的自动控制系统，其设计原理与现代人机工程学的反馈原理相吻合。明代《天工开物》中记录的作业场景插图非常丰富，其中反映出对手工劳动时的一些刻意设计，如纺织、印染中的工具设备与人体尺寸相适应（图1-4），使得人的工作姿势自然舒展、方便操作，这是朴素的人机工程思想。

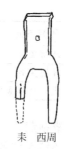

耒　西周

图1-3　西周的耒

经验的人机工程学自产生起一直延续到第一次产业革命时期。

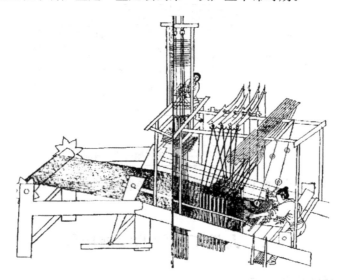

图1-4　古代的纺织机械

3. 近代人机关系——科学人机工程学

1) 第一次产业革命时期（1750—1890年）

第一次产业革命以蒸汽机的广泛使用为主要标志，以机器为主体的机械化工厂取代了以手工劳动为主体的手工工场。生产技术发生了根本变革，从手工劳动时代进入机械化生产时代，从畜力时代进入蒸汽机时代。以法国Jacquard在纺织机械上使用穿孔卡片进行程序控制和英国瓦特（Watt）设计蒸汽机的调速器为代表，开始实现自动调节和控制。与此相适应，人机工程学开始由经验逐步上升为科学。1884年德国学者A. Mosso进行了著名的肌肉疲劳试验，该项研究可以说是科学人机工程学的开端。

2) 第二次产业革命时期（1870—1945年）

第二次产业革命以内燃机和电机的广泛使用为主要标志，生产技术从机械化时代进入电气化时代。

1898年美国学者泰罗(Taylor)进行了著名的铁锨铲煤作业的试验研究。Gilbreth夫妇首创采用当时先进的高速摄影(电影拍摄)方法,研究工人的砌砖作业动作过程。20世纪初,Taylor关于操作方法的研究成果在美国和西欧一些国家得到推行,并成为大大提高劳动生产率的"泰罗制",Taylor的研究为科学人机工程学的建立奠定了基础。

(1) 第一次世界大战期间。

当时,各参战国都聘请心理学家解决战时兵种分工、特种人员选拔和训练、军工生产中的作业疲劳等问题。突出的代表是美国哈佛大学心理学教授Munsterberg,其代表作《心理学与经济生活》和《心理工艺学原理》是人机工程学的最早著作。这一时期的研究者多是一些心理学家,当时的学科名称是"应用实验心理学",其特点是选择和训练人,使人适应机器。战后,心理学的应用推广到非军事领域,学科名称改成了"工程心理学"。

(2) 第二次世界大战期间。

这一期间新式武器和装备的性能大大提高,但由于没有充分考虑人的生理和心理特点,机器的设计不能适应人的要求,结果往往因操作者难以掌握而不能发挥武器或装备的效能,甚至屡屡发生差错和事故。这就迫使人们深刻认识到,人的因素是机器设计中不可忽视的重要方面。于是,工程技术设计思想开始发生了一个根本性的转变:由"使人适应机器"转变为"使机器适应人",生理学家、心理学家、医生和工程技术专家共同研究解决武器和装备的优化设计实践,促进了人机工程学作为一门独立的新兴学科的形成和发展。

3) 第三次产业革命开始(1945年)以来

第三次产业革命以电子技术的广泛应用为主要标志。随着工业技术的发展,工程技术设计中与人的因素有关的问题越来越多,人机协调问题显得越来越重要,从而促使人机工程学的研究和应用得到更广泛而迅速的发展。第二次世界大战后,查帕尼斯(Chapanis)等人于1949年出版了《应用实验心理学——工程设计中人的因素》一书,总结了第二次世界大战时期的研究成果,系统地论述了人机工程学的基本理论和方法,为人机工程学作为一个独立的学科奠定了理论基础。1957年麦克考米克发表的《人类工程学》是第一部关于人体工程学的权威著作,标志着这一学科已进入成熟阶段。

关于学术组织与学术刊物:1949年12月,Murrell第一次提出了"ergonomics"这个词作为人机工程学的学科名称。1950年成立了英国人机工程学研究协会,1957年该协会发行了会刊 *Ergonomics*,该刊物现在已成为国际人机工程学学会的会刊。

美国在1957年成立了人机工程学学会,发行了会刊 *Human Factors*,以后又出版了不少书刊,美国成为世界上出版人机工程学书刊最多的国家。

国际人机工程学学会于1960年正式成立,1961年在瑞典斯德哥尔摩举行了第一届国际人机工程学学术会议,此后每三年举行一次,截至2000年,已举行了14次国际人机工程学学术会议。

自20世纪60年代开始,苏联(俄罗斯)、日本、德国、法国、荷兰、瑞典、瑞士、丹麦、芬兰等国也相继成立了人机工程学学会或专门研究机构,从事人机工程学的研究、应用和人才培养工作。

随着人机工程学在工业中应用的日益广泛,人机工程学的标准化问题变得越来越重要,国际标准化组织(International Standardization Organization,ISO)于1975年设立了人机工程学技术委员会(TC-159),负责制定人机工程学方面的标准。各国根据自己的具体情况也制定了许多人机工程学的标准和规范。

我国目前已制定了大量的人机工程学的相关标准,覆盖人体参数特性、人机界面设计、环境设计评价等方面的内容,在实际的产品设计研发中发挥的作用日益重要。

4. 现代人机关系——现代人机工程学

20世纪80年代开始进入"现代人机工程学"发展阶段,其突出特点是:人—机—环境系统的最优化。这一阶段,可持续发展原则的提出和发展使人机工程学的学术思想又有了极大的扩展和深化。人机工程学研究的目的是使人"安全、健康、舒适、高效",这仍是未来努力追求的方向,但是必须从更高的视角来把握其含义——产品、设施、环境的创造,既要让人们现今生活得美好,更要有利于人类自身的全面健康发展。

5. 未来人机关系——未来人机工程学

当前,人工智能、无人驾驶等技术的深入发展和逐步应用,将使人机关系达到一个全新的水平和境界,比如,人机结合在汽车驾驶系统中推陈出新,"人机一体"在医疗和康复领域中作用凸显。然而,未来人机之间的关系将如何变化,对于汽车的驾驶功能设计,是人机之间有机结合,还是机完全代替人实现无人驾驶,值得思考也充满期待。

1.2.2 人机工程学在我国的发展

人机工程学在我国起步较晚。20世纪60年代,原国防科委的有关研究所曾结合飞机设计做过一些实验研究工作。但人机工程学作为一门学科,直到80年代初才开始确立起来,各大学及研究所开始建立相关研究室。

1980年封根泉编著的我国第一本有关人机工程学的专著《人体工程学》出版。

1981年,在著名科学家钱学森的指导下,人—机—环境系统工程学科在中国诞生。1993年,中国系统工程学会人—机—环境系统工程专业委员会成立。

1981年由中国科学院心理学研究所和中国标准化综合研究所共同建立了"中国人类工效学标准化技术委员会",并与国际人机工程标准化技术委员会建立了联系。

1985年成立了全国工业造型设计学会,下设有人机工程学专业委员会。

1989年正式成立了全国性的学术组织——中国人类工效学学会(Chinese Ergonomics Society,CES)。

20世纪90年代开始,我国各行各业对人机工程学的理论方法及实践应用越来越重视,人机工程学的研究和应用已在我国得到广泛而迅速的发展和推广。

1.3 人机工程学的基本概念

1.3.1 人—机系统

人—机系统(man-machine system)指"人"与其所对应的"物"共处于同一时间及空间时所构成的系统。"人"指的是在所研究的系统中参与系统过程的人;"机"则泛指一切与人处于同一系统中并与人交换着信息、物质和能量的,供人使用的"物";"环境"指的是"人""机"共处的、对"人"和"机"有直接或间接影响的周围外部条件。常见的人—机系统有汽车人—机系统、航空器人—机系统、人—计算机系统和人—手机系统等。

教室里的人—机系统包括学生—桌椅系统、学生—黑板/课件投影系统、教师—讲桌系统、教师—计算机系统等。这些人—机系统同时存在,共同构成了较复杂的教室人—机—环境系统。

图 1-5 所示为人—机系统的组成及其与周围环境之间的相互关系。

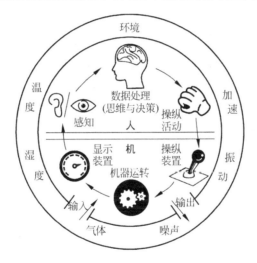

图 1-5 人—机系统与人—机关系

1.3.2 人—机界面

人—机系统中,"人"与"机"之间能够相互施加影响、实现相互作用的区域,称为人—机界面(man-machine interface)。主要包括三类。

第一类:控制系统人—机界面,例如汽车操纵控制系统。

第二类:直接作用型人—机界面,例如交通工具中的座椅、转向盘、操纵杆,计算机的键盘、鼠标等。

第三类:间接作用型人—机界面,例如振动、噪声、照明等。

第一类人—机界面通常包含第二类，如汽车操纵系统包含转向盘、操纵杆和脚踏板等直接作用型人—机界面。第三类人—机界面如噪声、振动会影响人的操纵能力。因此，一个典型的人—机系统中通常包含上述三类人—机界面，它们相互关联，共同影响人—机系统。

根据人体参与系统的不同感知器官，还可以分成相应的人—机界面，如视觉显示界面、听觉显示界面、触觉操纵界面等。

1.3.3 人—机关系

人—机关系(man-machine relationship)包括两个方面。

（1）机宜人 使机器系统尽量满足使用者的体质、生理、心理、智力、审美以及社会价值观念方面的要求。如汽车驾驶系统的设计制造应满足人的使用要求和感知机能。

（2）人适机 对人的因素予以限制和训练，尽量发挥人的因素有一定可塑性这一特点，让人去适应机器的要求，以保证人—机系统具有最优效能。如人从事驾驶活动应经过一定时间和里程的训练，熟悉并适应具体的操作功能，养成良好的驾驶习惯，能够应对各种突发事件。

机宜人是有条件的，人适机也是有限度的。人—机系统中的机宜人与人适机是相对的。任何一个人—机系统都必然既要尽量做到机宜人，也要设法做到人适机。调整这种人机相互匹配关系最根本的制约条件就是人的可能性与人的可靠性。

人的可能性是指基于人的几何尺寸、生理和心理性能，可能达到或实现的功能，比如，人的视力范围、人的听力范围、人的反应时间和人的承受能力等方面。在汽车人—机系统中，驾驶员能够分辨的目标距离通常只有几十米；驾驶员的反应时间一般在 1s 左右。人的可靠性是指人存在出错的概率。随着熟练程度的提高，可靠性逐渐提升，而理论上依然有出错的可能。不利环境条件使得人的可靠性下降，如低照度、强噪声、高低温等条件下，人的出错次数明显增加。交通事故的发生与驾驶人的可能性、可靠性密切相关，通常是人—机关系出现问题导致了系统的不平衡。

1.3.4 人—机交互

为完成确定任务的信息交换过程，人与机器系统之间以一定的方式进行交互。

人—机交互(man-machine interaction)历经了手工作业阶段、机械式阶段、机器语言阶段(作业控制/交互命令语言)，发展到现代的图形用户界面(GUI)阶段、网络用户界面阶段，未来将进入到多通道、多媒体的智能人—机交互阶段。

人机之间的信息交互方式分为传统方式(机器语言)、图形化系统(键盘、鼠标输入/触屏输入)、自然语音识别(语音交互)和非接触交互(状态检测、智能感知)等。

非接触式和自然语言的智能化交流是人—机交互的发展趋势，而将来，基于脑电的感知和交互可以将智能人—机交互提高到一个新的水平。

1.4 人机工程学的研究方法

人机工程学多学科性、交叉性、边缘性的特点决定了其研究方法也具有多样性，既有借鉴相关学科的研究思路，也有适合于本学科的独特的研究方法。目前人机工程学常用的研究方法列举如下。

1.4.1 实际观察法

实际观察法是在一定理论指导下，根据一定目的，利用人的感官或借助仪器进行观察、测定、记录自然现象的方法，采用的仪器包括照相机、录像机、录音笔、计时器等。

按照观察的特点可以分为参与观察、非参与观察，直接观察、间接观察，公开观察、暗中观察等。

实际观察法的主要特点是简单、方便、直观，然而其较难获取大量的样本，量化描述也相对困难，如观察某项作业、观察工厂流水线、观察驾驶行为、人体动作分析、事故车辆调查和事故现场调查等。

1.4.2 实际调查法

该方法是指通过实际调查交流获取数据资料信息。它是人机工程学研究中最重要的方法之一，应用非常广泛，既适用于带有经验性的问题，也适合于各种心理量的统计，通常包括访谈调查法和问卷调查法。

访谈调查法是通过询问交谈搜集资料，可以是有计划或随意的，通常围绕主题展开，尽量客观真实。

问卷调查法是根据研究目的编制一系列问题，发放问卷收集答案并进行分析。问卷调查法的关键是问卷能否满足实际信度（准确性）和效度（有效性）的要求。如针对驾驶员特性开展的系列问卷调查，包括乘员影响调查、驾乘舒适性调查、手机使用习惯调查、驾车时听音乐调查等。

调查问卷的制作很关键，通常包括被调查者的基本信息与核心题目问答两部分。题目应尽量少而精、全而深，文字不宜过多，一般先试做、试用，面向适合人群，获取足量样本，并且要方便后续统计，问卷数量及覆盖的人群应具有统计意义，适当回报礼物，并注意保护隐私。当前的问卷调查通常基于"问卷星"等网站开展，更加方便快捷，便于数据统计。

1.4.3 心理测验法

该方法是以心理学个体差异理论为基础，将被试个体在某种心理测验中的成绩与常模（标准化样本的平均得分）作比较，分析其心理素质。

按测验的规模分为团体测验、个体测验；按测验的内容分为能力测验、智力测验、个性测验。测验需要满足的条件包括必须建立常模,测验必须具备一定的信度和效度。如人员素质测试(如公司招聘的面试和测试)、人员选拔和培训(如驾驶适宜性测评)等。

1.4.4 统计研究法

无论针对哪种人—机系统,统计研究都是最基本的研究方法。对于任何系统,首先都必须获得较为丰富的材料和数据,利用统计方法探明系统中蕴涵的内在规律,对获取的数据进行归纳、统计和分析。

按照统计的层面分为直观统计、深入统计、宏观统计、微观统计。数据的来源包括观察、试验、调查等方面,如宏观数据、微观数据。常用的统计工具包括最基本的数据记录软件 Excel,以及建模分析软件 SPSS 和 R 等。

数据挖掘是更深层的统计研究。近年来,大数据在各领域得到应用,人机工程的相关研究也应基于大数据深入开展。

1.4.5 实际测量法

该方法是利用仪器设备系统进行实际测量,以获取实际数据。

人机工程学中的测量按其内容分为对人、机、环境的测量,人体的几何测量和生理测量按测量方式分为接触测量和非接触测量。

测量工具按照测量的对象可以分为人体测量、机器测量、环境测量,测量工具按自动化方式分为手工、自动、半自动等。

人机工程学中实际测量的内容包括人体的几何尺寸和生理参数测量、环境参数测量(温湿度、噪声、照度)等、机械系统参数测量(速度、加速度等)等。自动化、非接触的实时测量可以获取更客观、准确的人—机系统参数,特别是人体参数,这种测量是主流的应用发展方向。

1.4.6 试验研究法

这是在人为设计的环境中测试试验对象的行为或反应的一种研究方法,包括客观仪器测试和感观评价实验法两种。参加试验的可以是真人,也可以是假人或人体模型。其测试结果一般不宜直接用于生产实际,应用时需结合真人试验进行修正和补充。一般在实验室进行,也可在作业现场进行,即在作业现场借助工具、仪器设备进行测量,包括人体尺寸的测量、人体生理参数的测量及作业环境参数的测量。

试验研究法可以在人为控制条件下,系统地改变一定量因素,以引起研究对象相应变化来做出因果推断和变化预测。其特点包括可以系统控制变量、控制自变量(照度、负荷等),引发因变量变化,排除干扰因素,容易重复研究、反复观察,过程更主动。

试验研究又分为实际试验、模拟试验和模型试验。模拟试验有利于开展复杂系统和危险情况下的试验或进行预测研究。实际试验包括汽车驾驶试验、汽车道路试验、汽车舒适性测试等;模拟试验包括汽车驾驶模拟等;模型试验包括汽车碰撞假人试验等。

1.4.7 仿真研究法

仿真研究法是利用计算机软件系统进行仿真,对某些操作系统进行逼真的试验,以得到所需要的更符合实际数据的一种方法,例如训练模拟器、各种具体模型、虚拟样机模型等。在进行人—机—环境系统研究时常常采用这种方法。这种方法的特点是可以在设计阶段进行预测,对系统中人机相互作用关系进行虚拟分析,预测性能和改进设计,容易重复研究、反复观察,过程可视化和虚拟现实等。模拟研究通常采用计算机软件系统进行,如人机工程分析软件、汽车三维设计软件和交通仿真软件等。

目前广泛应用于计算机辅助造型及人机工程设计的软件系统主要包括 RAMSIS、CATIA、JACK、ICIDO、AnyBody 等。

1. RAMSIS 软件

人体模型:基于 3D 扫描技术获取数据,见图 1-6。

主要功能特色:是汽车内部和驾驶员工效设计的高效率 CAD 工具。可检测分析视野、可达性、舒适度、安全性、座椅工效学、生物力学、操作协调性和乘降(上下车)方便性等方面性能,其软件界面见图 1-7。

用户:奥迪(Audi)、宝马(BMW)、福特(Ford)、通用(General)、本田(Honda)、保时捷(Porsche)、雷诺(Renault)、陆虎(Rover)、三星(Samsung)、斯柯达(Skoda)、大众(Volkswagen)等。

图 1-6 RAMSIS 的人体模型

图 1-7 RAMSIS 的软件界面

2. CATIA 软件

CATIA 是一个功能非常强大的系统,可以建立人体模型及人—机系统的三维实体模型,并进行人机工程分析,其人体模型及开发界面如图 1-8 和图 1-9 所示。

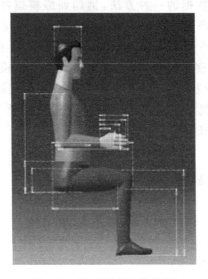

图 1-8 CATIA 的人体模型

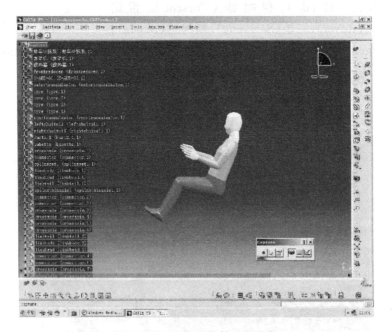

图 1-9 CATIA 的软件开发界面

CATIA V5 的功能菜单包括：基础结构、机械设计、形状、分析与仿真、AEC 工厂、NC 制造、数字模型、设备与系统、制造的数字流程、DELMIA 基础结构、人体工学设计与分析以及智能软件。

其中人体工学设计与分析包括 4 个功能：人体测量编辑器、人体活动分析、人体构造器、人体姿势分析。可进行规则分析、升降分析、推拉分析、搬运分析以及距离和范围分析。

CATIA V5 中的人体模型包括美国人、加拿大人、法国人、日本人和韩国人。在进行人机工程设计过程中，可以选择 H 点、眼点和其他部件作为设计分析参考点。

3. JACK（美）

JACK 系统由宾夕法尼亚州立大学用 C 语言开发，具有独立的机构建模系统，不依赖于任何外部 CAD 系统。其人体模型如图 1-10 所示，包括 88 个关节点和 17 个节段。除了建立一般人体模型外，还具有运动模拟、指定任务分析、动画等功能。JACK 软件的人体数据库除了基本的人体测量数据外，还有关节的柔韧性、劳累程度和视力限制等医学参数。JACK 软件已被许多飞机设计公司、汽车制造商和军用车辆研究机构采用。

该软件提供人体建模和仿真的解决方案，其开发界面见图 1-11。其人体模型基于美国军方人体数据，应用领域包括航空、汽车、公路、军事等领域的设计、制造、维护、培训工作。

图 1-10　JACK 的人体模型

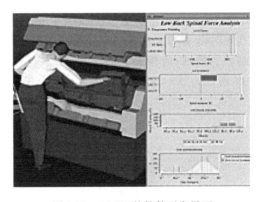
图 1-11　JACK 的软件开发界面

4. ICIDO（法）

ICIDO（或作 IC.IDO）是法国 ESI 集团为用户提供的虚拟现实解决方案和工程虚拟样机仿真分析协同决策平台，具有可视化人机工程分析的强大功能。

如图 1-12 和图 1-13 所示，它可提供可视化沉浸式的 3D 用户界面和人体模型，利用 3D 数据解决人机工程问题，根据人体的活动范围和处理能力、姿势和舒适度分析，检测模型的可操作性；提供沉浸式的 3D 用户界面，支持 CAVE、HOLOSTAGE、POWR WALL 等沉浸环境；手势/手指交互方式，支持各种虚拟现实（VR）外设（跟踪系统、数据手套等）；支持桌面式虚拟系统和沉浸式 3D 虚拟环境；支持动态干涉检查、虚拟装配培训、人机工程分析等功能。

图 1-12 ICIDO 的汽车可达性分析示例

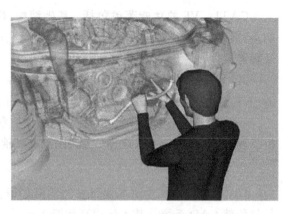

图 1-13 ICIDO 的虚拟装配应用示例

5．AnyBody（丹麦）

AnyBody 人体建模仿真系统可用来计算人体对于环境的生物力学响应，为人机工程学产品性能改进和生物医学工程研究提供了一个新颖的平台。AnyBody 软件是商业化软件中唯一兼具人机工程学分析和生物力学分析的软件，可以通过导入完整的人体肌肉骨骼模型，用于产品的人类工效学设计。

AnyBody 软件系统是目前市场上唯一可以分析完整骨骼肌肉系统的软件，可以计算模型中各块骨骼、肌肉和关节的受力、变形，肌腱的弹性势能，拮抗肌肉作用及其他特性等。图 1-14 所示为 AnyBody 软件的人体骨骼模型及其应用示例。

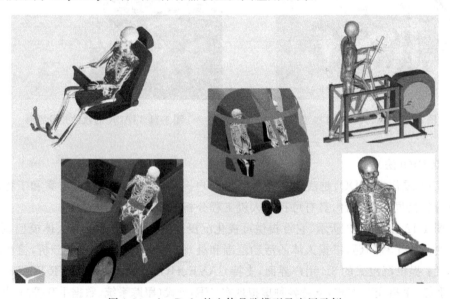

图 1-14 AnyBody 的人体骨骼模型及应用示例

目前,大部分的计算机仿真软件未能在我国推广应用,其存在的问题包括缺乏中国的人体参数标准数据、缺乏与 CAD 系统的全面集成、在产品的概念设计阶段帮助较差以及人机工程专家辅助功能欠缺等。

1.4.8 系统分析法

系统分析法是从系统的角度全方位进行人机工程分析与评价,该方法体现了人机工程学将人—机—环境系统作为一个综合系统考虑的基本观点。通常包括作业环境的分析、作业空间的分析、作业方法的分析、作业负荷的分析、信息输入/输出的分析等,其中采用的方法包括瞬间操作分析法、知觉与运动信息分析法、动作负荷分析法、频率分析法及相关分析法等。

系统分析是人机工程最本质的方法,对系统中人—机—环境的功能特点及相互关系进行分析,寻找最优平衡点,或以人的因素为重,兼顾机、环因素,从总体上考察系统的特点,追求系统性能最优。通常综合运用前述各种方法。

采用的方法如汽车人—机系统评价分析、人—计算机系统评价分析、手机人—机系统评价分析、典型作业事故分析等,结合特定的典型场景分析各种产品的场景适合度,是目前研究开发的主流趋势。

1.5 人机工程学的应用

1.5.1 人机工程学的应用领域

如表 1-4 所示,人机工程学的应用遍及许多实际研究领域。

表 1-4 人机工程学的应用领域

应用领域	类别	应用实例列举
产品和工具人性化设计及改进	军事装备	武器、军车、抢救装备、防护装置
	机电设备	机床、计算机、工程机械、农业机械
	交通工具	飞机、汽车、摩托车、自行车、残疾人专用车
	建筑设施	城市规划、工业设施、工业与民用建筑
	航天工程	火箭、人造卫星、宇宙飞船
	家用电器	显示器、遥控器、移动电话、灯具
	日常用品	服装鞋帽、生活用品、文具用品、办公用品
人类作业设计与改进	作业姿势、作业方法、作业量及工具选用和配置	工厂生产作业、监视作业、车辆驾驶作业、物品搬运作业、办公室作业等
作业环境设计与改进	声、光、热、色彩、振动、噪声、气味等	居室、办公室、工厂车间、控制中心、驾驶室等

1.5.2 机器设计中的人体因素

在机器设计特别是汽车设计中,应当着重考虑的人体因素一般可归纳为以下5个方面内容。

1. 人体对作业负荷的耐受性

机器及环境对人体会造成体力和精神负担。例如,驾驶员在连续驾车几个小时之后,体力和精神上都会呈现疲劳状态,如不加以休息调整,则不能继续胜任繁重的驾驶任务。

2. 人体测量参数

人体测量参数包括人体的几何尺寸、功能尺寸及生理性能等参数。例如,设计课桌高度时,应考虑人的平均坐姿肘高;设计驾驶员操纵装置时,应考虑驾驶员的手功能长度。

3. 人体的生物力学特性

人体的生物力学特性指人的操纵力、操纵速率、位移、节拍等力学参数。例如,设计轿车变速杆的行程时,应考虑到人的手臂动作特点,包括操纵力、速率、频率等反映动作灵活性的参数,尽量做到只用手臂而不移动身体即可完成操作。

4. 人的感知响应特性

这也是人与机和环境之间的信息交互过程。例如,不同颜色对人眼的刺激程度不同,给人的理解也不同,汽车尾部信号灯运用了这一特点,将危险报警灯设置为红色,将转向灯设置为黄色,以起到警示、引起后车驾驶员注意的作用。

5. 人的适宜劳动姿势

人在操作过程中具有一定的劳动姿势,能使其保持舒适、自然、方便。应根据作业特点设计劳动姿势,如坐姿、立姿、坐立姿结合等,通常要提供稳定的座椅。在这方面设计工作中,往往需要运用人体模型,来校核相关尺寸和操作姿势的配合是否合理、是否处于最佳状态。

1.5.3 交通与汽车工程中的人机工程问题

交通与汽车工程中涉及的人机工程问题既广泛又典型,如表1-5所示,几乎涵盖了人机工程学的全部主体内容,一直是过去几十年中研究的热门。其中,尤以轿车设计和使用中的人机工程问题技术上最具有代表性和先进性。

表 1-5　人机工程学问题列举

研究领域	人机工程学问题列举
汽车设计	(1) 概念设计阶段的汽车内部布置方法及评价;(2) 汽车人—机界面的设计及优化匹配;(3) 汽车内部造型设计;(4) 汽车人—机—环境系统综合设计
汽车安全性	(1) 汽车的行驶安全性;(2) 车内乘员保护技术;(3) 驾驶适宜性和驾驶疲劳
汽车舒适性	(1) 汽车乘员的乘坐舒适性;(2) 汽车车内小气候环境控制;(3) 汽车的噪声控制
交通工程	(1) 人—车—路系统的综合优化;(2) 交通事故研究;(3) 人体损伤的机理和预防研究

1. 人机工程学在汽车工程领域的应用

1) 汽车车身几何造型设计

汽车车身设计中应用人机工程学,是以人(驾驶员、乘客)为中心,从人体的生理、心理和人体的运动出发,研究车身设计(包括布置和设备等)如何适应人的需要,创造一个舒适的、操纵方便的、可靠的、安全的、美观的驾驶环境和乘坐环境。即设计一个最佳的人—车—环境系统。其设计内容列举如下:

(1) 汽车内饰几何造型设计;

(2) 汽车零部件几何造型设计;

(3) 汽车外形有关设计。

2) 汽车安全性设计开发

安全是人—机系统设计的第一要务。汽车的安全性是其最重要的性能。安全性是以人为中心的设计,而保障驾驶员的正常驾驶性能也是人机工程设计开发的重要内容。

(1) 汽车主动安全性设计开发:如视野(减少盲区)、灯光(适应环境气候)、操纵稳定性、制动性(满足人的操作需要)。

(2) 汽车被动安全性设计开发:如车身结构设计(减少伤害)、转向盘的安全性设计、座椅的安全性设计、挡风玻璃的安全性设计等。

3) 汽车驾驶舒适性设计开发

舒适性设计是汽车研发的基础内容,直接影响驾驶和乘坐的方便性,进而影响到安全性。舒适性的设计开发十分复杂,涉及众多因素,是系统设计的难点和关键点。

(1) 人体模型的应用:如 H 点模型优化座椅的布置。

(2) 驾驶员眼椭圆的应用:如风窗玻璃雨刷刮扫面积部位、后视镜等,用于减少视野盲区。

(3) 驾驶员的手伸及界面:如确定操控装置、仪表板的布置。

4) 汽车内部环境宜人性研究

汽车的内部环境非常复杂,汽车内部环境设计是光学、热学、声学、振动等学科领域技术的综合,相应的是人体的视觉、听觉、皮肤感觉和平衡觉等感知觉的作用。汽车内部环境的宜人性是人机工程设计的最终目标。

(1) 汽车光学环境:如汽车视野、汽车色彩、汽车照明。

(2) 汽车内部热环境:如汽车空调、人体热舒适性。

(3) 汽车内部声环境:如汽车噪声、内饰隔音。

(4) 汽车内部振动舒适性:如汽车振动、座椅乘坐舒适性。

(5) 环境的可居住性:从居住性的角度提升汽车环境,特别是未来的无人驾驶汽车。

(6) 汽车内部气味:包括内饰装置的气味,如座椅覆盖件等。

例1:概念设计阶段的汽车内部布置方法及评价

在概念设计阶段,汽车内部布置设计是一项复杂而重要的内容。

汽车内部布置设计的目的是合理布置踏板、座椅和转向盘的位置，使得驾驶员乘坐和操纵舒适、视野宽阔。因此汽车内部布置设计的主要内容包括：确定踏板的位置及角度，确定座椅的位置、调整行程和靠背角，确定转向盘的位置及倾角，确定车身内饰的尺寸，布置操纵件等。座椅、踏板和转向盘是概念设计阶段汽车内部布置设计的关键。

汽车内部布置设计方案可从坐姿舒适性、操纵方便性及视野三个方面来评价。坐姿舒适性评价，是利用人体模型计算各关节夹角，评估该值是否在舒适性范围内；驾驶员操纵方便性评价由驾驶室内部结构尺寸综合因子 G 来反映；在视野方面，汽车内部布置方案应符合相关的国家强制性标准。

例 2：丰田汽车公司的人机工程学设计理念

丰田汽车是在汽车行业较早运用人机工程学的理念开展设计研发的企业。该公司提出的通用造型设计评价指标包括 6 个领域、180 项人机工程学评价指标，包括主要驾驶控制用零件、乘降方便性、舒适性、视野范围、仪表的视认性等方面的内容。基于上述人机工程设计理念，使得所开发的汽车产品具有较好的人—机界面和人性化功能。

2. 人机工程学在交通工程领域的应用

1) 道路与交通设施设计

在道路交通中分布着各种软硬件设施、标志、标线和各种信息。这些内容的设计无不与人的视认性、理解性有关，关乎在使用道路及设施时是否舒适、方便，进而影响到安全。

(1) 道路设计：如道路警示标志标线、景观设计、人车分流。

(2) 交通设施人性化设计：如防眩板、路灯、路肩、过街天桥、港湾等。

(3) 道路交通人—车—路一体化设计。

2) 交通安全防治与事故深入分析

大多数的交通事故是由人的因素引发的，对事故的原因进行分析，了解其主要的影响因素，可以为事故预防和伤害减轻提供参考，进一步改善交通安全。

(1) 基于人—车—路基本要素研究交通安全的改善；

(2) 撞车的深入数据分析。

对交通事故引起的人体损伤及相关因素进行分析，研究人、车、路之间的相互接触特点及人体保护措施。

3) 驾驶员特性研究

驾驶员的因素是交通安全中最主要的因素。对于传统车辆，驾驶员的特性直接影响汽车的安全性能，因此对于驾驶员特性的研究也是现代人机工程学的重要方向。

(1) 基本生理特性：年龄、体质、交通特性、反应能力等。

(2) 心理学特性：安全意识、驾驶经验、性格特点等。

(3) 应用研究内容：驾驶疲劳、驾驶适宜性、驾驶能力等。

(4) 特殊/弱势人群研究：老年人、女性、残障人员等。

此外，面向未来的智能车辆人机系统，对人机共驾模式、无人驾驶车辆的人机关系和宜人性等方面的研究,都是亟待开展的研究内容。

复习思考题

1. 理解并阐释人机工程学的定义。
2. 举例说明人机工程学的研究对象。
3. 简述人机工程学发展的各历史阶段及其标志、特点。
4. 举例说明人同时存在于多个"人—机—环境系统"的场景。
5. 人—机关系的基本原则包括哪两个方面?人机相互匹配时最根本的制约条件是什么?
6. 什么是人—机界面?举例说明它有哪些基本类型。
7. 考察一种轿车驾驶室内的人—机界面,说明其基本类型。
8. 以某车间工人的作业为例,说明机器设计中的人体因素。
9. 列举人机工程学在汽车工程领域的基本应用。
10. 就汽车车身设计实例,说明人机工程关注的基本内容。
11. 列举人机工程学在交通工程领域的基本应用。
12. 以身边存在的真实人—机系统为例,说明人—机—环境关系及其中蕴涵的人机工程问题。
13. 设想一下"无人驾驶"车辆中的人机关系和人机交互。

课后作业

1. 举一实例具体说明机器(产品)设计中考虑的5个方面人体因素。
2. 通过文献检索简要介绍一个实际的人机工程相关研究案例及其方法。
(推荐期刊《人类工效学》《包装工程》等类似的期刊或人机工程会议论文。)
3. 对于某一设定的人机工程研究题目,给出适合的研究方法和简要方案。
(可选取课件提供的案例,或根据自己的兴趣和了解拟定。)

第2章 人体尺寸及其应用

引言 人体所需要的空间

进行以人为中心的空间布置设计,首先应该了解人体所需的基本空间参数。

你了解自己的形体参数吗?知道自己的工作、生活和娱乐活动需要占据多大的空间吗?关于自己身体的各种尺寸,除了身高、体重、胸围之外还了解哪些方面。看看你自己是属于哪个标准百分位的人群,你的体型又超出了标准多少呢?

比如,当你坐进一辆崭新的轿车里面,它的座椅、视野和空间是否让你感到舒适方便。不管眼前这款车的档次和品位如何,设计者最初产生概念的时候就应该考虑到,如果有一天你坐进去,是否会感到心满意足,全身上下能否舒展自如;或许这款车还是专为某类特定人群设计的,比如年轻、运动、时尚的年轻人……

其实,有时候不用每个人亲自尝试,能够代替人的"模型"也是经常用到的。最简单的比如服装商场里的模特儿,尽管它们的魔鬼身材让人惊美,但有了它们才让消费者一目了然,想象出那衣服穿在人身上的样子,不过只有穿在自己身上才能真正看出来是否合身。再好的汽车也还需要你亲自去试乘试驾,用你自己的感官来感受和评价它是否真正适合你。

如果我们制造出更为复杂的生物学假人,就可以让它代替我们尝试一些危险的场景,比如碰撞试验,在各种速度和加速度下,追尾、侧撞、滚翻,它们总会临危不惧、从容面对。假人和人体模型首先代替我们试验驾乘,安全舒适与否便有了分晓。

有时候,我们也欣赏那些计算机屏幕上的虚拟人体,它们活灵活现、栩栩如生,利用计算机软件可以迅速勾画出一个想象中的人物,让它们在虚拟的场景中去驰骋、去冒险、去体验。另外,还可以模拟那些道路环境的场景让真人实车参与,原地不动却身临其境、感同身受,我们称之为虚拟现实,比如驾驶模拟系统,可以安全地仿真驾驶环境,预测人—车—路的安全性或再现交通冲突的发生。

人是复杂的生物体,如果想要知道身边的机器和环境如何布置设计才能适合人,让我们感到安全和舒适,首先就应该设法了解自己,了解自己的身体尺寸和所需要的空间。

基本要求:
(1) 熟悉人体尺寸的分类、标准参数定义;
(2) 了解人体尺寸的特点和统计特征;
(3) 掌握人体尺寸在产品设计中的应用。

知识点:
我国成年人的人体结构尺寸和功能尺寸;人体尺寸的特点;人体尺寸的统计特征;人体尺寸的应用;人体尺寸的测量;人体模型。

2.1 人体尺寸概述

2.1.1 人体尺寸测量简史

我国在两千多年前即开展过人体测量的工作,现存最早的医学典籍《内经·灵枢》的《骨度篇》已有人体测量的记载。意大利文艺复兴时期的伟大先驱达·芬奇根据罗马建筑师维特鲁威的描述绘制了著名的人体比例图。对人体尺寸、形态的关注和研究,在古代主要集中于建筑、雕塑、绘画、服装等领域。如米开朗基罗创作的著名雕塑《大卫》。我国的许多文化遗产,如苏州园林等建筑作品以及古代的家具、日用品也蕴涵着对人体尺寸的测量和考究。

在近代,比利时人奎特莱特1870年出版的《人体测量学》一书,是关于人体测量最早的专著。德国人类学家马丁对人体测量学的卓越贡献是他编著的《人类学教科书》在1914年出版发行,详细阐述了人体测量的方法,成为沿用至今的人体尺寸测量方法的基础。1919年,美国进行了一项针对10万退伍军人的多项人体测量工作,是一次历史性创举,所得数据用于军服的设计制作。第二次世界大战后,美英两国又进行了大规模的海空军人体测量,并于1946年提出了研究报告《航空部队人体尺寸和人员装备》,是人机工程设计的经典文献。

为了设计的需要,现在世界各先进国家都拥有本国的人体尺寸国家标准或相关资料,我国也于1988年发布了相应的国家标准《中国成年人人体尺寸》(GB/T 10000—1988),目前正在开展新一轮的人体数据测量统计。

2.1.2 我国成年人的人体结构尺寸

人体尺寸包括结构尺寸和功能尺寸,结构尺寸反映的是基本的人体结构尺度,如身高、臂长等;功能尺寸是指人体实现某种动作和功能所达到的尺寸,如坐姿手臂前伸距离等。

《中国成年人人体尺寸》(GB 10000—1988)按照人机工程学的要求提供了我国成年人人体尺寸的基础数据。标准中用 7 幅图分别表示项目的部位,相应用 13 张表分别列出各年龄段、各常用百分位的各项人体尺寸数据,共给出 7 类 47 项人体尺寸基础数据,在此归纳列举为图 2-1~图 2-5 和表 2-1~表 2-5。

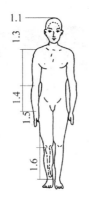

图 2-1　人体主要尺寸

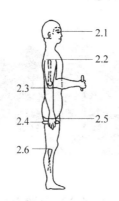

图 2-2　立姿人体尺寸

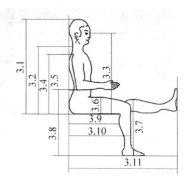

图 2-3　坐姿人体尺寸

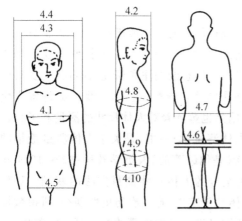

图 2-4　人体水平尺寸

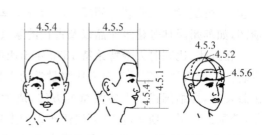

图 2-5　人体头部尺寸

标准中成年人的年龄范围界定为:男 18~60 岁,女 18~55 岁。人体尺寸按男、女性别分别列表,且各划分为三个年龄段:18~25 岁(男、女)、26~35 岁(男、女)、36~60 岁(男)、36~55 岁(女)。

表 2-1 人体主要尺寸(对应图 2-1)　　　　　　　　　　　　　　　　　mm

测量项目 \ 百分位数	男(18~60 岁)							女(18~55 岁)					
	1	5	10	50	90	95	99	1	5	10	50	90	95	99
1.1 身高	1543	1583	1604	1678	1754	1775	1814	1449	1484	1503	1570	1640	1659	1697
1.2 体重/kg	44	48	50	59	70	75	83	39	42	44	52	63	66	72
1.3 上臂长	279	289	294	313	333	338	349	252	262	267	284	303	302	319
1.4 前臂长	206	216	220	237	253	258	268	185	193	198	213	229	234	242
1.5 大腿长	413	428	436	465	496	505	523	387	402	410	438	467	476	494
1.6 小腿长	324	338	338	344	396	403	419	300	313	319	344	370	375	390

表 2-2 立姿人体尺寸(对应图 2-2)　　　　　　　　　　　　　　　　　mm

测量项目 \ 百分位数	男(18~60 岁)							女(18~55 岁)						
	1	5	10	50	90	95	99	1	5	10	50	90	95	99
2.1 眼高	1436	1474	1495	1568	1643	1664	1705	1337	1371	1388	1454	1522	1541	1579
2.2 肩高	1244	1281	1299	1367	1435	1455	1494	1166	1195	1211	1271	1333	1350	1385
2.3 肘高	925	954	968	1024	1079	1096	1128	873	899	913	960	1009	1023	1050
2.4 手功能高	656	680	693	741	787	801	828	630	650	662	704	746	757	778
2.5 会阴高	701	728	741	790	840	856	887	648	673	686	732	779	792	819
2.6 胫骨点高	394	409	417	444	472	481	498	363	377	384	410	437	444	459

表 2-3 坐姿人体尺寸(对应图 2-3)　　　　　　　　　　　　　　　　　mm

测量项目 \ 百分位数	男(18~60 岁)							女(18~55 岁)						
	1	5	10	50	90	95	99	1	5	10	50	90	95	99
3.1 坐高	836	658	870	908	947	958	979	789	908	819	855	891	901	920
3.2 坐姿颈椎点高	599	615	624	657	691	701	719	563	579	587	617	648	657	675
3.3 坐姿眼高	729	749	761	798	836	847	868	678	695	704	739	773	783	803
3.4 坐姿肩高	539	557	566	598	631	641	659	504	518	526	556	585	594	609
3.5 坐姿肘高	214	228	235	263	291	298	312	201	215	223	251	277	284	299
3.6 坐姿大腿厚	103	112	116	130	146	151	160	107	113	117	130	146	151	160
3.7 坐姿膝高	441	456	461	493	523	532	549	410	424	431	458	485	493	507
3.8 小腿加足高	372	383	389	413	439	448	463	331	342	350	382	399	405	417
3.9 坐深	407	421	429	457	486	494	510	388	401	408	433	461	469	485
3.10 臀膝距	499	525	24	554	585	585	613	481	495	502	529	561	570	587
3.11 坐姿下肢长	892	921	937	992	1046	1063	1096	826	852	865	912	960	975	1005

表 2-4 人体水平尺寸(对应图 2-4)　　　　　　　　　　　　　　　　mm

测量项目 \ 百分位数	男(18～60岁)							女(18～55岁)					
	1	5	10	50	90	95	99	1	5	10	50	90	95	99
4.1 胸宽	242	253	259	280	307	315	331	219	233	239	260	289	299	319
4.2 胸厚	176	186	191	212	237	245	261	159	170	176	199	230	239	260
4.3 肩宽	330	344	351	375	397	403	415	304	320	328	351	371	377	387
4.4 最大肩宽	383	398	405	431	460	469	486	347	363	371	397	428	438	458
4.5 臀宽	273	282	288	306	327	334	346	275	290	296	317	340	436	360
4.6 坐姿臀宽	284	295	300	321	347	355	369	295	310	318	344	374	382	400
4.7 坐姿两肘间宽	353	371	381	422	473	489	518	326	348	360	404	460	378	509
4.8 胸围	762	791	806	867	944	970	1018	717	745	760	825	919	949	1005
4.9 腰围	620	650	665	735	859	895	960	622	659	680	772	904	950	1025
4.10 臀围	780	805	820	875	948	970	1009	795	824	840	900	975	1000	1044

表 2-5 人体头部尺寸(对应图 2-5)　　　　　　　　　　　　　　　　mm

测量项目 \ 百分位数	男(18～60岁)							女(18～55岁)					
	1	5	10	50	90	95	99	1	5	10	50	90	95	99
5.1 头全高	199	206	210	223	237	241	249	193	200	203	216	228	232	239
5.2 头矢状弧	314	324	329	350	370	375	384	300	310	313	329	344	349	358
5.3 头冠状弧	330	338	344	361	378	383	392	318	327	332	348	366	372	381
5.4 头最大宽	141	145	146	154	162	164	168	137	141	143	149	156	158	162
5.5 头最大长	168	173	175	184	192	195	200	161	165	167	176	184	187	191
5.6 头围	525	536	541	560	580	586	597	510	520	525	546	567	573	585
5.7 形态面长	104	109	111	119	128	130	135	97	100	102	109	117	119	123

2.1.3　我国成年人的人体功能尺寸

在成年人的人体结构尺寸数据基础上,可以进一步获取成年人的人体功能尺寸。同济大学的丁玉兰教授对 GB 10000—1988 中的人体测量基础数据进行了分析研究,并在此基础上导出了几项常用的人体功能尺寸及人在作业位置上的活动空间尺度的数据(见《工作空间人体尺寸》(GB/T 13547—1992)),包括活动空间尺寸(立姿、坐姿、跪姿、卧姿和爬姿)和肢体活动角度范围(头部、四肢等部位的旋转、伸收和弯曲)。

2.1.4　未成年人和老年人的人体尺寸

我国于 1987 年开展的全国成年人人体尺寸测量调查,其中未包括未成年人和老年人的数据,而只包含了从成年(18岁)直到退休年龄(男60岁,女55岁)人体的尺寸,即在工作年限以内的人体尺寸。而缺少的两端的人体尺寸也非常重要,这两部分人群在生活中所需要的建筑、服装、桌椅、器具和交通工具等因缺少对应的数据而没有设计依据,造成使用中的不便;此外,少年儿童处在成长发育过程中,身体尺寸不断变化,与之相反,老年人由于日渐衰老而引起身体尺寸一定程度的衰减,在设计中都应该相应予以考虑。2006年开展的第二次全国人体尺寸测量调查首先针对未成年人,以填补我国在未成年人人体尺寸国家标准领域内的空白,增强各行业在设计多元化的未成年人用品时的自主创新能力。

2.2 人体尺寸的特点

人体尺寸是国家的大数据资源,具有一定的时代特征和地域特点,需要关注和考虑。同时,人体尺寸的数值应具有一定的统计特征规律,为设计应用提供标准化的数据参考。

2.2.1 人体尺寸的空间特点

1. 人体尺寸的地区差异

我国的人体尺寸按地域分区,包括东北/华北、西北、东南、华中、华南、西南6个区域,各区域的人体尺寸有着显著差异,如华北/东北与西南男子的身高均值差异为

$$1693 - 1647 = 46 (\text{mm})$$

华北/东北与西南女子的身高均值差异为

$$1586 - 1546 = 40 (\text{mm})$$

我国6个区域主要人体尺寸(体重、身高和胸围)的均值和标准差列于表2-6。

表2-6 中国6个区域人体尺寸的均值和标准差

项 目		东北/华北		西北		东南		华中		华南		西南	
		均值	标准差	均值	标准差	均值	标准差	均值	标准差	均值	标准差	均值	标准差
男(18~60岁)	体重/kg	64	8.2	60	7.6	59	7.7	57	6.9	56	6.9	55	6.8
	身高/mm	1693	56.6	1684	53.7	1686	55.2	1669	56.3	1650	57.1	1647	56.7
	胸围/mm	888	55.5	880	51.5	865	52.0	853	49.2	851	48.9	855	48.3
女(18~55岁)	体重/kg	55	7.7	52	7.1	51	7.2	50	6.8	49	6.5	50	6.9
	身高/mm	1586	51.8	1575	51.9	1575	50.8	1560	50.8	1549	49.9	1546	53.9
	胸围/mm	848	66.4	837	55.9	831	59.8	820	55.8	819	57.6	809	58.8

2. 人口地理迁移对人体尺寸的影响

我国自改革开放以来,人口迁移日趋活跃,表现为流动人口大量增加,其流动方向一是从农村到城市,二是从内地到沿海城市和工矿地区,其目的主要是务工和经商;因学习和分

配工作的迁移人数也逐步增多,出现很多移民城市,如北京、上海、深圳。

由于人口的流动性(如旅游、探亲、求学、经商、工作等),不同地区人口的结合,以及生活水平的改善提高,使得年轻一代的身高尺寸及体重等人体参数特征发生显著的变化;同时,人们对舒适度的追求日益提高,因此对人机工程设计提出了更高的要求,比如公共交通(飞机、高铁、客运、地铁、公交等)、旅游巴士、出租汽车等的尺寸设计、人—机界面、语音提示和道路设施等方面应满足通用的标准化需求。

3. 人体尺寸的国际差异

不同人种的体态特征有着较显著的差异,体现在人体尺寸方面,比如身高、体段比例等。我国属于黄色人种,与欧美白色人种相比,我国人体身高总体上相对较低,而上身体段所占比例略大;同为黄色人种,我国人体与日韩相比,总体尺寸数值略大。表2-7为20世纪70年代一些国家和地区人体身高数据的比较。

表2-7 不同国家和地区人体身高的差异

国家和地区 人体身高数据	美国		日本		法国		意大利		非洲	
	男	女	男	女	男	女	男	女	男	女
均值/mm	1755	1618	1651	1544	1690	1590	1680	1560	1680	1570
标准差/mm	72	62	52	50	61	45	66	71	77	45

自改革开放以来,我国与国际交往日益密切,华人分布在世界各地,但是起居出行并没有在人体尺寸方面感到不适宜,一方面说明全球国际化的发展趋势,另一方面也表明人体尺寸的国际差异不会特别显著。

2.2.2 人体尺寸的时代特点

1. 人体尺寸的时代差异

人体尺寸随着时代的发展也在发生变化,如今的人体尺寸相对于过去有着明显增加,尤其是改革开放40年来,中国人的物质生活水平显著提高,人的身高体重都在提高。如上海市的一项调研表明,1995—2002年,12~17岁青少年身高体重呈增加趋势,其中,男生的身高增加69mm,体重增长5.5kg,女生的身高增加55mm,体重增加了4.5kg。

由于人体尺寸的动态变化特点,因此我国的人体数据急待更新,新的标准目前正在调查和建立过程中。

2. 人体尺寸的稳定性

从古至今,人类的进化是极其缓慢的,人体的尺寸等参数的变化也是非常微小的,比如千年前的建筑和用具对于今天的人类来说依然可用,并不会感到几何尺寸上的不足。因此,对于人类生物群体来说,时代的差异其实并不是很显著。

2.2.3 人体尺寸的统计特征

任何产品都必须适合一定范围的人群使用,产品设计中需要的是一个群体的人体测量数据。通常的做法是通过测量群体中较少量的个体样本的数据,再进行统计处理而获得所需群体的人体测量数据。

对一定数量的个体样本进行人体测量所得到的测量值,是离散的随机变量,可以根据概率论与数理统计方法对测量数据进行统计分析,求得所需群体的人体测量数据的统计规律和特征参数。常用的统计特征参数有均值、方差、标准差、百分位数等。

人体测量的数据常以百分位数来表示人体尺寸的等级。百分位数是一种位置指标,一个界值,以符号 P_K 表示。一个百分位数将总体或样本的全部测量值分为两部分,有 $K\%$ 的测量值等于或小于此数,有 $(100-K)\%$ 的测量值大于此数。最常用的是第 5、50、95 三个百分位数,分别记作 P_5、P_{50}、P_{95}。

一般静态人体测量数据近似符合正态分布,因此,可以根据均值和标准差计算百分位值,也可以计算某一人体尺寸所属的百分位数。若已知某项人体测量数据的均值和标准差,则任一百分位的人体测量尺寸可按下式计算:

$$P_x = \bar{x} \pm \sigma K$$

当计算第 1~50 百分位之间的百分位值时,式中取"－"号;当计算第 51~99 百分位之间的百分位值时,式中取"＋"号。K 为转换系数,设计中常用的百分比和对应的转换系数 K 值列于表 2-8。

例:计算华北地区女子(18~55 岁)身高的 95 百分位数 P_{95} 和 5 百分位数 P_5。

由 GB/T 10000:均值 $x=1586\text{mm}$,标准差 $\sigma=51.8\text{mm}$

查表得 $K=1.645$

$$P_{95}=x+K\sigma=1586+1.645\times51.8=1671(\text{mm})$$
$$P_5=x-K\sigma=1586-1.645\times51.8=1501(\text{mm})$$

表 2-8 百分比与变换系数 K

百分比/%	K	百分比/%	K	百分比/%	K
0.5	2.576	25	0.674	80	0.842
1.0	2.326	30	0.524	85	1.036
2.5	1.960	40	0.25	90	1.282
5	1.645	50	0.000	95	1.645
10	1.282	60	0.25	97.5	1.960
15	1.036	70	0.524	99	2.326
20	0.842	75	0.674	99.5	2.576

2.3 人体尺寸的应用

当产品设计或工程设计中需要用到人体尺寸数据时,设计者只有正确理解各项人体测量数据的定义、适用条件、人体百分位的选择等方面的内容,才能恰当选择和应用各种人体参数。否则,有的数据可能被误解,如果使用不当,甚至可能导致严重的设计错误。《在产品设计中应用人体尺寸百分位数的通则》(GB/T 12985)提供了重要的设计应用依据。

2.3.1 产品尺寸设计的分类

人们工作、学习、生活所需要的场所及用品,各种机器设备、交通工具、公共设施、办公用品、健身器材等方面的设计都需要根据人体尺寸进行分类。从人机工程学的角度,设计人员为了使自己设计的产品或系统能适合于使用者,必须以特定使用者群体的有关人体尺寸测量数据作为设计的依据。按照所使用的人体尺寸的设计界限值的不同情况,可将产品尺寸设计任务分为 3 种基本类型。

1. Ⅰ型产品尺寸设计

需要同时利用两个人体尺寸百分位数作为尺寸上限值和下限值依据的设计,称为Ⅰ型产品尺寸设计,又称双限值设计。

例如,汽车驾驶座椅设计就是一种典型的Ⅰ型产品尺寸设计。座椅的上下、前后可调,由此满足不同尺寸驾驶员的视野和可达性要求。座椅高低方向调节的依据是人体的坐姿眼高,如选择第 90、10 百分位或第 95、5 百分位作为上下限,则对应的座椅高低调节范围是 695~847mm。前后方向调节的依据是人体的坐姿臀膝距,对应的尺寸范围是 495~595mm。

2. Ⅱ型产品尺寸设计

只需要利用一个人体尺寸百分位数作为尺寸上限值或下限值的依据的设计,称为Ⅱ型产品尺寸设计,又称单限值设计。例如,居民住宅门的设计,就只需参照上限人体尺寸参量即可。

Ⅱ型产品尺寸设计任务,又分为两类:

(1) ⅡA 型产品尺寸设计,只需要利用一个人体尺寸百分位数作为尺寸上限值的依据,也称大尺寸设计。例如,设计公共汽车的车厢高度,可取第 95 百分位的人体身高作为设计的上限值。

(2) ⅡB 型产品尺寸设计,只需要利用一个人体尺寸百分位数作为尺寸下限值的依据,也称小尺寸设计。例如,设计工作场所或产品(如电风扇)的栅栏结构、网孔结构等安全防护装置,防止人的手等部位进入危险区域;居室防盗窗的栅栏结构,可取相应肢体部位厚度(胸厚)的第 1 百分位,即小于 159mm。

3. Ⅲ型产品尺寸设计

只需要人体尺寸的第 50 百分位尺寸数据作为产品尺寸设计依据的设计,称为Ⅲ型产品尺寸设计,也称折中设计。

例如,门的把手或锁孔距地面的高度、照明开关在房间墙壁上安装位置的距地高度设计。门拉手、锁孔位置、电灯开关的距地高度可取第 50 百分位的人体立姿肘高,将男女尺寸进行平均即可,即 960mm 和 1024mm 的平均值为 992mm。此外,当工厂的生产能力有限,或成年人体尺寸的变化对场所或产品的使用影响不显著时,可进行折中设计。

设计人员进行产品或工程系统设计时,首先必须正确判断设计任务应属于哪一种类型,然后恰当选取作为尺寸设计依据的人体相应部位的百分位数。

2.3.2 满足度

所设计的产品或系统,在尺寸上能满足的适合使用者的人数占特定使用者群体的百分率,称为满足度。满足度的取值应根据设计该产品或工程系统所依据的使用者群体的人体尺寸的变异性、生产该产品或实现该工程系统的技术可能性以及经济上的合理性等因素,综合权衡选定。

人体尺寸的变异性往往要比机械产品尺寸的变异性大几个数量级。基于人体尺寸变异性大的特点,设计人员应当充分认识到,他所设计的产品或系统,绝对不是仅供中等身材的人使用的,而是为满足占特定使用者群体中相当大百分率的人使用而设计的。不同的人体测量项目的尺寸变异性往往差别很大,对于变化范围小的,可用一个尺寸规格的产品去覆盖整个变化范围;而对于变化范围大的,则需要用几个尺寸规格的产品去覆盖整个变化范围。当然,设计人员也可以通过制造产品材料的选择或产品的结构设计来解决后一个问题,例如,为了使驾驶员的座椅能适合高身材和低身材的使用者,可将驾驶座椅设计成高度方向和前后方向都可调节的结构。

设计人员当然希望所设计的产品或工程系统能够满足特定使用者群体中所有的人使用,但是要想达到 100% 的满足度,技术上或经济上往往是不可能实现,或者是不合理的。因此,在实际设计中,通常以满足度达到 90% 作为设计目标。

例如,在设计汽车车厢高度时,取 90% 满足度较为合适,因为如果为了满足其余 10% 的人(即身材特别高的人)的需要而将车厢设计得更高些,虽然技术上是可行的,但经济上却是不合算的。类似的问题在军用飞机或坦克的设计中显得更加突出,因为如果为了高身材驾驶员的需要而将飞机驾驶舱或坦克驾驶舱的高度设计得更高一些,则不仅经济上不合算,从技术角度和战术要求看也不可取。相应的弥补方法是,在选拔军用飞机或坦克驾驶员时,将人员身高的录取标准严格限制在一定的身高尺寸范围内,从而使驾驶员的身高同飞机或坦克驾驶舱的尺寸得到更好的匹配。

对于面向单一性别的产品设计,满足度为

$$A = \frac{K_{\max} - K_{\min}}{100}$$

式中,$K_{\max}$ 和 $K_{\min}$ 分别为所选取百分位数的上限和下限值(图 2-6)。如取男子第 95 和第 5 百分位,则其满足度为 90%。

图 2-6 单一性别的满足度计算

如考虑面向男女性别的产品设计,则实际满足度的计算应为

$$A' = \frac{M \times (K_{\max} - y)\% + F \times (x - K_{\min})\%}{M + F} \times 100\%$$

式中,$K_{\max}$ 和 $K_{\min}$ 分别为所选取百分位数的男性上限和女性下限值;y 为该区域所包含的男性百分位数下限值;x 为该区域包含的女性百分位数上限值;M 为男性人数总量;F 为女性人数总量(图 2-7)。如取男子第 95 和女子第 5 百分位,则其满足度为大于 90%,小于 95%。

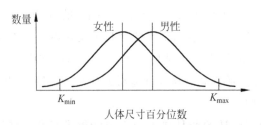

图 2-7 分别考虑男性女性的满足度计算

2.3.3 设计界限值的选择

设计界限值的选择与设计目标(即满足度)的取值密切相关。

对于 I 型产品尺寸设计,如果产品或工程的设计不仅涉及使用方便和舒适,而且涉及使用者的安全和健康,则应将满足度取为 98%,于是应选用第 99 百分位和第 1 百分位的人体尺寸数据作为尺寸设计上、下限值的依据。如果产品或工程的设计只涉及使用方便和舒适,而不涉及使用者的安全和健康,则通常可将满足度取为 90%,于是应选用第 95 百分位和第 5 百分位的人体尺寸数据作为尺寸设计上、下限值的依据。

对于ⅡA型产品尺寸设计,如果产品或工程的设计不仅涉及使用方便和舒适,而且涉及使用者的安全和健康,则应将满足度取为98%或95%,于是应选用第98百分位或第95百分位的人体尺寸数据作为尺寸设计上限值的依据。如果产品或工程的设计仅涉及使用方便和舒适,而不涉及使用者的安全和健康,则通常可将满足度取为90%,于是应选用第90百分位的人体尺寸数据作为尺寸设计上限值的依据。

对于ⅡB型产品尺寸设计,如果产品或工程的设计不仅涉及使用方便和舒适,而且涉及使用者的安全和健康,则应将满足度取为98%或95%,于是应选用第2百分位或第5百分位的人体尺寸数据作为尺寸设计下限值的依据。如果产品或工程的设计仅涉及使用方便和舒适,而不涉及使用者的安全和健康,则通常可将满足度取为90%,于是应选用第10百分位的人体尺寸数据作为尺寸设计下限值的依据。

对于Ⅲ型产品尺寸设计,必须以第50百分位的人体尺寸数据为依据。

对于成年男、女通用的产品尺寸设计,可分别根据上述原则,选用男性的第99、98、95或第90百分位的人体尺寸数据作为尺寸设计上限值的依据;选用女性的第1、2、5或第10百分位的人体尺寸数据作为尺寸设计下限值的依据;选用男性第50百分位和女性第50百分位的人体尺寸数据的平均值作为产品尺寸设计的依据。

对于军用装备及某些特种产品或系统,如果基于功能要求、技术可行性、经济合理性等方面的综合考虑,对操作人员的选拔规定了人体尺寸(通常主要是身高和性别)上的严格限制,则其满足度的取值和设计界限值的选择须作特殊论证。

2.3.4 人体尺寸测量数据的修正

1. 功能修正量

为了保证实现产品或系统的某项功能而对作为产品或工程尺寸设计依据的标准人体尺寸测量数据所进行的尺寸修正量,称为功能修正量。

1) 着装修正量

采用 GB 10000—1988 中的数据或其他有关的人体测量尺寸数据时,必须考虑由于穿着鞋帽引起的高度变化量,由于着装引起的围度、厚度变化量和由于戴手套引起的手部尺寸变化等。考虑着装的因素而给出的修正量,称为着装修正量。着装修正量随气候、环境、作业要求、人的年龄和性别、服装和鞋帽式样、风俗习惯等条件的不同而变化。

例如,若衣厚为5mm,裤厚为4mm,则可将坐姿时的坐高、眼高加4mm,肩高加9mm,胸厚加10mm,臀—膝距加8mm;穿鞋修正量主要依据鞋高来确定,若鞋高为25mm,则可将立姿时的身高、眼高、肩高、肘高附加25mm。

2) 姿势修正量

人体测量时要求人体躯干呈挺直姿势,而人在正常作业时,躯干呈自然放松姿势。考虑由于姿势不同所引起的变化量而给出的修正量,称为姿势修正量。姿势修正量一般可将立姿时的身高、眼高等尺寸减小 10mm;坐姿时的坐高、眼高等尺寸减小 40mm。

对于人体某部分直接穿戴的产品,如服装、鞋、帽、手套等,其尺寸设计通常要比穿戴它的人体部分的结构尺寸多出适当的放余量,放余量就是功能修正量。功能修正量通常为正值,但有时也可能为负值。如针织弹力衫胸围的功能修正量,应取负值。

此外,还有操作修正量,即考虑人体动作的特点及幅度对尺寸数据进行修正;考虑座椅曲面及座垫弹性对人体参数的影响等。

2. 心理修正量

为了消除空间压抑感、恐惧感或为了追求美观等心理需要,而对作为产品或工程尺寸设计依据的标准人体尺寸测量数据所进行的尺寸修正量,称为心理修正量。

心理修正量通常针对具体设计对象,用心理学实验的方法来确定。例如,在设计护栏高度时,对于3~5m高的工作平台,只要栏杆高度略微超过人体重心高度,就不会发生因人体重心高所致的跌落事故;但对于更高的工作平台,操作者在高平台的栏杆旁边,可能因恐惧心理而发生恐慌,因此,必须将栏杆高度进一步加高,才能克服上述心理障碍。这项附加的高度参数就属于心理修正量。

2.3.5 产品功能尺寸的确定

产品功能尺寸是指为了确保实现产品的某项功能而在设计时规定的产品尺寸。产品功能尺寸通常以选定的人体尺寸百分位静态测量数据作为设计界限值,在此基础上考虑为了确保实现产品某项功能所必需的修正量而定。

1. 最小功能尺寸

为确保实现产品的某项功能而在设计时规定的产品最小尺寸,称为产品最小功能尺寸。

产品最小功能尺寸=人体尺寸百分位数+功能修正量

需要特别指出,设计所追求的目标是必须"确保"功能实现的"最小"尺寸。例如,坦克的设计,通常总是追求尽可能将各项内尺寸规定得"最小",但又必须以"确保"乘员能以合适的姿势进行有效的操作为前提。这样设计出的作业空间尺寸对乘员来说是谈不上舒适的。

2. 最佳功能尺寸

为了更加方便、舒适地实现产品的某项功能而设定的产品尺寸,称为产品最佳功能尺寸。

产品最佳功能尺寸=人体尺寸百分位数+功能修正量+心理修正量

人机工程学是以追求安全、健康、舒适、高效为目标,只要客观上许可,就应当按最佳功能尺寸进行设计。以设计船舶居住区的层高为例,若以男子身高第90百分位尺寸1754mm作为设计界限值,取鞋跟高修正量为25mm,高度的最小余量为90mm,高度的心理修正量为115mm,则

最低层高=1754+(25+90)=1869≈1900(mm)

最佳层高=1754+(25+90)+115=1984≈2000(mm)

在交通工具中,飞机的头等舱和经济舱、高铁的一等座和二等座之间的差别也可视为最

小功能尺寸和最佳功能尺寸的范例。

2.3.6 人体尺寸在车身设计中的应用

人体尺寸决定了人体所占据的几何空间大小和人体的活动范围,是确定车身室内有效空间和进行内饰布置的主要依据。

车身内饰布置设计中应以人体尺寸的百分位分布值作为设计的尺寸依据,这是人机工程学的基本设计原则之一。这里的百分位是指人体身高分布值的百分位,即对于身高的某一百分位值,则表示身高小于此值的人数所占的百分率,并将此身高分布值定义为对应于这一百分位的人体标准身高。车身设计中一般采用第5、第50和第95三种百分位的人体尺寸,分别代表矮小身材、平均身材和高大身材的人体尺寸。

采用"去两头"原则,以第95和第5百分位的人体尺寸作为室内设计依据,确定座椅调节行程的上下限尺寸基准。以第95百分位的人体尺寸确定室内需要的有效空间;以第5和第95百分位的人体尺寸来确定室内各部件的相对位置关系,而驾驶员座椅的调节行程应能保证:当座椅调整至最前端时,能满足第5百分位的人体尺寸要求;当座椅调整至最后端时,能满足第95百分位的人体尺寸要求。

以上布置设计能满足第5～95百分位的所有人的尺寸要求,即符合90%的使用对象。

关于车身设计中使用人体尺寸的几项说明如下:

(1) 人体尺寸因国家、地区或人种而异,应将产品的使用国家或地区的人体尺寸标准作为设计的依据。这一点对于开发国际市场的产品及产品出口具有重大意义。同时,对于引进技术能否符合本国情况也是不可忽视的。

(2) 人体尺寸的百分位分布值实际上提供了一个标准人的人体尺寸,包括人体各个部分的尺寸,它不与现实中的任何具体的人相吻合。

(3) 设计中通过人体样板反映人体的尺寸。

(4) 设计中应以市场性原则选择适宜的人体尺寸标准及尺寸范围。根据产品的使用对象和满足度要求,一般选用的人体尺寸范围有:男子第5～95百分位,女子第5到男子第95百分位,女子第2.5到男子第97.5百分位。

(5) 制定完善的适于车身设计的中国人体尺寸标准非常必要。

2.4 人体尺寸数据的测量

为研究人—机系统,必须首先了解人体的外观形态特征及各项测量数据。《人体测量术语》(GB 3975—1983)规定了人机工程学使用的人体测量术语和人体测量方法。

2.4.1 人体测量的分类

(1) 静态人体尺寸测量:指被测者静止时进行的测量方式,用以设计工作区间的大小。

(2) 动态人体尺寸测量：指被测者处于动作状态下所进行的测量，如人体基本活动的空间范围。

(3) 生理学参数的测量：人体的主要生理指标，如心率、疲劳、触觉反应等的测量。

(4) 生物力学参数的测量：人体的主要力学指标，如人体各部分的质心位置、惯量、出力特点等参数的测量。

2.4.2 人体测量的参照系

图 2-8 所示为人体测量的基准面和基准轴。

1. 测量基准轴

(1) 铅垂轴；

(2) 矢状轴；

(3) 冠状轴。

2. 测量基准面

(1) 矢状面(sagittal plane)；

(2) 冠状面(vertical plane)；

(3) 水平面(horizontal plane)；

(4) 眼耳平面：通过左、右耳屏点及右眼眶下点的平面，称为眼耳平面或法兰克福平面。

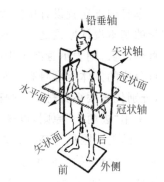

图 2-8 人体测量的基准面和基准轴

2.4.3 人体测量的项目和方法

1. 测量姿势

(1) 立姿：被测者挺胸直立，头部以眼耳平面定位，眼睛平视前方，肩部放松，上肢自然下垂，手伸直，手掌朝向体侧，手指轻贴大腿侧面，膝部自然伸直，左、右足后跟并拢，前端分开，使两足大致成 45°夹角，体重均匀分布于两足。

(2) 坐姿：被测者挺胸坐在被调节到腓骨头高度的平面上，头部以眼耳平面定位，眼睛平视前方，左、右大腿大致平行，膝弯曲大致成直角，足平放在地面上，手轻放在大腿上。

2. 测量方向

(1) 人体上下方向：上方称为头侧端，下方称为足侧端。

(2) 人体左右方向：靠近正中矢状面的方向称为内侧，远离正中矢状面的方向称为外侧。

(3) 四肢方向：靠近四肢附着部位的方向称为近位，远离四肢附着部位的方向称为远位。

(4) 上肢方向：指向桡骨侧的方向称为桡侧，指向尺骨侧的方向称为尺侧。

(5) 下肢方向：指向胫骨侧的方向称为胫侧，指向腓骨侧的方向称为腓侧。

3. 测量项目

《用于技术设计的人体测量基础项目》(GB/T 5703—2010)规定了人体测量参数的测点和测量项目,其中,头部测点 13 个、测量项目 16 项;躯干和四肢部位的测点 27 个、测量项目 100 多项(包括:立姿的测量项目 70 项、功能项目 9 项;坐姿的测量项目 3 项、功能项目 2 项;手部 13 项和足部 3 项,体重 1 项)。GB/T 5703—2010 对上述 100 多个测量项目的具体测量方法都进行了详细说明,必须严格按照标准规定的方法进行测量,其测量结果才有效。

4. 测量工具

《人体测量仪器》(GB/T 5704—2008)规定了部分人体测量工具,包括人体测高仪、人体测量用直角规、弯角规、三脚平行规、角度计、软尺、体重计等,见图 2-9。

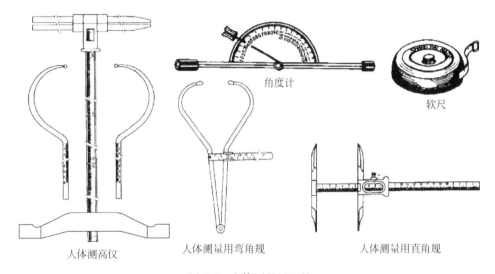

图 2-9 人体测量用工具

采用 3D 扫描设备进行非接触式人体尺寸测量具有快速、准确、方便等优点,能实现获取人体三维外形轮廓、建立三维数字模型、进行全方位测量和局部细节扫描等功能,已广泛用于科学精密的人体测量,参见《三维扫描人体测量方法的一般要求》(GB/T 23698—2009)。

2.4.4 人体尺寸的间接计算方法

人体的身高、体重与各部位的尺寸之间存在相关性。设计中所必需的人体数据,当无条件测量、直接测量有困难或为了简化人体测量过程时,可根据人体的身高、体重等基础测量数据,利用经验公式计算出所需的其他各部分数据。取基本人体尺寸之一作为自变量,其他人体尺寸可以表示为该自变量的线性函数。我国成年人各部位尺寸与身高的统计关系见图 2-10 和表 2-9。

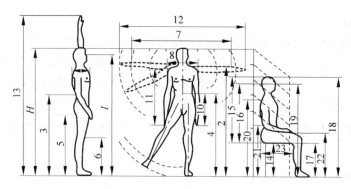

图 2-10 部分人体尺寸的标号

表 2-9 部分人体尺寸与身高的近似比例关系

序号	名 称	男		女	
		亚洲人	欧美人	亚洲人	欧美人
1	眼高	0.933H	0.937H	0.933H	0.937H
2	肩高	0.844H	0.833H	0.844H	0.833H
3	肘高	0.600H	0.625H	0.600H	0.625H
4	脐高	0.600H	0.625H	0.600H	0.625H
5	臀高	0.467H	0.458H	0.467H	0.458H
6	膝高	0.267H	0.313H	0.267H	0.313H
7	腕—腕距	0.800H	0.813H	0.800H	0.813H
8	肩—肩距	0.222H	0.250H	0.213H	0.200H
9	胸深	0.178H	0.167H	(0.133~0.177)H	(0.125~0.166)H
10	前臂长(包括手)	0.267H	0.250H	0.267H	0.250H
11	肩—指距	0.467H	0.438H	0.467H	0.438H
12	双手展宽	1.000H	1.000H	1.000H	1.000H
13	手举起最高点	1.278H	1.259H	1.278H	1.250H
14	坐高	0.222H	0.250H	0.222H	0.250H
15	头顶—座距	0.533H	0.531H	0.533H	0.531H
16	眼—座距	0.467H	0.458H	0.467H	0.458H
17	膝高	0.267H	0.292H	0.267H	0.292H
18	头顶高	0.733H	0.781H	0.733H	0.781H
19	眼高	0.700H	0.708H	0.700H	0.708H
20	肩高	0.567H	0.583H	0.567H	0.583H
21	肘高	0.356H	0.406H	0.356H	0.406H
22	腿高	0.300H	0.333H	0.300H	0.333H
23	坐深	0.267H	0.280H	0.267H	0.275H

注：H 表示身高。

2.4.5 人体尺寸的相关性

人体尺寸主要决定人—机系统的操纵是否方便、舒适。因此,各种工作面高度、设备和用具的高度(如操纵台、工作台、操纵件的安装高度以及用具的设置高度等),都要根据人的身高来确定。以身高为基准确定工作面高度、设备和用具高度的方法,通常是将设计对象归类成若干典型的类型,建立设计对象的高度与人体身高的比例关系,以供设计人员选用。

表 2-10 给出一些以身高为基准的设备高度尺寸的参考数据,各代号的定义见图 2-11。

表 2-10 基于人体身高的设备尺寸

代号	工作台面或设备高度的定义	工作台面或设备高度与人体身高之比
1	眼睛能够望见设备的高度(上限值)	10/11
2	能够挡住视线的高度	33/34
3	立姿手上举能够抓握的高度	7/6
4	立姿用手能放进和取出物品的台面高度	8/7
5	立姿工作台高度上限	9/11
6	立姿工作台高度下限	4/9
7	操作用座椅高度	4/17
8	坐姿控制台高度	7/17

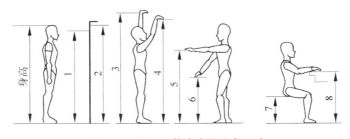

图 2-11 基于人体身高的设备尺寸

具体的应用实例包括居室内部的桌椅、屏风,汽车驾驶室的中控台,交通工具内的拉手、扶手,装配线的工作台等。

2.5 人体模型

2.5.1 人体模型的分类

以人体的几何尺寸与生理参数为基础构建的人体模型是研究人—机系统的重要工具。人体是复杂的柔性体,对人体建模的难度大,而模型的具体功能、结构形式和用途有所不同。按人体模型的构建方法,分为实物仿真模型与虚拟仿真模型两类。按人体模型的用途,分为设计用人体模型、作业姿势分析用人体模型、运动学分析用人体模型、动力学分析用人体模型、人—机界面评价用人体模型和人—机系统试验用人体模型等多种类别。

2.5.2 二维人体模板

二维人体模板是人—机系统设计的一种传统的物理仿真模型,是根据人体测量数据进行处理和选择而得到的标准人体尺寸,利用塑料板材等材料,按照1∶1、1∶5、1∶10等工程设计中常用的制图比例制成人体各关节均可活动的人体模型,其侧视图如图2-11所示。其他视图可参看《坐姿人体模板功能设计要求》(GB/T 14779—1993)。将人体模板放置于实际作业空间或设计图纸的相关位置上,可用以校核设计的可行性与合理性。

1. 人体模板的构成

1) 基准线

图2-12中人体各部分肢体上标出的基准线是用来确定关节调节角度的,这些角度可从人体模板相应部位所设置的刻度盘上读出来。头部标出的标准眼轴线表示正常视线,相当于自眼耳平面成15°向下倾斜的方向。鞋上标出的基准线表示人的脚底。

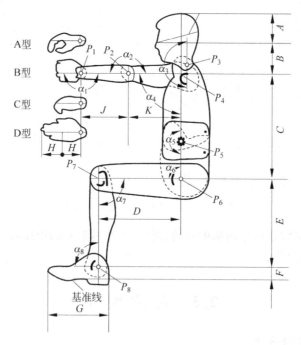

图2-12 二维人体模板侧视图

2) 关节及活动范围

人体模板可以在侧视图上演示关节的多种功能,但不能演示侧向外展和转动运动。人体模板上的关节有一部分是铰链结构(肘、手、头、髋、足),有一部分是根据经验设计的关节结构(肩、腰、膝)。模板上带有角刻度的人体关节调节范围,是指功能技术测量系统的关节角度,包括健康人韧带和肌肉不超负荷的情况下所能达到的位置,不考虑那些虽然可能,但对劳动姿势来说超出了生理舒适界限的活动。表 2-11 列出人体模板侧视图关节角度的调节范围。正视图和俯视图关节角度的调节范围可参看 GB/T 14779—1993 中的相关数据。

表 2-11 人体模板侧视图关节角度的调节范围

人体关节		调节范围		人体关节		调节范围	
关节部位	关节名称	角度代号	角度调节量	关节部位	关节名称	角度代号	角度调节量
P_1	腕关节	α_1	140°~200°	P_5	腰关节	α_5	168°~195°
P_2	肘关节	α_2	60°~180°	P_6	髋关节	α_6	65°~120°
P_3	头/颈关节	α_3	130°~225°	P_7	膝颈关节	α_7	75°~180°
P_4	肩关节	α_4	0°~135°	P_8	足关节	α_8	70°~125°

3) 手的姿势

如图 2-11 所示,根据作业中手的姿势的不同需要,有 4 种手的模板可供选用。

A 型:三指捏在一起的手。

B 型:握住圆棒的手,手的横轴位于垂直面。

C 型:握住圆棒的手,手的横轴位于水平面。

D 型:伸开的手。

4) 人体模板的分段尺寸

人体模板的分段尺寸 $A\sim K$ 数值随身高不同而变化。国家标准中包含 6 种不同身高尺寸的人体各部位关节间的分段尺寸,供制作人体模板时参考。

2. 人体模板的尺寸等级

人体模板的设计和制造,主要根据不同的目的选用人体测量尺寸的百分位数来确定模板的基本尺寸。对于安全设施,应尽可能按极端的百分位数设计,如选用第 1 和第 99 百分位,以适应绝大多数人的要求。对于一般设施,所选百分位数可适当偏离极端数值,如第 10 和第 90 百分位,这样可简化结构、降低成本。

鉴于工程设计中最常用的是确定第 5、50、95 百分位身高的人的操作范围尺寸数据,因此 GB/T 14779—1993 中,将人体模板的尺寸规格划分为男、女各三个等级,其出发点是根据我国成年人人体身高尺寸的分布,将人群按男、女各划分为大身材、中等身材、小身材三个身高等级。在规定身高等级尺寸时,以 GB 10000—1988 提供的身高尺寸数据为基数,再增加鞋高尺寸(按 GB/T 12985—1991 的规定,鞋高尺寸,男子取为 25mm,女子取为 20mm)。GB/T 14779—1993 具体规定了各个等级的人体模板的功能尺寸设置值,实现了坐姿人体模板功能尺寸的标准化。

2.5.3 三维人体模型

相对于二维人体模板,三维人体模型更接近于真实的人体特征,从三维空间尺度考察产品设计。随着计算机模拟技术的发展,三维人体模型的制作和应用日益广泛。

1. 物理模型

物理实体模型包括各种百分位比例的人体模型,可以用于航空航天、汽车、机械制造、建筑、医疗、体育和服装等行业的人机工程设计评价、安全试验、医学研究等,如航天飞机的假人模型、汽车碰撞安全的假人模型、医学假人、服饰模特等,图2-13所示为汽车碰撞试验用假人模型,具有拟人的体型、结构、重量,并含有生物力学传感器,体现人体的力学特性。

图 2-13 汽车碰撞试验用假人模型

2. 计算机虚拟模型

人—机系统仿真软件都是基于虚拟人体模型开展设计分析评价。计算机人体模型旨在降低用真人进行测试以及用物理模型和物理原型进行评估的需求,能够快速、方便、及早地发现可能存在的尺寸缺陷问题,快速确定与身体尺寸相关的限制操作的关键尺寸,如在限定空间中的匹配问题、可达性问题。在使用人体模型时,需在同一测试条件下考虑一些人机工程学的问题,例如人体测量、姿势、视觉、生物力学和动态特性。在既没有现成可用的尺寸数据,也没有可用于全尺寸评估的参照条件时,人体模型作为通用设计工具,对于全新的设计非常有用。在设计过程中,使用计算机人体模型可使不同专家和用户之间的信息交流与协作变得更为容易。若使用得当,可加快设计过程,降低设计成本。《人类工效学 计算机人体模型和人体模板》(GB/T 23702.1—2009)规定了一般要求、模型系统的功能检验和尺寸检验。

人机工程相关的计算机仿真软件提供了真实人体数据构建的三维虚拟模型,如RAMSIS、CATIA和JACK等软件中包含丰富的人体三维模型,用于对人—机系统进行仿真研究。

图2-14为Madymo软件中特有的假人多刚体动力学模型,用于车辆碰撞动力学仿真研

究,可以考察车辆碰撞造成的人体伤害,为事故预防和车辆安全性研究提供重要依据。

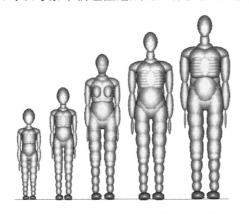 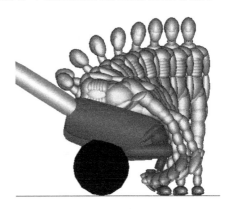

图 2-14　Madymo 软件中的假人模型

2.5.4　人体模型的应用

人—机系统设计时,可借助人体模板进行辅助制图、辅助设计、辅助演示或辅助测试。在汽车等典型人—机系统设计时,可采用 AutoCAD 等软件建立人体二维模型,用于车身设计的校核分析。图 2-15 所示为第 50 百分位国标中国男子人体的二维模型,该模型可以用来进行各种车辆的驾驶室内人机工程设计与空间布置的基本分析。

例如,作业区域中的工作面高度、座椅坐平面高度、脚踏板高度是一个操作系统中相互关联的尺寸,它们主要取决于人体尺寸和操作姿势,利用人体模板可以很方便地得出在适宜的操作姿势下各种百分位的人体尺寸所必须占有的空间范围和调节范围,并由此确定相应的工作台、座椅、人机界面等的设计方案,参见图 2-16。

在进行汽车、飞机、轮船、工程车辆、轨道车辆、农用车辆等设备的驾驶室、驾驶座椅及乘客座椅设计时,其相关尺寸也是由人体尺寸及其操作姿势或舒适坐姿要求来确定的。如图 2-17 所示为轿车和工程车辆设计中使用人体模板示意图。但是,由于相关尺寸非常复杂,人与机的相互位置要求又十分严格,为了使这类人—机系统的设计更好地符合人体尺寸和生理特征的要求,使操作者和使用者感到安全、舒适,设计时使用选定百分位的人体模板,在设计图纸的相关部位上演示、分析操作姿势的变化对驾驶室操作空间和操纵装置布置所产生的影响,模拟、校核有关驾驶室的空间尺寸、座椅的位置、操纵装置和显示仪表的布置等设计参数与人体尺寸和操作姿势的配合是否合理、是否处于最佳状态。

应用人体模板进行辅助设计、演示和测试评价时,正确选择人体模板百分位是非常关键的问题,必须根据设计对象的结构特点和设计参数来选用适当百分位的人体模板。通常,确定人—机系统的可达性尺寸,如手臂活动的可达范围、脚踏板的位置等,宜选用"小"身材的人体模板(如女子第 5 百分位);确定活动空间尺寸,如腿、脚活动的占有空间,人体、头部的通过空间等,宜选用"大"身材的人体模板(如男子第 95 百分位)。

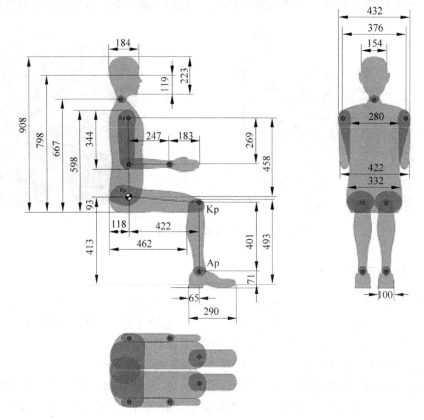

图 2-15 第 50 百分位国标中国男子人体二维模型

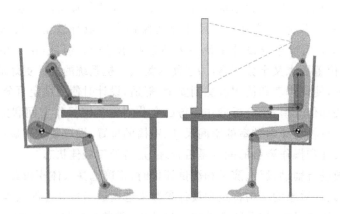

图 2-16 人体模板的应用示意

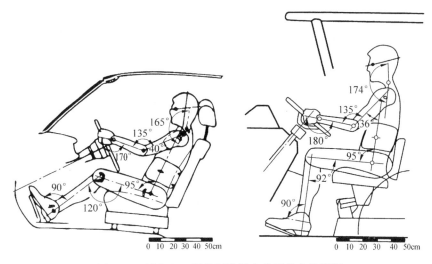

图 2-17　轿车和工程车辆设计中使用的人体模板

本章涉及的标准

1. 《中国成年人人体尺寸》(GB/T 10000—1988)
2. 《工作空间人体尺寸》(GB/T 13547—1992)
3. 《在产品设计中应用人体尺寸百分位数的通则》(GB/T 12985)
4. 《成年人人体惯性参数》(GB/T 17245—2004)
5. 《坐姿人体模板功能设计要求》(GB/T 14779—1993)
6. 《用于技术设计的人体测量基础项目》(GB/T 5703—2010)
7. 《人体测量仪器》(GB/T 5704—2008)
8. 《三维扫描人体测量方法的一般要求》(GB/T 23698—2009)
9. 《人类工效学　计算机人体模型和人体模板　第 1 部分：一般要求》(GB/T 23702.1—2009)
10. 《人类工效学　计算机人体模型和人体模板　第 2 部分：计算机人体模型系统的功能检验和尺寸校验》(GB/T 23702.1—2009)

复习思考题

1. 讨论人体尺寸数据的重要性。
2. 阐述未成年人和老年人尺寸测量的意义。
3. 如何理解人体测量的重要性？结合人体尺寸数据分析教室里座椅尺寸是否符合人

机工程学要求。

4. 以汽车中具体部件设计为例分别说明三种基本产品尺寸设计类型的区别。

5. 为保证使用人员的安全和健康,在Ⅰ、Ⅱ型产品设计时如何选择满足度和设计界限值?

6. 人体模型有何用途,常用的人体模型有哪些类型?

7. 汽车车身设计中如何选用人体模板?

8. 如何应用计算机人体模型对人—机系统进行分析?

9. 初步理解什么是"以人为中心"的设计,在工程中有何意义。

课后作业

1. 小客车座椅可调节尺寸调研考察:调研一款车的驾驶员座椅,实测其可调范围,分析其设计界限。

2. 大客车的车厢高度调研及设计:设计一款面向华北市场的大客车车厢高度。

3. 双层客车的车厢高度调研分析及设计。

4. 自行车的车座高度设计:设计一款男(或女)用自行车的车座可调节高度。

5. 餐桌设计:能容纳10人就餐的圆桌,设计其直径数值。

6. 公交车厢内的横杆拉手高度设计:为公交或地铁设计横杆拉手的高度。

第 3 章 人体的机能特性

引言　关注人的感知觉

　　人的因素在今天越来越受到重视,"以人为中心"的设计理念日益成为一种发展趋势。人作为人—机—环境系统中的主导因素,应对其进行重点研究,以便使人—机系统能够有效地工作,满足人操纵的各种装置和作业空间适合于人体生理及心理各方面的需求。

　　人体是一个复杂的机体,复杂的人体包含许多人机工程学参数,涉及人的感知器官、神经系统、生物力学及心理学特性,这些参数及对应的人体机能特性是研究"人机结合""人—机—环境一体化""人性化设计"等诸多理念的重要基础。

　　人的各种机能特性是相互关联、相互影响的,人的各种感知觉特性中哪一种最重要,亦即人们通过哪一种感觉通道获取的信息最多,无疑是视觉。"视觉"感受是最直接的效果,良好的产品外观首先会让人赏心悦目。人—机界面的友好程度最直接受益的就是人的眼睛。

　　人的视觉特性差异较大。随着年龄的增长,视力会逐渐模糊,年轻人的眼睛拥有美丽透明的晶状体,中年后晶状体渐趋浑浊,老年时甚至遭受白内障的困扰,晶状体始终伴随人的一生。人的晶状体本是无暇通透的,只是后来在过度使用之后它才变得模糊、浑浊。

　　汽车设计越来越考虑人的因素,越来越方便舒适。在那些新款的"利于人的车"里面,甚至可以自由地进进出出、走来走去,宽敞的车门,变换的座椅,让车内成为一个温馨的港湾。其中还有一个"考虑"最让人感动,就是人—机界面视认性的改进,在那背后潜藏的技术支持就是对人的视觉的深入研究,比如视敏度、明暗适应、颜色视觉、眩光、错觉等方面,尤其对弱势人群,比如老年人,要保证看得清楚、不费力,那是安全驾驶的首要条件。另外,在道路光照条件差的情况下,如雾霾、隧道,在人眼无法辨认的时刻,对于前方的障碍物汽车能够提早发现并将信息传达给驾驶员,此时,机器延伸了人的视觉,保证了行车安全。如果某天盲人也能正常驾车出行,那是人机结合的更高境界。

　　人的眼睛结构极其复杂,对于视觉也还有许多问题有待深入探究,比如"视错觉"的原理。除了视觉之外,还有听觉、嗅觉、味觉、触觉、温度觉、运动觉、平衡觉,我们随时随地都可能体验,神奇而美妙,也有很多未知的谜题等待着去一一解开。

基本要求:

(1) 了解人体的各种感知觉及其基本特性;
(2) 重点掌握视觉、听觉和生物力学特性;
(3) 熟悉人的反应时间原理及其应用。

知识点:

人的感知觉;神经系统和信息传递理论;人的反应时间;视觉特性;听觉特性;皮肤感觉特性;生物力学特性;人体运动的准确性和灵活性。

 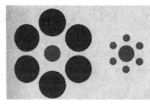 

3.1 人的感知觉特性

人的感知响应系统由感觉器官、传入神经、大脑皮层、传出神经和运动器官组成。人通过各种感觉器官接受外部刺激,经传入神经传给大脑皮层进行信息处理,神经中枢做出的决定经传出神经下达给运动器官(如手、脚)而做出人体运动响应,这就是人的感知响应过程。以刹车为例,当驾驶员看到前方的交通信号灯由绿灯变为黄灯时,大脑中立即判断和决策,由下肢操作制动踏板。

3.1.1 感觉和知觉

1. 感觉

人对一切事物的认识都从感觉(sense/sensation)开始,感觉在生活中的作用不言而喻。借助各种先进的仪器和技术,人类的感觉在不断延伸和拓展。

感觉是人脑对直接作用于感觉器官的客观事物的个别属性的反映。感觉也反映人体本身的活动状况。例如,正常的人能感觉到自身的姿势和运动,感觉到内部器官的工作状况,如舒适、疼痛、饥饿等。

感觉可以分为三大类:

(1) 外感受器:接受外部刺激,反映人体对外界事物属性的感觉,如视觉、听觉、嗅觉、味觉和皮肤感觉。

(2) 内感受器：接受人体内部刺激，反映内脏器官不同状态的内部感觉，如饥、渴等内脏感觉。

(3) 本体感受器：在身体外表面和内表面之间，反映身体各部分的运动和位置情况的本体感觉，如运动觉、平衡觉等。

不同类型的感觉往往交织在一起，如饥寒交迫、声情并茂。各种感觉之间相互关联、环环相扣，感觉在人机工程设计中是基础。比如，基于人的感觉的汽车人性化设计，见图3-1。

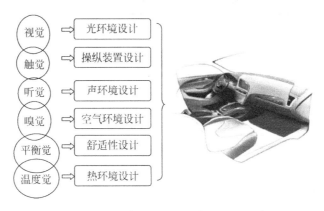

图3-1 基于感觉特性的汽车人性化设计

2. 知觉

知觉(perception)是人脑对直接作用于感觉器官的客观事物和主观状况整体的反映。

知觉是在感觉的基础上产生的，但知觉不是感觉的简单相加，而是具有新的品质，表现为对事物的整体认知，或者对事物的综合属性的判别，或者对事物的意义做出的初步解释。

知觉是一个主动的反应过程，它比感觉更加依赖于人的主观态度和过去的知识经验。人常常根据实践活动的需要和自己的心理倾向去主动地收集信息，甚至提出假设、检验假设，从而清晰地、完整地辨认物体及其属性。知觉就是当我们感知事物时，大脑在积极地进行着选择和组织，并把感觉信息整合为关于世界的一幅幅图片或一个个模型。

知觉的加工过程包括"自下而上"和"自上而下"两种。前者是按客观数据(外界环境和刺激物)对物品赋予意义的过程，而后者是受到了主观既定观念影响的知觉过程。

知觉分为空间知觉、时间知觉和运动知觉三大类。其中，空间知觉包括形状、大小、距离和方位等方面的知觉；时间知觉是对客观现象的延续性和顺序性的反映，如人对时间的估计；运动知觉是对物体空间移动和速度方面的知觉。在生活或生产活动中，人都是以知觉的形式直接反映事物，而感觉只作为知觉的组成部分存在于知觉之中，很少有孤立的感觉存在。各种感觉都有对应的知觉。所以，在心理学中就把感觉和知觉统称为"感知觉"。

3.1.2 感觉的基本特性

1. 感觉器官的适宜刺激

人体的各种感觉器官都有各自最敏感的刺激形式,称为相应的感觉器官的适宜刺激。如光是对视觉器官最敏感的刺激形式;声音是对听觉器官最适宜的刺激形式。人体各主要感觉器官的适宜刺激及其识别外界的特征如表 3-1 所示。

表 3-1 适宜刺激及其识别特征

感觉类型	感觉器官	适宜刺激	刺激来源	识别外界的特征
视觉	眼	光	外部	形状、大小、位置、远近、色彩、明暗、运动方向等
听觉	耳	声	外部	声音的强弱和高低、声源的方向和远近等
嗅觉	鼻	挥发的和飞散的物质	外部	香气、臭气等
味觉	舌	被唾液溶解的物质	接触表面	甜、咸、酸、辣、苦等
皮肤觉	皮肤及皮下组织	物理和化学物质对皮肤的作用	直接或间接接触	触压觉、温度觉、痛觉等
运动觉	肌体神经和关节	物质对肌体的作用	外部和内部	撞击、重力、姿势等
平衡觉	半规管	运动和位置的变化	内部和外部	旋转运动、直线运动、摆动等

2. 感受性与感觉阈值

人对适宜刺激的感受能力称为感受性,绝对感受性是指人感觉到最小或最大刺激的能力;差别感受性是指刚刚能够感觉出两个同类刺激物间最小差异量的能力,如对两个相近色彩、音调和味道的识别和分辨能力。刺激必须达到一定强度才能对感觉器官发生作用;同时,刺激强度又不得超过某一最高限,否则不但无效,而且还会引起相应感觉器官的损伤。这个能被感觉器官所感受的刺激强度范围,称为感觉阈值。人体主要感觉的感觉阈值如表 3-2 所示。

表 3-2 各种感觉阈值

感觉类型	感觉阈值最低限	感觉阈值最高限
视觉	$(2.2 \sim 5.7) \times 10^{-17}$ J	$(2.2 \sim 5.7) \times 10^{-8}$ J
听觉	1×10^{-12} J/m²	1×10^{2} J/m²
触压觉	2.6×10^{-9} J	
振动觉	振幅 2.5×10^{-4} mm	

续表

感觉类型	感觉阈值最低限	感觉阈值最高限
温度觉	$6.28×10^{-9}$ kg·J/(m²·s)	$9.13×10^{-6}$ kg·J/(m²·s)
嗅觉	$2×10^{-7}$ kg/m³	
味觉	$4×10^{-7}$（硫酸试剂摩尔浓度）	
角加速度	$2.3×10^{-3}$ rad/s²	
直线加速度	减速时 0.78 m/s²	加速时(49~78)m/s²,减速时(29~44)m/s²

上述感觉阈值范围也称为绝对感觉阈值。刚能引起差别感觉的两个刺激之间的最小差异量，称为差别感觉阈值，差别感受性越高的人，差别感觉阈值越低。

3. 感觉器官的适应性

感觉器官经持续刺激一段时间后，在刺激不变的情况下，感觉的敏感性会逐渐降低，感觉将逐渐减小以至消失，这种现象称为适应性，如"入芝兰之室，久而不闻其香"等。

4. 感觉的相互作用

在一定条件下，各种感觉器官对其适宜刺激的感受能力都将受到其他刺激的干扰影响而降低，由此使感受性发生变化的现象称为感觉的相互作用。

例如，同时输入两个视觉信息，人往往只倾向于注意其中一个而忽视另一个。再如视听的相互作用，可能相互加强或减弱。晕车的发生也是多种感觉交互作用的结果。

5. 感觉的对比

同一感觉器官接受两种完全不同但属同一类的刺激物的作用，而使感受性发生变化的现象称为对比。感觉的对比分为同时对比和继时对比两种。

几种刺激物同时作用于同一感觉器官时产生的对比称为同时对比。例如，同样一个灰色的图形，在白色的背景上看起来显得颜色深一些，在黑色的背景上则显得颜色浅一些。

几个刺激物按时间先后作用于同一感觉器官时，将产生继时对比现象。例如，吃糖后再喝咖啡，会感觉咖啡更苦；左手放在冷水里，右手放在热水里，过了一段时间以后，再同时将两手放在温水里，则左手会感觉热，右手会感觉冷。

6. 余觉

刺激消失以后，感觉可以继续存在一极短时间，这种现象称为"余觉"，是由于人的反应时间滞后造成的。例如，在暗室里急速转动一根燃烧着的火柴，可以看到一圈火光，这就是由许多火点留下的余觉组成的。

3.1.3 知觉的基本特性

1. 整体性

知觉时，把由许多部分或多种属性组成的对象看作具有一定结构的统一整体，该特性称为知觉的整体性。如图 3-2(a)和(b)所示,不是把它们感知为几段直线或虚线,而是正方形和圆形。图 3-2(c)整体感觉为方形圆形相交图形(A 方案),而不是感觉为两不规则图形相接(B 方案)。

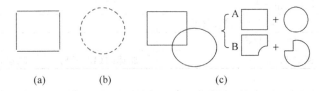

图 3-2 知觉的整体性

在感知熟悉的对象时,只要感知到其个别属性或主要特征,就可以根据积累的经验而知道其他属性和特征,从而整体地感知它。在感知不熟悉的对象时,则倾向于把它感知为具有一定结构的有意义的整体。在这种情况下,影响知觉整体性的因素包括如下方面:

(1) 接近:在图 3-3(a)中,圆圈被看作 4 个纵列,因为竖直方向比水平方向明显接近。

(2) 相似:在图 3-3(b)中,圆圈之间的距离相同,然而同一行的颜色相同,由于相似组合作用,被看作 5 个横行。

(3) 封闭:图 3-3(c)中,由于封闭因素的作用,感知为两个长方形。

(4) 连续:图 3-3(d)中,由于受到连续因素的影响,感知为一条直线和一个半圆。

(5) 美感:图 3-3(e)中,由于圆圈的形态因素影响,知觉为两圆套在一起。

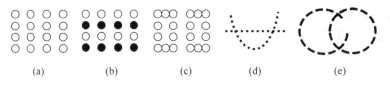

图 3-3 影响知觉整体性的因素

2. 选择性

知觉时,把某些对象从某背景中优先地区分出来,并予以清晰反映的特性,称为知觉的选择性。从知觉背景中区分出对象,一般取决于下列条件:

(1) 对象和背景之间的差别;

(2) 对象的运动;

(3) 主观因素。

知觉对象与背景之间的关系不是固定不变,而是可以互相转换的。如图 3-4(a)所示的双关图形,既可看作黑色背景上的白色花瓶,又可视为白色背景上的两个黑色侧面人像。

(a)　　　　(b)

图 3-4 知觉的选择性和理解性示例

3. 理解性

知觉时,用以往所获得的知识经验来理解当前的知觉对象的特征,称为知觉的理解性。

正因为知觉具有理解性,所以在知觉一个事物时,同这个事物有关的知识经验越丰富,对该事物的知觉就越丰富,对其认识也就越深刻。语言的指导能唤起人们已有的知识和过去的经验,使人对知觉对象的理解更迅速、完整。例如,图3-4(b)也是一张双关图形,提示者可以把它描述为立体的东西,而这个立体根据提示者的引导可以被看作向内凹或向外凸的形状。

4. 恒常性

当知觉的条件在一定范围内发生变化时,人的知觉映像仍然能保持相对不变的特性,称为知觉的恒常性。知觉恒常性是经验在知觉中起作用的结果,人总是根据记忆中的印象、知识、经验去知觉事物的。在视知觉中,恒常性表现得特别明显,主要包括以下几个方面:

(1) 大小恒常性:看远处物体时,人的知觉系统补偿了视网膜映像的变化,因而知觉的物体是其真正的大小。

(2) 形状恒常性:当看物体的角度有很大改变时,知觉的物体仍然保持同样形状。保持形状恒常性最起作用的是带来有关深度知觉信息的线索。

(3) 明度恒常性:一件物体,不管照射它的光线强度怎么变化,它的明度是不变的。决定明度恒常性的重要因素是从物体反射出来的光的强度与从背景反射出来光的强度的比例,只要这一比例保持恒定不变,明度也就保持恒定不变。因此,邻近区域的相对照明,是决定明度保持恒定不变的关键因素。例如,无论在白天还是在夜空下,白衬衣总是被知觉为白的,那是因为它反射出来的光的强度与从背景反射出来的光的强度的比例是相同的。

(4) 颜色恒常性:与明度恒常性类似。因为绝大多数物体之所以可见,是由于它们对光的反射,反射光这一特征赋予物体各种颜色。一般来说,即使光源的波长变动幅度相当宽,只要照明的光线既照在物体上也照在背景上,任何物体的颜色都将保持相对的恒常性。例如,无论在强光下还是在昏暗的光线里,一块煤看起来总是黑的。

5. 错觉

错觉是对外界事物不正确的知觉。总体而言,错觉是知觉恒常性的颠倒。视错觉是最为突出的一种错觉。例如,在大小恒常性中,尽管视网膜上的映像在变化,而人的知觉经验却完全忠实地把物体的大小和形状等反映出来。反之,错觉表明的则是另一种情况,尽管视网膜上的映像没有变化,而人知觉的刺激却不相同。错觉产生的原因目前还不很清楚,但它已被人们大量地利用来为工业设计服务。例如,表面颜色不同造成同一物品轻重有别的错觉,已为生产设计部门所利用。小巧的产品涂以浅色,使产品显得更加轻便;而机器设备的底座部分则采用深色,可以使人产生稳固之感。从远处看,圆形比同等面积的三角形或正方形要大出约 1/10,交通规则标志利用这种错觉规定圆形为表示"禁止"或"强制"的标志等。

3.2 人的神经系统

3.2.1 神经系统的组成

人的神经系统由包括脑和脊髓的中枢神经以及遍布全身各处的周围神经系统所组成,具体如图 3-5 所示。

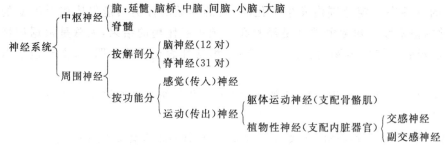

图 3-5 神经系统的组成

神经元又称神经细胞,是构成神经系统结构和功能的基本单位。神经元是具有长突起的细胞,它由细胞体和细胞突起构成,长度是 $5\sim150\mu m$。

神经元包括树突和轴突两个部分。树突是传入神经末梢,轴突是传出神经末梢。神经元的功能是接收、整合、传递信息。据估计,人体中枢神经系统中包含约 1000 亿个神经元。

3.2.2 脑的机能

脑是神经系统的中枢,大脑皮层是人体最高级的调节机构。人脑是一种结构上极其复杂、机能上特别灵敏的物质。成人的脑,平均质量为 1400g,由延髓、脑桥、中脑、间脑、小脑和大脑所组成。大脑皮层大约包含 140 亿个神经元,神经元间有形态上的差别。各种神经元在皮层中的分布具有严格的层次。大脑皮层各个部分在功能上有不同的分工,相互形成一个整体。它既能对各个感觉器官所接收的信息加以分析、综合,形成映像的认识中枢,又能控制调节人的机体,成为对外界刺激做出适宜反应的最高机构,是人的心理活动最重要的物质基础。

大脑皮层可分成体表感觉区、运动和位置感觉区、视觉区、听觉区、嗅觉和味觉区、感觉联合区、运动联合区、前额联合区等不同的功能区域。大脑从外形上分左、右两个半球,两个半球的形态相似,相互对称,左半球比右半球略大,左半球的主要功能是语言、抽象逻辑思维和数学计算;右半球的主要功能是空间感知和形象加工。

3.2.3 反射活动的规律

1. 反射的概念

反射是指在中枢神经系统参与下，人的机体对来自体内、外刺激的规律性反应。从生物学观点看，人的一切活动都是反射活动。

反射活动分为非条件反射与条件反射两大类。先天生成、出生后无须训练就具有的反射活动，称为非条件反射，如膝跳反射、眨眼反射、缩手反射等；出生后通过训练而形成的反射活动，称为条件反射，如驾驶员的刹车反射。

非条件反射活动的最大特点在于它是由先天生成的反射弧实现的，因而其表现形式一成不变。非条件反射活动是低等动物生存活动的主要方式，不能适应环境的变化。条件反射的最大特点在于它的可变性，它在一定的条件下形成，又在一定的条件下变化或消失。条件反射活动是高等动物和人类的主要活动方式，能够适应生存和生活条件的变化。

2. 反射弧

反射活动的结构基础称为反射弧。如图 3-6 所示，一个反射弧由感受器、传入神经元、神经中枢、传出神经元、效应器五部分组成。反射活动从刺激作用开始，一定的刺激被一定的感受器所感受，引起感受器内的神经末梢产生兴奋，兴奋以神经冲动的形式经过传入神经纤维传向中枢，引起中枢神经系统神经元的复杂的分析与综合活动，中枢产生兴奋过程，中枢的兴奋过程又经过一定的传出神经纤维到达效应器，使效应器发生相应的活动。如果反射弧中任何一个环节中断，反射即不能发生。

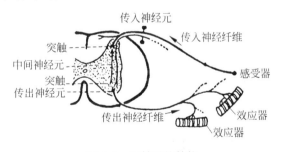

图 3-6 反射弧的结构

感受器一般是神经组织末梢的特殊结构，它能把内、外刺激的信号转变为神经的兴奋活动变化。某一特定反射往往是在刺激其特定的感受器后发生的，此特定感受器所在的部位称为该反射的感受野。

中枢神经系统由大量神经元组成，这些神经元组合成许多不同的神经中枢。神经中枢是指调节某一特定生理功能的神经元群。作为某一简单反射的中枢，其范围较窄，例如膝跳反射的中枢在腰脊髓。而作为调节某一复杂生命活动的中枢，其范围很广，例如调节呼吸运动的中枢分散在延髓、脑桥、下丘脑以及大脑皮层等部位内。

神经中枢的活动可以通过神经纤维直接作用于效应器,在某些情况下也可以通过体液间接作用于效应器,此体液环节是指内分泌调节。

在这些情况下,反射的过程是:感受器→传入神经纤维→神经中枢→传出神经纤维→内分泌腺→激素在血液中转运→效应器。

反射效应在内分泌腺的参与下,往往变得比较缓慢、广泛而持久。

3. 中枢抑制

在任何反射活动中,中枢内既有兴奋活动又有抑制活动。在某一反射进行过程中,某些其他反射即受抑制。

反射活动有一定的次序、一定的强度,并有一定的适应意义,是反射协调功能的表现。反射活动之所以能协调,就是因为中枢内既有兴奋活动又有抑制活动,如果中枢抑制受到破坏,则反射活动就不可能协调。例如,过度饮酒影响正常的反射活动,影响人的感知觉和反应特性。

4. 反射活动的反馈调节

当一个刺激发出一个反射后,效应器的活动必然又刺激本身或本系统内的感受器,发出冲动进入中枢,这个继发性的传入冲动,对维持与纠正反射活动的进行有重要作用。除了效应器本身的感受装置发出的传入冲动对反射活动的协调有作用外,其他能感知反射效应的感觉器官也发出传入冲动进入中枢,以纠正反射活动的进行。

例如,视觉和内耳平衡感觉,能不断感知躯体运动反射效应的结果,不断发出传入冲动来调整反射活动,当失去这些传入冲动作用后,反射活动的进行将受到很大影响。

神经系统对机体的反射调节功能与工程技术上的自动调节装置的功能有相似之处。

反馈联系包括负反馈和正反馈两种。在反射活动过程中负反馈联系表现很突出,正反馈联系在反射活动过程中也有表现。

5. 中枢对感觉传入冲动的反馈控制

中枢不但接受感觉器官的传入冲动,而且也发出传出冲动来改变感觉器官的活动,以调节感觉器官的敏感性。

例如,瞳孔对光的反射就是中枢调节视觉器官敏感性的一个反射,当强光照射眼睛时,视觉传入冲动明显增加,由此产生的瞳孔对光的反射使瞳孔缩小,以减少进入眼球的光通量,对眼睛起到保护作用。再如,飞机起降过程中耳部对压力变化的反应。

3.3 人的信息传递

3.3.1 信息与信息量

1. 信息的定义

信息是客观存在的一切事物通过物质载体所发出的消息、情报、指令、数据和信号中所包含的一切传递与交换的知识内容,是表现事物特征的一种普遍形式,是自然界、人类社会和人类思维活动中普遍存在的一切物质和事物的属性。

信息是以适合于通信、存储或处理的形式来表示的知识或消息。信息的形态通常包括数据、文本、声音、图像等。其特点包括可传输、可存储、可转换、可识别、可处理、可共享等方面。当前的信息以电子化、网络化、虚拟化等多源模式呈现,信息爆炸的时代,大数据的云存储让海量信息能够瞬间获取和充分利用,也让人工智能深度学习能够发挥更大作用。

人的大脑通过感觉器官直接或间接接收外界物质和事物发出的种种信息,从而识别物质和事物的存在、发展与变化。

2. 人—机系统与信息

人机之间相互作用的最本质联系即是信息交换。人的活动可以看作是一种信息传递和处理的过程。人可以看作是一个单通道的有限输送容量的信息处理系统。常用的通道包括视觉通道、听觉通道和触觉通道。人的信息传输速度为

$$C = H/T$$

式中,H 为传输的信息量;T 为传输的时间。

例如,视觉—动作通道的信息传输速率是 $2.5 \sim 7.5 \text{bit/s}$。

不同语言的信息量有较大差异。如英文的信息量为1,日文为2.5,中文为3.6。

人的神经系统是一个完善的信息处理、信息存储和指挥控制中心。据估计,人的大脑大约含有 10^{10} 个神经元,分为数百个不同的类别,每一个神经元的功能远大于一个逻辑门电路所具有的简单功能。有人估计,人的大脑的信息存储总量约为 10^{15}bit。

3.3.2 人的信息处理系统模型

信息源发出的信息,称为末端刺激或原始刺激。从末端刺激到人的感觉器官的信息输入途径如图3-7所示。人的信息处理系统模型见图3-8。

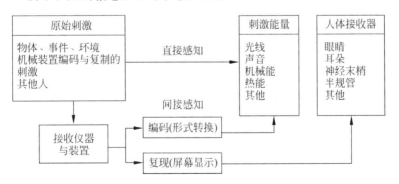

图 3-7 从末端刺激到人的感觉器官的信息输入途径

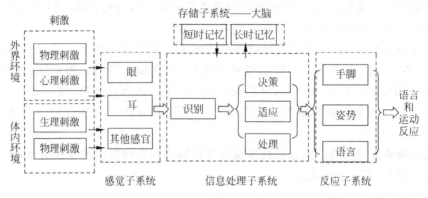

图 3-8 人的信息处理系统模型

末端刺激源可能是客观存在的物体、事件、环境参数以及它们的变化所发出的伪刺激，包括自然的刺激源（如车辆行驶前方出现的障碍物、行人或其他车辆）和人造的刺激源（如道路施工区专门设置的栅栏和灯光信号）；也可能是人工编码或复制的刺激，包括各种符号、标志、文字、图形和灯光信号等；还可能是其他人发出的信息（如交警做出的各种交通指挥信号，他人给出的手势或语音指令等）。

邻近刺激是由末端刺激直接或间接转换而成的，它表现为人的感觉器官所能接受的能量形式，如光能、声能、机械能、热能和其他能量。间接转换的方式是借助于某种形式的传感或接收装置先将末端刺激转换为编码的形式或复现的信息（如电视、录像、照相、录音等），然后再转换成为某种能量形式的邻近刺激。人接受邻近刺激的感觉器官主要是眼、耳、神经末梢、皮肤和半规管。

3.3.3 信息输入显示器

末端刺激源（即信息源）发出的信息或刺激，很多情况下需要通过某种类型的显示器加以放大或变换能量形式，才能被人的感觉器官所接受。

1. 信息输入显示器的适用场合

（1）末端刺激虽然能够为人的感觉器官所接受，但不能充分被人直接感受，因而要求使用信息输入显示器。具体场合大致有以下情况：

① 刺激低于阈值下限（如刺激太远或太弱），需采用电子、光学或其他类型的放大器将刺激加以放大。

② 刺激过大，需适当降低其刺激强度，以便为人所充分感受。

③ 刺激混杂在过大的噪声干扰之中，需要加以滤波或放大，以利于人的感受和识别。

④ 刺激远超出人的感受极限，需先把它转换成其他能量形式进行传输，随后重新转换成最初形式或其他形式，再为人所感受。

⑤ 刺激由人的感觉器官直接感受时的分辨率太低，要求利用信息输入显示器来提高刺

激感受的精确度。例如,温度、声音等刺激量,均需利用适当形式的检测器和显示器来精细测量和认读。

⑥ 刺激需借助适当方式存储起来供以后引用。

⑦ 将一种刺激形式转换为另一种刺激形式,能更好、更方便地为人的感觉器官所感受。例如,听觉报警装置可使人更易感受机器的异常工况。

⑧ 有些事件或环境的刺激,其本身的性质就要求用某种形式的显示器来表现(例如,道路标志、危险标志和紧急状态等信息)。

(2) 末端刺激不能为人的感觉器官所直接感受,因而必须借助于传感器来感受刺激并把刺激转换成人的感觉器官所能接受的能量形式,这就要求使用某种形式的信息输入显示器。例如,车辆的速度表。

2. 信息输入显示器的类型

信息输入显示器分动态和静态两类。动态显示器传送随时间而不断变化的信息,静态显示器则传送不随时间变化的固定信息。信息输入显示器传送的信息可分为以下类型:

(1) 定量信息,反映变量的定量数值。

(2) 定性信息,反映某些变量的近似值或变化的趋势、速率、方向等。

(3) 状态信息,反映系统或装置的状态,如开/关状态、通道选择状态等。

(4) 报警信息,指示紧急或危险的情况。

(5) 图像信息,描述动态图像、变化波形或静态图形、相片等。

(6) 识别信息,指示某些静态的状态、位置或部件,以便于人能迅速识别。

(7) 字符信息,以字母、数字和符号表示某些静态的或动态的抽象信息。

(8) 时间—相位信息,其信号按时断时续的不同组合方式给出或传送,如闪光信号灯等。

显然,不同类型的信息应当选用与其特性相适应的显示器类型。

3.3.4 信息流模型

信息处理的过程和情况影响或支配着人的行为或动作。人们可以普遍接受的假定是,人的行为或动作取决于信息在人体内的流动过程,即人体内部的信息流。信息流虽不能被人直接观察到,但却能合理地加以推测或推断。

随着环境条件的不同,信息流可能是下列各项功能的不同组合:注意、感觉、感知、编码和译码、学习、记忆、回忆、推理、判断、决策或决定、发出指令信息、执行或人体运动响应。为了阐明信息处理过程的本质和机理,各国学者曾提出过多种信息流模型。B. N. Haber 和 M. Hersbenson 提出的一种信息流模型如图 3-9 所示。

尽管各种信息流模型之间的差别很大,人们对于信息处理过程的本质和机理尚未取得广泛一致的见解,但是根据迄今可以获得的证据,对于信息流或信息处理过程,还是能够概括出一些规律性认识的。其要点如下:

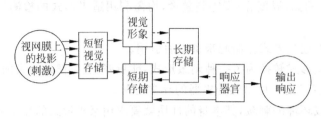

图 3-9 某种信息流模型

(1) 人的行为或动作都是信息处理的结果。

(2) 人的信息处理能力有一定限度。

(3) 信息处理往往包含许多阶段。每一阶段由若干信息转换(如将物理刺激转换成有某种含义的抽象信息)组成。各阶段的安排可以采取串联、并联或混联三种不同组合方式。

(4) 分时输入和处理(即同时或快速交替地输入和处理两个以上的信息)可能会降低信息接收和处理的速率与精度。

(5) 有许多方法和措施可以加强或扩展人的信息处理能力,如适当的设计能使显示器传送的刺激更易于被人的感觉器官所感受。

(6) 一旦做出某种决定,神经冲动就会被传递到肌肉去执行预定的动作,而由肌肉反馈回来的神经冲动则有助于对动作的控制。

(7) 信息流中,人的大脑皮层所能处理的信息只是感觉器官所接收信息量的很小一部分。

(8) 人体响应可视为信息处理过程的终结,它本身也在"传递"信息。人通过自己的体力响应运动所能"传递"信息的效率取决于最初输入的信息的性质及要求的响应方式。W. T. Singleton 估计,人的体力响应所能"传递"的最大信息量约为 10bit/s。

3.3.5 影响信息传递的主要因素

1. 背景噪声

背景噪声干扰人的感觉器官对有用信息的接收,使有用刺激更难以被人所感受。

2. 刺激的速率与负荷

刺激的速率指单位时间输入的刺激数;刺激的负荷指需要同时注意接收与处理的刺激的类型及数量多少。人体感受刺激的精确度随刺激的速率与负荷的增大而降低。

3. 分时输入与处理

在分时输入的情况下,为了提高信息接收与处理的速率和精度,应当遵循下列要点:

(1) 尽可能使潜在的信息源数目减至最少。

(2) 设法使传感器具有某种"优先选择"的功能,以便集中注意最重要的刺激。

(3) 尽可能把利用短暂记忆或涉及低概率事件的需求降到最小限度。

(4) 尽可能将要求个别响应的刺激暂时分开,并使其刺激速率适合于个别响应。应设法避免时间间隔小于 0.58s 的刺激输入。

(5) 当有几种感觉通道可供选择时,应注意到听觉通道的抗干扰能力和耐久性一般要比其他感觉通道更强的特点,可妥善加以利用。

(6) 采取一定的办法引导人的注意力,有可能增强对重要信息的优先感受能力。

(7) 当有两个以上的刺激需要从听觉通道分时输入的情况下,最好将有用的刺激信号加以恰当安排,使之不同时发生,或者将无用的刺激信号过滤掉。若不能过滤掉无用的刺激,则应尽可能扩大有用刺激与无用刺激之间的差别,或使它们具有明显不同的频谱特性。

(8) 训练操作人员对某项手工操作的熟练程度,有可能降低该项信息输入与处理的负荷程度。

4. 剩余感觉通道的利用

两个或两个以上感觉通道同时用于接收同一个刺激,就是具有"剩余感觉通道"的信息输入方式。

适当利用剩余感觉通道,可提高信息接收的概率。E. T. Klemmer 曾对单有视觉输入、单有听觉输入以及同时具有视觉、听觉输入三种情况进行比较试验,结果测得正确响应的百分率如下:

单独利用视觉通道时正确响应的百分率为 89%;

单独利用听觉通道时正确响应的百分率为 91%;

同时利用视觉与听觉通道时正确响应的百分率为 95%。

5. 刺激与响应之间的协调性

刺激与响应之间在空间、运动和概念上相互关系的协调程度,称为协调性。

空间协调性指的是物理特征或空间布置上的协调关系,特别是显示器与操纵器之间的空间协调关系。

运动协调性主要指的是显示器、操纵器及系统响应的运动方向之间的协调关系。

概念协调性主要指的是人们对于具体刺激与响应之间早已形成的固有概念或习惯定型(例如,红灯指示停车,绿灯指示通行)。

刺激与响应之间的协调性越好,信息接收与处理的效率就越高。有些协调关系是客观情况所固有的或由人们的传统文化观念所决定的,因而是清楚的;有些协调关系则需通过试验才能查明和确定。

6. 感觉通道的选择

人的感觉器官各有自身的特性、优点和适应能力,对于一定的刺激,选择合适的感觉通道能获得最佳的信息处理效果。常用的是视觉通道和听觉通道,在特定条件下,触觉和嗅觉通道也有其特殊用处,尤其在视觉和听觉通道都超载的情况下,专门的触觉传感器贴在皮肤上可作为一种有价值的报警装置。表 3-3 列出了视觉、听觉和触觉通道的适用场合。

表 3-3　各种感觉通道的适用场合

通道	视觉通道	听觉通道	触觉通道
适用场合	传递比较复杂的或抽象的信息	传递较简单的信息	传递非常简单的信息
	传递较长的或需要延迟的信息	传递较短的或不用延迟的信息	传递要求快速传递的信息
	传递的信息以后还要引用	传递的信息以后不再需要引用	—
	传递的信息与空间方位、空间位置有关	传递的信息与时间有关	—
	传递不要求立即做出快速响应的信息	传递要求立即做出快速响应的信息	经常要用手接触机器或其他装置
	所处环境不适合使用听觉通道	所处环境不适合使用视觉通道	使用其他感觉通道有困难
	虽适合听觉传递,但听觉通道已过载	虽适合视觉传递,但视觉通道已过载	其他感觉通道已过载
	作业情况允许操作者固定保持在一个位置上	作业情况要求操作者不断走动	—

7. 刺激的维数

感觉的"维"指的是每一种不同的感觉性质(如视、听、嗅、味、触觉,各算作一个"维")或同一种感觉内的每一种不同的特征(如视觉中的形状、颜色、大小、明度等,也各算作一个"维")。

刺激的维数则是指一个刺激物所包含或发出的感觉"维"数。例如,一个声音刺激,若只取频率或响度一个特征传递信息,就是一维刺激;若取频率和响度两个特征传递信息,就是二维刺激。研究表明,多维刺激通常比一维刺激的信息传递效率更高,在 6~8 维刺激下的信息传递效率是一维刺激下的 2~3 倍。人的辨认能力最多能接收 9 维或 10 维刺激。

8. 人的生理和心理状态

由于环境条件的影响及其他主、客观因素的干扰,人的生理和心理状态会发生各种不同的变化,从而影响对信息的接收和处理能力。

9. 人的技术熟练程度

通过训练提高操作人员的技术熟练程度,能显著提高信息接收和处理的速率与精度。

3.3.6　人的反应时间

1. 反应时间的定义

从感觉器官接受外界刺激到运动器官开始执行操纵动作所经历的时间,称为人的反应时间。只对一种刺激做出一种反应的反应时间,称为简单反应时间。有两种以上的刺激同时输入,而需要对不同的刺激做出不同的反应,或者只对其中某些刺激做出反应的情况,称为选择反应,相应的反应时间,称为选择反应时间。通常,选择反应时间要大于简单反应时间。反应时间的构成通常包括反应知觉上传时间和执行动作的决策下达时间,即

$$RT = T_z + T_d$$

式中,T_z 为反应知觉时间;T_d 为执行动作时间。

正常人的反应时间是 0.15~0.4s。

人的反应时间的长短对于人—机系统的工作效能有重要的影响。反应时间越短,则响应速度越快,人—机系统的调节质量就越高。

2. 反应时间的影响因素

影响人的反应时间的主要因素包括机环因素和人的因素两大类。

(1) 机环因素:主要包括外界刺激信号的性质特点。

① 刺激的类型:据试验,人对光、声和皮肤刺激的简单反应时间较短,而对气体、温度等刺激的简单反应时间较长。对各种刺激性质或不同感觉通道的刺激的简单反应时间见表 3-4 和表 3-5。

表 3-4 对各种刺激性质或不同感觉通道的刺激的简单反应时间

刺激性质	简单反应时间/s	刺激性质	简单反应时间/s
光	0.180	冷、热	0.300~1.600
声	0.140	旋转	0.400
触	0.140	咸味	0.308
嗅	0.300	甜味	0.446
压痛	0.268	酸味	0.536
刺痛	0.888	苦味	1.082

表 3-5 不同感知觉的反应时间

感觉器官	反应时间/ms	感觉器官	反应时间/ms
触觉	110~160	湿觉	180~240
听觉	120~160	嗅觉	210~390
视觉	150~200	痛觉	400~1000
冷觉	150~230	味觉	330~1100

② 刺激的强度:同一性质的刺激,其刺激强度越大,则刺激给予神经系统的能量越大,因而反应时间越短。声、光刺激的反应时间见表 3-6。

表 3-6 不同强度刺激的反应时间对比

刺激		反应时间/ms	刺激		反应时间/ms
声	中强度	119	光	强	162
	弱强度	184		弱	205
	阈值	779			

③ 刺激的多少：同时输入的刺激越多，选择反应的时间越长。因此，应当尽可能去除无用的刺激。表 3-7 列出了不同光刺激持续时间对应的反应时间，表 3-8 列出了不同刺激选择数目对应的反应时间。

表 3-7 光刺激持续时间与反应时间

光刺激持续时间/ms	3	6	12	24	48
反应时间/ms	191	189	187	184	184

表 3-8 刺激选择数目与反应时间

刺激选择数目	1	2	3	4	5	6	7	8	9	10
反应时间/ms	187	316	364	434	485	532	570	603	619	622

④ 刺激与背景对比的强弱：主要是刺激信号的清晰度、可辨性。刺激与背景的对比强，则反应时间短；对比弱，则反应时间长。当然，对比过强也无必要，刺激信号的强弱应根据背景情况合理设计和调整。

(2) 人的因素。

① 执行动作的运动器官：对同样的刺激，手与脚的反应时间不同，通常手比脚的反应快；一般人右手比左手、右脚比左脚反应快。表 3-9 给出了人体主要部位完成一次简单动作的最少平均时间参考数据。

表 3-9 人体各部位动作一次的最少平均时间

动作部位	动作特点		最少平均时间/s
手	抓取	直线	0.07
		曲线	0.22
	旋转	克服阻力	0.72
		不克服阻力	0.22
脚	直线		0.36
	克服阻力		0.72
腿	直线克服		0.36
	阻力		0.72~1.46
躯干	弯曲倾斜		0.72~1.62
			1.26

② 年龄和性别：一般成年人，反应时间随着年龄的增长而延长。例如，以红色信号刺激汽车驾驶员，不同年龄段的驾驶员的反应时间为：18～22岁，0.48～0.56s；22～45岁，0.58～0.75s；45～60岁，0.78～0.80s。同年龄的成年男子的反应时间一般要比女子短。有人让年龄和驾驶经验相同的男、女驾驶员在干燥沥青路面上驾驶小客车进行制动试验，结果发现女驾驶员的制动距离要比男驾驶员平均长约4m。

③ 心理准备情况：人对刺激有心理准备时，反应时间较短。对突然出现的刺激，因无心理准备，故反应时间较长。

④ 人的疲劳程度：人在疲劳状态下，感觉机能变差，反应迟钝，因而反应时间变长。

3. 驾驶员的反应时间

驾驶员在驾车时对各种路况的反应所需要的时间包括反应知觉时间和执行动作时间两个部分，具体又分为发现、识别、决策和反应4个阶段。不同的驾驶工况和行为对应的反应时间有较大差异，如近距离信号灯闪烁的情况下，驾驶员踩踏制动器的时间，试验结果为0.45～0.85s，平均为0.7s(表3-10)，具体视不同的影响因素，反应时间长短不同。

人类驾驶员的制动全过程，包括驾驶员的反应时间、制动器的作用时间和制动过程的时间。在分神、疲劳、酒后和服药等非正常状态下，反应时间可能延长，而增加了安全风险。目前，自动驾驶车辆成为研发热点，自动驾驶的智能感知和控制机制使得车辆在反应时间方面的效率和可靠性有很大提高，因而可以大大改善车辆的行驶安全性。

表3-10 部分驾驶员制动试验结果

试 验 类 型	测 量 方 法	试 验 结 果
近距离信号灯闪烁	踩踏制动器时间	0.45～0.85s，平均0.7s
行人突然出现在视野内	制动反应	0.83～1.13s
陷阱法突然刺激	前后车制动灯闪亮时间差	平均1.25s
交叉口黄灯信号	制动灯闪亮	1.5～2.1s

人工驾驶汽车的制动时间，对于人—机系统来说包括4个阶段，分别是驾驶员的反应时间（包括发现时间和决策时间两部分）、制动器作用时间、持续制动时间和放松制动器时间。

图3-10中$a\sim b$阶段为驾驶员的发现时间和决策时间，即驾驶员对紧急情况的反应时间，合计为0.3～1.0s；$b\sim c$为制动器克服间隙的时间，即制动蹄片与制动鼓之间的间隙运行对应的时间；$c\sim d$为制动力增长过程对应的时间；d时刻制动力达到了峰值；而e时刻制动减速度达到峰值。总体上，从b到d再到e的时间为制动器起作用的过程对应的时间，合计为0.2～0.9s。之后$e\sim f$是达到制动减速度峰值后的持续制动时间，最后$f\sim g$是放松制动器的时间。

关于制动器作用时间，液压制动系通常为0.1s，真空助力/气压制动系为0.3～0.9s，货车带挂车可长达2s。

针对上述各段时间,相应的汽车制动距离包括驾驶员的反应过程对应的车辆运行阶段($a\sim b$),克服制动器间隙对应的车辆运行阶段($b\sim c$),制动器作用时间即制动力和制动减速度增长过程对应的汽车行驶距离($c\sim e$)为变减速运动过程,之后进入主要的制动过程,从达到制动减速度峰值一直到停止制动(匀减速运动),最后的放松制动器过程仍有制动效果。因此,总的制动距离由上述 4 段构成。

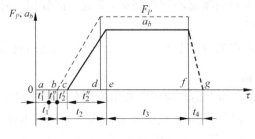

图 3-10 汽车制动力过程

对于自动驾驶车辆的制动时间,由于驾驶员的人为感知反应被雷达、传感器和计算机所代替,将大大减少反应时间,当前的技术可以达到 100~200ms,整个制动过程将显著缩短,安全性明显提高,可以起到预防碰撞事故发生的效果。

3.4 人的视觉特性

3.4.1 视觉器官的功能和结构

1. 视觉器官的功能

视觉器官的功能是识别视野内发光物体或反光物体的轮廓、形状、大小、远近、颜色和表面细节等情况。自然界形形色色的物体及文字、图像等信息,主要通过视觉通道在人脑中得到反映。对于正常人来说,人脑获得的全部信息中,95%以上来自视觉输入。因此,视觉器官无疑是人体最重要的感觉器官。

2. 人眼的基本结构

人的眼睛是视觉的感受器官,其基本结构如图 3-11 所示。

除了控制眼球运动的眼外肌和起保护、营养作用的巩膜、脉络膜等结构外,眼内同视觉传入信息的产生直接相关的功能结构,主要是位于眼球正中线上的折光系统和位于眼球后部的视网膜。由角膜经房水、水晶体、玻璃体直至视网膜的表面,都是一些透明而无血管分布的组织,它们构成了眼内的折光系统,使来自眼外的光线发生折射,最后成像在视网膜上。视网膜覆盖在眼底约 2/3 的内表面上,是一层厚度约为 0.3mm 的透明膜,具有像神经组织一样的复杂结构,其上分布着对光刺激高度敏感的视锥细胞(区别颜色)和视杆细胞(区别阴暗),它们能将外界光刺激所包含的视觉信息转变为神经信息,完成视网膜的感光换能作用,

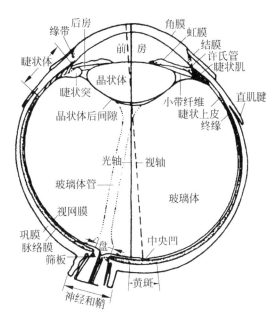

图 3-11 人眼的基本结构

然后以神经纤维上动作电位的形式传往大脑。

视网膜各部位的感光灵敏度并不完全相同,中央部位的感光灵敏度较高,越到边缘灵敏度越低,因此落在中央部位的映像清晰可辨,落在边缘部位的映像则不甚清晰。眼球的外部有 6 条眼肌与眼球相连,保证眼球能任意转动,从而能够审视全部视野,使不同的映像迅速依次落在视网膜中灵敏度最高部位。眼球转动中心在角膜顶点向后约 13.6mm 处,范围约为 43°。两眼同时视物,可以得到在两眼中间同时产生的映像,反映出物体与环境间的相对空间位置,从而使眼睛能分辨出三维空间映像。

视觉内部器官包括神经纤维束和大脑。从眼睛后部引出的约 3mm 粗细的束状视神经,由约 100 万条神经纤维构成,其末端与大脑相通。从左、右眼球后部引出的两支视神经形成左、右视路,经交叉后分别连到左、右脑半球外侧的视神经皮层上。两眼左边的视神经纤维终止到大脑左边的视神经皮层上;两眼右边的视神经纤维终止到大脑右边的视神经皮层上。大脑两半球处理不同信息的功能不相同,对视觉信息的分辨能力方面,分辨文字信息,左半球较强;分辨数字信息,右半球较强。因此,当信息发生在极短时间内或者要求做出非常迅速的反应时,视神经的交叉将起到很重要的互补作用。

3. 视觉形成的机理

人的视觉是指眼睛在光线的作用下,对物体的明暗(光觉)、形状(形态觉)、颜色(色觉)、运动(动态觉)和远近深浅(立体知觉)等的综合感觉。人的视觉是由光刺激、眼睛、神经纤维和视觉中枢共同作用的结果。

1) 光觉

视觉的适宜刺激是光,如图 3-12 所示,波长为 380～760nm 的电磁辐射是可见光,它作用于人眼能产生光觉。可见光区域内不同波长呈现不同的颜色,由 760～380nm 依次呈现红、橙、黄、绿、青、蓝、紫 7 种不同的色光。波长小于 380nm 的为紫外线,波长大于 760nm 的为红外线,它们都不能引起人的光觉。

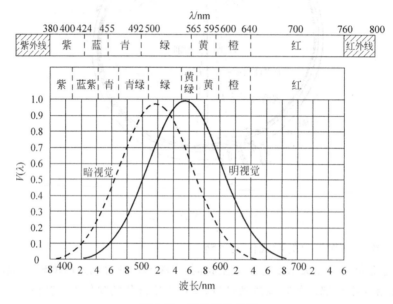

图 3-12 可见光的范围

2) 光谱光效率

不同波长的光在人眼中引起光觉的灵敏度是不同的,常用光谱光效率来评价人眼的光觉灵敏度,如图 3-12 所示,人眼对波长为 555nm 的黄绿光感受效率最高,对其他波长的光感受效率均有所降低,故称 555nm 为峰值波长,并用 λ_m 表示。度量辐射能引起的视功能的量,称为光谱光效能,其最大值 $K_m = 683 \text{lm/W}$。其他任意波长时的光谱光效能为 $K(\lambda)$,对应光谱光效率 $V(\lambda)$ 可用下式表示:

$$V(\lambda) = K(\lambda)/K_m$$

人眼能在数百万 lx(阳光下)到 1/100lx(月光下)这样大的照度范围内识别对象。亮度在 10cd/m^2 以上时,人眼为明视觉,若再增加亮度,人眼的反应不受影响。由图 3-12 中的明视觉光谱光效率曲线可知,亮度在 $10^{-6} \sim 10^{-2} \text{cd/m}^2$ 时,人眼的光谱光效率曲线的峰值向短波方向移动,最大灵敏度值一般出现在波长为 507nm 处。

3) 两种细胞工作制

明暗视觉的差别与视网膜上两种视觉细胞的工作特性有关。视网膜的边缘部位以视杆细胞占多数;中央凹处以视锥细胞占多数。

如图 3-13 所示,视杆细胞对光的感受性很高,视锥细胞对光的感受性很低。因此,在 $10^{-6} \sim 10^{-2} \mathrm{cd/m^2}$ 的微弱视场亮度下,只有视杆细胞工作,视锥细胞不工作。随着亮度的不断增加,视锥细胞的作用逐渐增大。当亮度达到 $10 \mathrm{cd/m^2}$ 以上时,视锥细胞将起主导作用,视杆细胞基本上不起作用。

另外,视杆细胞与视锥细胞对光感的光谱灵敏度也不同,视杆细胞在 507nm 处灵敏度最大,而视锥细胞在 555nm 处灵敏度最大。

这样,就形成人眼明暗视觉的两种"工作制",见表 3-11。视杆细胞虽然对光感受性很高,但不能分辨颜色,因而人在低亮度环境中视物,色感很差,各种颜色的物体都给人以蓝、灰色之感。视锥细胞的感色力和分辨力很强,当视锥细胞感受光刺激时,即产生色感,而只有在亮度较高的条件下,才有良好的色感。

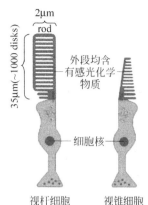

图 3-13 视杆细胞与视锥细胞

表 3-11 明暗视觉的对比

特　　点	明　视　觉	暗　视　觉
视细胞	视锥细胞	视杆细胞
数量	700 万个	1.2 亿个
视网膜上的位置	黄斑中央凹,周边较少	周边区
亮度水平	昼光	夜光
空间细节辨别	分辨细节	不能分辨细节
时间辨别	反应快	反应慢
颜色辨别	可分辨(正常三色觉)	不分辨

4) 简化眼模型

为了具体描述和研究光线在眼内的折光和成像情况,根据实际的光学特性而设计的与人眼的折光效果相同的等效光学系统,称为简化眼模型,如图 3-14 所示,是一种假想的人工眼模型。该模型假想眼球由一个前后径为 20mm 的单球面折光体构成,其折光指数为 1.333。外界光线由空气进入前方球形界面时,折射一次,此球面的曲率半径为 5mm,即节点在球面后方 5mm 的位置。由上述参数所决定的后主焦点在节点后 15mm 处,正好是简化眼模型的后极,即相当于视网膜的位置。

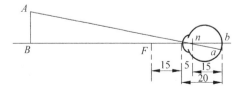

图 3-14 简化眼模型(单位:mm)

利用简化眼模型能计算出不同远近的物体在视网膜上成像的大小。如图 3-14 所示，△AnB 与 △anb 是两个相似三角形，故有以下关系：

$$AB/Bn = ab/bn$$

式中：AB 为物体的大小；Bn 为物体至节点的距离；ab 为物像的大小；bn 为节点至视网膜的距离，其值为 15mm。

5) 视觉的全过程

物体发出的光射入眼睛后，由于眼的折光作用而在视网膜上形成物像，在物像所及的部位，由感受细胞吸收光能而发生化学反应，使感受细胞产生一系列的电脉冲信息；这些信息经视神经纤维传送到大脑的视觉域进行综合处理后，形成视觉映像。这种视觉映像的一部分存储在脑细胞中，另一部分消失或刺激其他脑细胞，引起某种行为。

3.4.2 视觉特性

1. 视距和视角

视距是指眼睛至被观察对象的距离。人在观察各种显示仪表时，视距过远或过近，对认读速度和准确性都不利。一般应根据被观察对象的大小和形状在 380~760mm 选择最佳视距。视角是瞳孔中心到被观察对象两端所张开的角度，即

$$\alpha = 2\arctan(D/2L)$$

式中：α 为视角，以分（′）为单位表示；D 为被观察对象上下两端点的直线距离；L 为视距。

在一般照明条件下，正常人的眼睛能辨别 5m 远处两点间的最小距离所对应的视角为 $1'$，定义此视角为最小视角。此时视网膜上形成的物像两点间的距离仅为 4~5μm，相当于一个视锥细胞的直径。当视角小于 $1'$ 时，人眼对观察对象就难于分辨。如果物体很亮，或者当物体与背景的亮度对比极为明显时，则能看清被观察对象的最小视角可略小于 $1'$；而如果照明不良，即使视角为 $1'$ 或略大于 $1'$ 也不易看清。

2. 视力

视力是描述人眼对物体细节识别能力的一个生理尺度，其定义为临界视角的倒数，即

视力＝1/临界视角

临界视角是人眼能辨别一定距离处的目标所对应的最小视角（′）。

此式的意义可用图 3-15 加以说明。若被观察对象上下两端点的直线距离 D 处在刚能识别与不能识别的临界状态，则此时被视两端点与人眼瞳孔中心之间连线所构成的夹角称为临界视角，该视角的倒数即等于视力。规定当临界视角为 $1'$，视力等于 1.0，此时视力为正常。当视力下降时，临界视角显然要大于 $1'$，于是视力用相应的小于 1.0 的数值表示。

通常所说的视力，是指视网膜中央凹处注视点的视力，称为中心视力。在中央凹处以外视网膜上各点的视力则称为周边视力。视网膜上视力的分布主要与视觉细胞的分布状态有关，中央凹处视力最高，偏离中央凹处的视力急剧下降。

视力的大小还随观察对象的亮度、背景的亮度以及两者之间亮度的对比度的增加而增大。亮度对比度是指被观察对象与背景的亮度差对背景亮度之比值。

视力测定常采用 E 字视标,如图 3-16 所示。字符的缺口为 1.5mm,将这种白底黑环视标置于离人眼 5m 处,缺口两端与人眼瞳孔中心连线所成的夹角为 $1'$,此条件下的视力为 1.0;若距离仍为 5m,而圆环视标增大 1 倍,则视力为 0.5;其余类推。

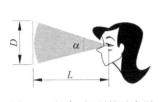 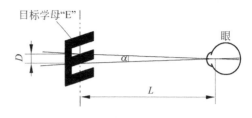

图 3-15　视角、视距的示意图　　　　图 3-16　视标与视力测量

常见的视力表由视标、视力记录(小数、5 分制)组成,视力检查的条件包括在一定的测试距离(远视力 5m)、一定照度和一定时间(2～3s)内进行单独辨认(不能暗示和记忆)。

3. 视野

视野是指人的眼睛观看正前方物体所能看得见的空间范围,常以角度来表示。

人的视线是指黄斑中心最敏锐的聚焦点与注视点之间的连线。正常视线是指头部和两眼放松状态,头部与眼睛轴线夹角 105°～110°时的视线,在水平视线之下 25°～35°。眼睛观看物体可分为直接视野、眼动视野、观察视野三种状态。直接视野是在头部固定、眼球静止不动的状态下自然可见的范围(水平方向±25°,竖直方向±15°);眼动视野是指头部固定而转动眼球注视某中心点时所见的范围(水平方向±30°,竖直方向±25°);观察视野是身体固定、头部与眼睛转动时的可见范围。图 3-17 所示为正常人的双眼正常视野范围。

正常人双眼的综合视野在垂直方向约为 130°(视水平线上方 60°,下方 70°),在水平方向约为 180°(两眼内侧视野重合约 60°,外侧各 90°),在垂直方向 6°和水平方向 8°范围内的物体,映像将落在视网膜的最敏感部分——黄斑上。黄斑是位于颞侧 3～4mm,直径 2～3mm 的黄色区域。在垂直和水平方向均为 1.5°范围内的物体,映像将落在黄斑中心——中央凹部分。映像落在黄斑上的物体,看得最为清晰,该区域称为最优视野。

尽管最优视野范围很小,但实际观看大的物体时,由于眼球和头部都可转动,因而被看对象的各部分能轮流处于最优视野区,快速转动的眼球将使人得以看清整个物体的形象。

人机工程学中,通常以人眼的视野为依据设计有关显示装置,以提高视觉效果,降低视认负担,减轻人眼的疲劳。

4. 双眼视觉与立体视觉

人的两眼视野有很大部分重叠,这样不但补偿了单眼视觉的部分盲区,扩大了平面视野,而且增加了深度感,产生了立体视觉。两眼观察同一物体时,两侧视网膜各形成一个完

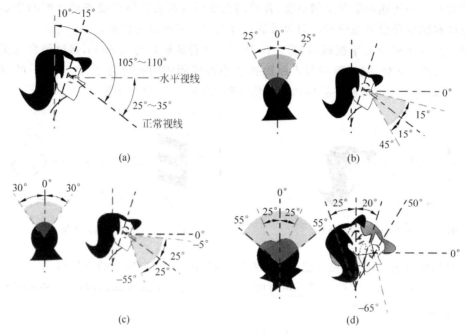

图 3-17 人的正常视野

(a) 人的正常视线；(b) 人的直接视野；(c) 人的眼动视野；(d) 人的观察视野

整的物像,它们按各自的视神经视路传向神经中枢,再经大脑中枢综合处理后,形成一个物像的感觉。

两眼视物产生一个视觉形象的条件是：由物体同一部分来的光线,成像在两侧视网膜的相称点上。如两眼的黄斑就互为相称点,当两眼注视墙上某一黑点时,由于外眼肌的调节,黑点在两眼中都成像在黄斑中央凹处,于是视觉映像只是一个点。此时,若用手指轻推一侧眼球外缘,使此眼的视轴稍作偏移,则此眼的视网膜上的黑点像就会离开中央凹处,于是就会感到墙上有两个黑点,出现复视。用双眼视物的最大优点是使视觉系统能感知物体的"厚度",从而形成立体感觉。

例如,一个球形体在每只眼睛的视网膜上的像只能是个圆平面,而左眼看球时对其左侧面多看到一些,右眼看球时对其右侧面多看到一些,这两个不完全相同的视觉信息经中枢综合后,就产生了有"厚度"的球的映像。

立体视觉的效果并不全靠双眼视觉,物体表面的光线反射情况和阴影等因素,都会加强立体视觉的效果。此外,生活经验在产生立体视觉效果上也起到一定作用。

5. 对比感度

人眼刚能辨别被观察对象时,被观察对象与背景的最小亮度对比度,称为临界对比度；临界对比度的倒数,称为对比感度。

对比感度越大的人,能辨别越小的亮度对比度,或者在相同的亮度对比度时,能更清楚地辨别被看对象。在理想情况下,视力好的人,其对比感度约为 100,相应的临界对比度约为 0.01。对比感度与被观察对象的大小、观察距离、照度及眼睛的适应情况等因素有关。

6. 暗适应与明适应

人眼对光亮程度的变化具有适应性。眼睛从亮度大的观察部位转移到亮度小的观察部位,或者人从光亮的地方进入黑暗的地方,眼睛不能一下子就看清物体,需要经过一段适应时间后才能看清物体,这个适应过程称为暗适应。相反的情况和适应过程,称为明适应。

暗适应时,眼睛的瞳孔放大,进入眼睛的光通量增加;明适应时,眼睛的瞳孔缩小,进入眼睛的光通量减少。暗适应时间较长,要经过 4~6min 才能基本适应,需要在暗处停留 30min 左右,才能完全适应。明适应时间较短,1min 左右便可完全适应。图 3-18 是用白色试标在短时间内达到能看清程度所需的最低亮度界限曲线,即引起人眼光感觉的最小亮度随暗适应时间而变化的曲线。

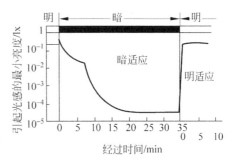

图 3-18 暗适应与明适应过渡曲线

暗适应曲线主要表示人眼视网膜上参加工作的视锥细胞与视杆细胞数量的转变过程,即转入工作的视杆细胞逐渐增加的过程。

由于视杆细胞转入工作状态的过程较慢,因而整个暗适应过程大约需要 30min 才能趋于完成。而明适应时,视杆细胞退出工作,视锥细胞数量迅速增加。由于视锥细胞的转换较快,因而明适应时间较短,大约 1min 即趋于完成。

人眼在明暗急剧变化的环境中,因受适应性的限制,视力会出现短暂下降。若频繁出现这种情况,则会产生视觉疲劳,并容易引起事故。为此,在需要频繁改变亮度的场所,可采用缓和照明,以避免光线的急剧变化。例如,在隧道入口处常采用一段缓和照明,减少明暗交替突变,让视觉更容易适应。由于明适应的时间很短,在隧道出口处可不作其他处理。

眼睛的适应性特点,要求工作面的光亮均匀而且不产生阴影,以避免眼睛频繁地适应各种不同的亮度而过早疲劳。

人眼的适应性对车辆的行驶安全性影响很大。例如,车辆从明亮的公路驶入隧道时,由于隧道内的光线远比外边弱,眼睛不习惯,约有 10s 时间看不清道路和周围环境,这时若行驶速度为 50km/h,则 10s 时间内,车辆将向前驶过 140m 左右,这段路程极易发生撞车事故。为了行驶安全,应降低行驶速度并在进入隧道前打开车辆的前照灯。

又如夜间行车场景,一般都开前大灯,眼睛已适应强光,但会车时要关闭大灯,靠小灯照明,直至会车完毕。在这段时间内,驾驶员不容易看清周围环境,须格外小心,降低车速,且适当提前关闭大灯开小灯,使眼睛有个适应过程,以避免事故。

7. 眩光

物体表面产生刺眼和耀眼的强烈光线,称为眩光。由天然光或强烈的人工光源直接照射物体表面而引起的眩光,称为直接眩光;由视野内天花板、墙壁、机器或其他表面反射而引起的眩光,称为反射眩光。眩光的形成多是由于物体表面过于光亮(如电镀抛光或有光漆表面)、亮度对比度过大、直接强光照射。眩光的危害在于导致不舒适的视觉条件:

(1) 使眼睛的瞳孔缩小,在视野内亮度一定的条件下,降低了视网膜上的照度。

(2) 眩光在眼球媒质内散射,减弱了被看对象与背景间的对比度。

(3) 视觉细胞受强光刺激,引起大脑皮层细胞间产生相互作用,使得对被看对象的观察呈现模糊。

减少直接眩光的方法:减少引起眩光的高亮度面积,增大视线与眩光源之间的角度,提高眩光源周围区域的亮度等。

减少反射眩光的方法:降低光源的亮度、改变光源的位置或改变作业对象的位置,使反射眩光避开观察者的眼睛;改变刺眼物体表面的性质,使之不反射或少反射;提高周围环境的照度,以减弱反射物与背景间的亮度对比等。

眩光有时也可加以利用。例如,夜晚城市的霓虹灯,绚丽多彩;很多建筑物内部的灯光布置,富丽堂皇;晚会演出现场舞台的布置,异彩流光。

8. 视错觉

人观察外界物体的形状、大小、位置和颜色时,所得印象与实际情况发生差异,称为视错觉。当视网膜受到光刺激时,光线会在横向产生扩大范围的影响,这在生理学范畴称为视网膜诱导场。诱导场的存在使视物时得到的视觉映像与物体的实际状态存在差异,产生视错觉现象。

视错觉可归纳为形状错觉、色彩错觉和物体运动错觉三大类。常见的形状错觉有线段长短错觉(图 3-19)、面积大小错觉(图 3-20)、方位错觉(图 3-21)、对比错觉(图 3-22)、分割错觉(图 3-23)、方向错觉、远近错觉及透视错觉等;色彩错觉有对比错觉、大小错觉、温度错觉、重量错觉、距离错觉及疲劳错觉等。视错觉的形式多种多样,内容丰富,情形复杂。色彩错觉同色彩的心理功能或感情效果密切相关。例如,两个尺寸、形状、重量完全一样的包装箱,一个白色,一个黑色,搬运者的感觉却是:白色的要比黑色略轻,这就是色彩的重量错觉。

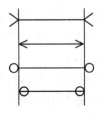

图 3-19　线段长短错觉

图 3-20　面积大小错觉

图 3-21　方位错觉

图 3-22　对比错觉

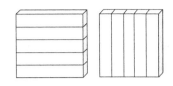
图 3-23　分割错觉

经典的视错觉实例还包括有趣的"不可能图形""三维立体图"等。古人已注意视错觉的现象。如两小儿辩日的典故，对于日月大小错觉的原因，至今仍在探究。《三国演义》里的"草船借箭"典故即是一种视错觉在战术上的巧妙应用。一种合理的解释是视网膜诱导场的原理。其他学说还包括眼球运动说、透视暗示和对比同化等。

视错觉是人的生理和心理原因引起的对外界事物的错误知觉，在人机工程设计中可以利用或夸大视错觉现象，以获得满意的心理效应。例如，交通工具客舱或操纵室的内部装饰设计，常利用横向线条划分所产生的视错觉来改善内部空间的狭长感，使空间显宽；利用纵向线条划分所产生的视错觉来增加内部空间的透视感，使空间显长。利用色彩的重量错觉，将包装箱的外表面制成白色或浅色，可以提高装卸搬运工人的作业工效。

为保证道路交通安全，高速公路出口处路面可设计人形线，以此产生驾驶员速度错觉，从而降低真实速度，避免交通事故发生。另外，"视错觉3D减速带"既能起到降低车速的作用，同时又保证了汽车的通过性和舒适性。

在另一些情况下，人机工程设计又需要避免产生视错觉现象，以达到宜人效果。例如，色彩的彩度过强，则对人眼刺激太大，使人易于疲劳；许多颜色混在一起，明度差或彩度差较大，也易使人疲劳。这种疲劳能引起彩度减弱、明度升高，色彩逐渐呈现灰色或略带黄色等现象，这种现象称为色彩的疲劳错觉。在各种工作、学习或休息环境的色彩设计中，必须注意避免产生对色彩的疲劳错觉现象。例如，驾驶室内饰的颜色设计不宜过深，主流以浅色为宜。

9. 颜色视觉

光具有不同的能量和波长，光的能量大小表现为人对光的明暗感觉；光波的长短表现为人对光的颜色感觉（图 3-24，表 3-12）。

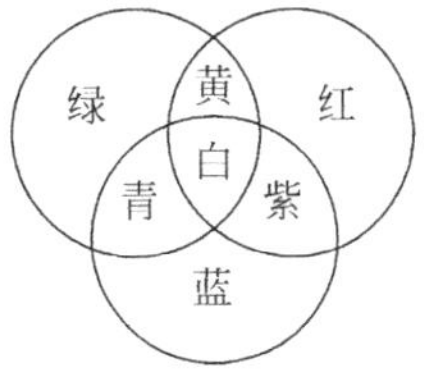

图 3-24　色光混合示意图

表 3-12　各种色光的波长及其范围

颜色	标准波长/nm	波长范围/nm	颜色	标准波长/nm	波长范围/nm
紫	420	380～450	黄	580	575～595
蓝	470	450～480	橙	610	595～620
绿	510	480～575	红	700	620～760

三原色学说认为视网膜上有三种视锥细胞,分别感受红、绿、蓝三种基本颜色。三种视锥细胞受到同等程度的刺激时引起消色的感觉,同等强刺激产生白色效果,同等中等程度的刺激产生灰色效果,同等弱刺激产生黑色效果。三种视锥细胞受到不同程度的刺激时,则引起其他各种颜色感觉,红、绿、蓝三种色光适当混合,可以构成光谱上任何一种颜色。

根据美国光学学会(Optical Society of America)色度学委员会的定义,颜色是光的一种特性,即光的辐射能刺激视网膜引起观察者通过视觉而获得的景象。

物体在光线照射下呈现不同颜色,是因为物体具有对落在其表面的光谱成分有选择地透射、吸收和反射的特性(光谱特性)。物体吸收光源发出的部分光谱成分,反射其余光谱成分,则呈现不同颜色(选择性吸收),如吸收了 450~480nm 的蓝和 480~500nm 的绿,仅反射 649~750nm 的红光,则物体呈现红色。

颜色视觉(简称色觉)是一种复杂的物理—心理现象。人的色觉并不是一成不变的,而是随各种外界条件和内部条件的变化而变化的。

引起色觉变化的外因包括照度、亮度、时间(白天、黄昏、夜晚)、低压、雾、烟、距离、背景、周围状况等。

引起色觉变化的内因包括年龄、药物、疲劳、色盲、色弱、色适应性等。

色觉异常是指人缺乏色觉,或辨色能力低。前者称为色盲,后者称为色弱。色弱是色觉感受系统的一种病变,表现为辨别红、绿、蓝色的能力低下。色盲分为全色盲和部分色盲。全色盲表现为只能分辨明暗,呈单色视觉,这类色盲极为少见。常见的主要是红、绿色盲或蓝色盲。红、绿色盲表现为不能分辨红、绿色,一般认为是由于缺乏感红或感绿视锥细胞而引起的。蓝色盲者对绿、黄、橘黄和红等色的感觉较蓝色占优势,所以也称蓝色弱,是由于感蓝视锥细胞缺乏所致。

不同颜色对人眼的刺激有所不同,所以视野大小也不同。图 3-25 给出垂直和水平方向的几种色觉视野范围,由图可知,白色视野最大,其次为黄、蓝色,绿色视野最小。

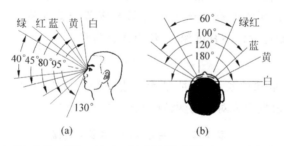

图 3-25　色觉视野
(a)垂直面内视野；(b)水平面内视野

10. 视觉的运动规律

根据视觉的需要,眼球的运动通常包括三种类型:

(1) 注视运动：把眼睛的中央凹对准某一目标。
(2) 追踪运动：平稳地注视运动物体使其持续成像在中央凹处。
(3) 跳跃运动：当视标位置快速变化时，眼球不能进行平稳的追踪运动。

视觉的运动规律包括如下几个方面：眼睛的水平运动比垂直运动快，往往先看到沿眼睛水平运动方向放置的物体，后看到沿眼睛垂直运动方向放置的物体；眼睛沿水平方向运动也比沿垂直方向运动更不易疲劳。很多机器的仪表板外形设计成横向长方形就是这个道理。

视线的移动习惯为从左到右、从上往下和顺时针方向运动。人的眼睛对水平方向的尺寸和比例的估计比对垂直方向估计要准确得多。当眼睛偏离视中心时，在偏离距离相等的情况下，人眼对左上象限的观察最优，其次为右上象限、左下象限，右下象限最差。

此外，两眼的运动总是协调、同步的。

11. 视觉损伤与视觉疲劳

1) 视觉损伤

在生产过程中，除切屑颗粒、火花、飞沫、热气流、烟雾、化学物质等有形物质会造成对眼的伤害之外，强光或有害光也会造成对眼的伤害。研究表明，眼睛能承受可见光的最大亮度值约为 $106cd/m^2$，若越过此值，人眼的视网膜就会受到损伤。300nm 以下的短波紫外线会引起紫外线性眼炎。紫外线照射 4～5h 后眼睛便会充血，10～12h 后会使眼睛剧痛而不能睁开。这一般是暂时性症状，大多可以治愈。常受红外线照射会引起白内障。

直视高亮度光源（如激光、太阳光等），会引起黄斑烧伤，可能造成无法恢复的视力减退。低照度或低质量的光环境，会引起眼的折光缺陷或提早形成花眼。眩光或照度剧烈而频繁变化的光会引起视觉机能的降低。

2) 视觉疲劳

长期从事近距离和精细作业的工作者，由于长时间观看近物或细小物体，睫状肌必须持续地收缩以增加晶状体的曲度，这将引起视觉疲劳，甚至导致睫状肌萎缩，使其调节能力降低。由于光线的刺激，视网膜引起兴奋并将信息传送到中枢神经系统。这种视觉过程能振奋整个机体的活动，高级神经系统的活动也因而加强。当照度不足时，视觉活动过程即开始缓慢，视觉效率便显著下降，极易引起视觉疲劳，而且整个神经中枢系统和机体活动也将受到抑制。因此，长期在劣质光照环境下工作，会引起眼睛局部疲劳和全身性疲劳。眼睛局部疲劳表现为眼痛、头痛、视力下降等症状。调节眼睛的睫状肌疲劳，则可能形成近视。

3.5 人的听觉特性

3.5.1 听觉器官

听觉器官的功能是分辨声音的强弱和高低，以及环境中声源的方向和远近。人耳的基本结构如图 3-26 所示，包括外耳、中耳和内耳。

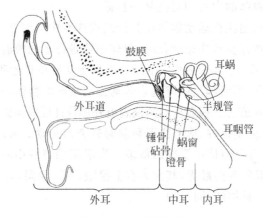

图 3-26 人耳的结构

外界声波通过外耳道传到鼓膜，引起鼓膜的振动，随后经听骨链（锤骨、砧骨和镫骨）的传递，引起耳蜗内淋巴液和基底膜的振动，刺激耳蜗科蒂氏器官中的毛细胞产生兴奋，听神经纤维分布在毛细胞下方的基底膜中，机械能在此处转变为神经冲动，经过编码由听神经纤维传送到大脑皮层的听觉中枢，产生听觉。

3.5.2 听觉特性

1. 听觉的频率响应特性

具有正常听力的青少年（年龄在 12～25 岁）能够觉察到的频率范围是 16～20 000Hz，一般人的最佳可听频率范围是 20～20 000Hz，频率比为

$$f_{min}/f_{max} = 1/1000$$

人到了 25 岁以后，对 15 000Hz 以上频率声波的听觉灵敏度开始显著降低，听阈开始向下移动，而且随着年龄的增长，频率感受的上限逐年降低。听力损失曲线如图 3-27 所示。

可听声不但取决于声音的频率，而且取决于声音的强度。若以声强（W/m²）描述声音的强度，则一个听力正常的人，刚刚能听见的、对应于给定频率的纯音的最低声强，称为相应频率下的"听阈值"；对应于感受给定频率的纯音，刚刚开始产生疼痛感的极限声强，称为相应频率下的"痛阈值"；由听阈与痛阈两条曲线所包围的区域，称为"听觉区"。由人耳的感音机构所决定的这个听觉区中包括了标有"音乐"与"语言"标志的两个子区域。根据各个频率与其对应的最低声强和极限声强，绘制出的标准的听阈曲线和痛阈曲线如图 3-28 所示，可以看出：

(1) 在 800～1500Hz 频率范围内，听阈无明显变化。

(2) 频率低于 800Hz 时，可听响度随着频率的降低而明显减小。

(3) 频率在 3000～4000Hz 达到最大的听觉灵敏度。若以频率 1000Hz 时测得的听觉灵敏度作为"标准灵敏度"，则在该频率范围内，听觉灵敏度可高达标准值的 10 倍。

(4) 频率超过 6000 Hz 时,听觉灵敏度再次下降,大约在 17 000 Hz 时,听觉灵敏度降至标准值的 1/10。

(5) 除频率 2000～5000 Hz 有一段谷值外,开始感到疼痛的极限声强几乎与频率无关。

(6) 在频率 1000 Hz 时的平均听阈值 I_0 为 10^{-12} W/m^2,痛阈 I_{max} 约为 10 W/m^2,由此可以得出人耳能够处理的声强比为

$$I_0/I_{max} = 1/1013$$

这种阈值虽然是一种"天赋",却非常接近于适合人类交换信息的有用极限。

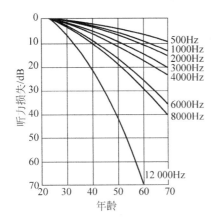

图 3-27 听力损失曲线

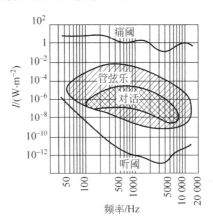

图 3-28 听阈、痛阈与听觉区域

2. 对声音高低强弱的辨别能力

人耳对频率的感觉很灵敏,表现为辨别音调高低的能力。这是由于不同频率的声波使不同长度的基底膜纤维产生共振,而不同长度的基底膜纤维上的听觉细胞产生的兴奋,将沿不同的神经纤维传送到大脑皮层的不同部位,因而能产生高低不同的音调感觉。

人耳对声强的辨别能力同人的主观感觉的音响成对数关系,即当声强增加 10 倍时,主观感觉的音响只增加 1 倍;声强增加 100 倍时,主观感觉的音响只增加 2 倍等。

3. 对声源方向和距离的辨别能力

人耳的听觉,绝大部分涉及"双耳效应",或称"立体声效应",这是正常的双耳听觉具有的特性。

人听到声响时,根据声音到达两耳的时间先后和强度差别来判定声源的方向。根据声音响度差别辨别高声,根据声音到达先后之差来判定低声。判定声源的距离,主要靠人的主观经验来估计。

由于头部的障碍作用,造成声音频谱的改变。靠近声源的那只耳朵几乎接收到形成完整声音的各频率成分;离声源较远的那只耳朵接收到的却是被"畸变"了的声音,特别是中频与高频部分或多或少地受到衰减。这也是人的双耳能辨别声源方向的机理之一。

4. 听觉的掩蔽效应

一个声音被另一个声音所掩盖的现象,称为掩蔽。

一个声音的听阈因另一个声音的掩蔽作用而提高的效应,称为掩蔽效应。

在设计听觉传递装置时,应当根据实际需要,有时要对掩蔽效应的影响加以利用,有时则要加以避免或克服。

听觉掩蔽效应具有如下特性:

(1) 掩蔽声越强,掩蔽效果越大,被掩蔽声的听阈提高得越多。

(2) 掩蔽声对频率同自己的频率邻近的被掩蔽声之掩蔽效应最大。但与掩蔽声的频率十分相近的纯音,其振幅受到低频调制,声音响度增强,使掩蔽效应曲线出现低谷,听阈值反而低于邻近频率;在掩蔽声很强的情况下,不仅在掩蔽声频率附近,且在其谐波频率附近,也出现低谷现象。

(3) 低频掩蔽声对高频被掩蔽声的掩蔽效应较大,而高频掩蔽声对低频被掩蔽声的掩蔽效应较小。

(4) 掩蔽声越强,被掩蔽的频率范围越大。

由于人的听阈的复原需要经历一段时间,掩蔽声去掉以后,掩蔽效应并不立即消除,这个现象称为残余掩蔽或听觉残留,其量值可表示听觉疲劳。掩蔽声对人耳刺激的时间和强度直接影响人耳的疲劳持续时间和疲劳程度,刺激越长、越强,则疲劳越严重。

听觉的掩蔽通常包括时域掩蔽和频域掩蔽,掩蔽效应可以用于 MP3 音乐压缩制作、乐队的排列组合、音乐的编曲配器,以及耳鸣的治疗(耳鸣掩蔽助听器)等。

掩蔽现象在人的各种感知觉中普遍存在,除了听觉的掩蔽,视觉、味觉、嗅觉等均存在掩蔽现象。视觉掩蔽也很广泛,如用于建筑里眩光的避免,军事的迷彩服、战斗机、坦克和装甲车的保护色,娱乐中的魔术表演等。味觉掩蔽的例子包括咖啡适量加糖之后掩蔽了既有的苦味。

3.5.3 听觉信息传递装置

1. 听觉信息传递特点

听觉信息传递具有反应快、方向任意和交流方便的特点,应用场合包括信号简单简短、迅速传递、不利视觉等。

2. 传递装置类型

1) 音响报警装置

音响报警装置包括铃、蜂鸣器、枪声、汽笛、哨音等,设计时应考虑:

(1) 频率选择在噪声掩蔽效应最小的范围。

(2) 断续信号、变频、结合信号灯更能引起注意。

(3) 传送距离远时采用低频、高强度的声波。

(4) 小范围内使用时避免相互干扰,分清主次。

2) 言语传递装置

言语传递装置包括广播、电视、电话、报话机等,设计时应考虑的要点是:言语的清晰度、强度、噪声环境中的通信等。其优点为:内容多表达准确、表达力强、传输效率高、符合人的习惯。

常用听觉传递装置声强范围如表 3-13 所示。

表 3-13 不同听觉传递装置的声强范围

装置名称	声强范围/dB	装置名称	声强范围/dB
蜂鸣器	50~70	汽笛	100~110
铃	65~90	语言	60~80
喇叭	90~100		

3.6 人的皮肤感觉特性

人体皮肤内分布着多种感受器,能产生多种感觉。主要的感受器包括触觉感受器、温度感受器和痛觉感受器。

皮肤感觉主要有 4 种:触觉、温度觉和痛觉。用不同性质的刺激仔细检查人的皮肤感觉发现,不同感觉的感受区在皮肤表面呈相互独立的点状分布。

触觉是微弱的机械刺激兴奋了皮肤浅层的触觉感受器而引起的,压觉是较强的机械刺激导致深部组织变形而引起的感觉,两者在性质上类似,故统称为触—压觉。皮肤表面感受区的触点分布密度与该部位对触觉的敏感程度成比例。皮肤在接受 5~40 次/s 的机械刺激时,还会引起振动觉。

冷觉和热觉合称温度觉,它们来源于两种不同范围的温度感受器。冷感受器在皮肤温度低于 30℃时开始发放冲动;热感受器在皮肤温度高于 30℃时开始发放冲动,47℃时最高。

痛觉是由各种可能损伤或已造成皮肤损伤的刺激所引起的痛苦感觉,并伴有情绪反应。

3.6.1 触觉

1. 触觉的类型

(1) 触—压觉:按所受刺激的强度不同,又可分为接触觉和压觉。轻微的刺激产生接触觉;刺激强度增大就产生压觉。触—压觉没有人手主动运动的参与,称为被动触觉。

(2) 触—摸觉:是皮肤感觉与肌肉运动感觉的结合,是在高级神经支配下,通过手的运动感觉与皮肤感觉把信息传给大脑,经大脑综合分析后,判别出的肢体与被触摸的物体之间的相对空间位置。触—摸觉有人手主动运动的参与,称为主动触觉。

2. 触觉的适宜刺激

根据对触觉信息的性质和敏感程度的不同,分布在皮肤和皮下组织中的触觉感受器有游离神经末梢、触觉小体(图3-29)、触盘、毛发神经末梢(图3-30)、梭状小体等。不同的触觉感受器决定了对触觉刺激的敏感性和适应出现的速度。

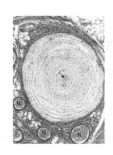

图3-29 触觉小体微观结构

图3-30 毛发神经末梢结构

对触觉感受器的适宜刺激是皮肤位移(变形)的梯度和接触界面皮肤变形的曲率,由皮肤变形引起感受器和神经末梢的变形,从而产生触觉。

3. 触觉的阈限

对皮肤施加适当的机械刺激,在皮肤表面下的组织将产生位移,在理想情况下,小到0.001mm的位移就足以引起触觉。皮肤的不同区域对触觉的敏感性差别相当大,差别主要取决于皮肤的厚度和神经分布状况。用毛发触觉计测定身体不同部位对刺激的触觉感受性和触觉阈限,结果表明,身体不同部位的触觉绝对感受性,从高到低依次为:鼻部、上唇、前额、腹部、肩部、小指、无名指、上臂、中指、前臂、拇指、胸部、食指、大腿、手掌、小腿、脚底、足趾。身体两侧的触觉感受性没有显著差别;女性的触觉感受性略高于男性。Van Frey 对皮肤触压觉刺激阈限的实验结果见表3-14。男性各部位触觉敏感性见图3-31。

表3-14 皮肤触压觉刺激阈限

身体部位	舌尖	指尖	指背	前臂腹侧	前臂背侧	手背	小腿	腹部	腰部	足掌后部
刺激阈限	2	3	5	8	36	12	16	26	48	250

4. 触觉定位

触觉感受器引起的感觉是非常准确的,触觉的生理意义是能辨别物体的大小、形状、硬度、光滑程度以及表面机理等机械性质的触感。

人—机系统的操纵装置设计中,可利用人的触觉特性,设计具有各种不同触感的操纵装置,使操作者能够靠触觉准确地控制各种不同功能的操纵装置。触觉不但能够感知物体的长度、大小、形状等特征,而且能够区分出刺激作用于身体的部位,这项功能称为触觉定位。

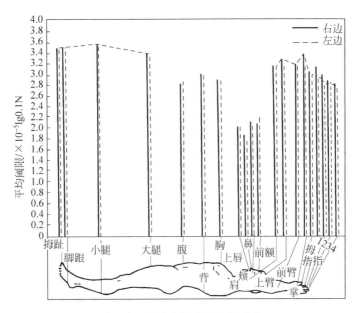

图 3-31　男性各部位触觉敏感性

　　触觉定位实验,通常都是在排除被试者视觉参与的条件下(例如,把被试者的眼睛蒙住),由被试者对刺激做出定位反应。最简单的一种实验方案,是用一支笔按压被试者皮肤的一点(称为参照点),要求被试者用另一支笔尽可能准确地标出刚才刺激过的那个点(称为反应点),两点之间的距离称为定位误差或定位阈限,定位误差越小,触觉定位就越准确。实验结果表明,身体不同部位的触觉定位准确性是不一样的。男性各部位刺激点定位能力见图 3-32。头部、面部和手指的触觉定位准确性较高,躯干和肢体的触觉定位准确性较低。刺激指尖和舌尖,能非常准确地定位,其平均误差仅 1mm 左右。而在身体的其他部位,如上臂、腰部和背部,对刺激点定位的准确性就比较差,其平均误差几乎达到 10mm 左右。一般来说,身体有精细肌肉控制的区域,其触觉比较敏锐。

　　视觉参与的程度对触觉定位的准确性有很大的影响,视觉参与越多,触觉定位就越准确。若允许被试者看着进行定位,则触觉定位最准确。

　　人不仅能区分出刺激作用于皮肤的部位,而且能够辨别出同时受到刺激的两个点之间相隔的距离。但是,如果皮肤表面同时受到刺激的相邻两点之间的距离很近,则人将感受到只有一个刺激点。将两个刺激点分开到一定程度,人就会开始感受到有两个分开的刺激点,这个刚刚能被感知有两个刺激点而不是一个刺激点的两点之间的最小距离,称为两点阈。

　　两点阈与触觉定位一样,都是触觉的空间感受性,二者的区别在于,触觉定位以身体躯干为参照系,而两点阈以相邻刺激点为参照系。两点阈的阈值因皮肤部位的不同而异,手指的两点阈值最小。

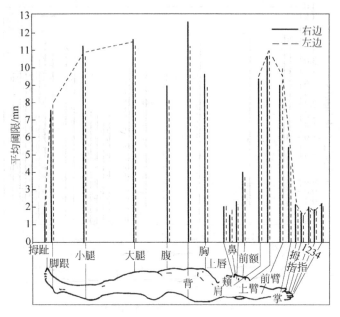

图 3-32 男性各部位刺激点定位能力

5. 触觉编码

1) 大小编码

辨别物体的大小是触觉的重要空间识别功能,包括通过触觉辨别物体的长度、面积、体积等。其中,长度辨别是最基本的功能,通常,触觉感知较大的长度要比感知较小的长度更精确些。当用手指触摸物体表面感知其长度时,手的运动方向不同,对长度的感知结果将会有所不同,沿垂直方向运动时,对物体的长度往往容易高估。

2) 形状编码

图 3-33 所示的 11 种形状的手柄是经过实验优选出来的,能通过触觉准确辨认而不会发生混淆,甚至用戴手套的手把握 1s 就可以识别。

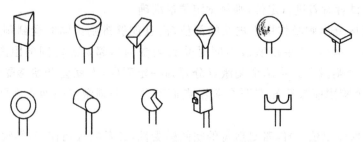

图 3-33 触觉容易辨认的手柄形状

为了提高辨认的准确率,还可以采用形状加大小的复合编码方式,或者附加适当的符号、字母、数字、颜色等辅助识别。

3) 位置编码

人对空间相对位置的记忆,是以人的躯干作为参照系,通过手或脚的主动触觉,将所获信息输入大脑,经大脑综合分析后形成的。若对许多形状、大小相同或相近的操纵器(例如:按钮)单独采用触觉位置编码方式进行布置,则相邻操纵器之间必须保持某一最适宜的距离,才能得到最高的辨认准确率。若采用视觉与触觉复合编码,则相邻按钮间的距离要小得多。

6. 触觉特性的应用

人的触觉特性的应用,关键在于如何选择合适的形状或压力作为触觉的适宜刺激,与此相关的一些实际应用中的技术要领也需严格掌握。根据许多学者的研究成果,对触觉特性的应用,建议如下:

1) 操纵器的形状与外形轮廓

利用触觉进行操纵器的形状辨别时,简单的形状比复杂的形状更易被准确辨别;外形轮廓相差较大者比外形轮廓类似者更易被准确辨别。

2) 起动压力

若使用压力作为手指触觉的刺激参数,则在 99% 的概率下,小于 85g 的压力就能引起皮肤的变形而产生触觉。这就意味着,使用手指的触一摸觉时,按钮弹簧的起动压力必须超过 85g,否则手指在触摸按钮过程中,可能误按其他按钮而给出错误指令,从而引发事故。

3) 触觉的刺激信号

触觉的刺激信号主要有机械振动刺激、电刺激和吹气刺激三种形式。采用不同强度、不同频率、不同部位、不同作用时间的刺激进行混合编码,可形成几十至几百个信号。

三种刺激信号各有优、缺点。机械振动刺激的适应性小,适宜于长时间使用;电刺激比较强烈,适合于作警戒信号,但易于适应,不宜长时间使用;吹气刺激主要适用于鼻部等敏感部位,其刺激的维量较少,人对它的分辨能力较差,只能用于简单的跟踪操纵作业。

4) 物体的形状和大小

能被触觉辨认的物体,应有一定的形状和大小,要能被手指触及,其形状有利于保持清洁。

5) 物体的外廓

要用触觉辨别的物体,无论是几何形体、数字还是拉丁字母,其外廓都必须是立体的。

6) 触觉与视觉

就形状知觉而言,触觉的精确度低于视觉,且辨别时间较长,有可能辨别错误,其应用存在一定的局限性。一般只适用于视觉通道负荷过重的情况下,用来减轻视觉通道的负担。

7) 相邻操纵器间的距离

多个形状、大小相近的操纵器,若采用触觉位置编码方式进行辨别,则相邻操纵器之间必须保持最适宜的距离,以免相互混淆。

8) 相同操纵器的布置

系统设计时,功能相同的操纵器应尽可能布置在以操作者的躯干为参照系的同一方位,这样可以减轻操作者的思索负担,有助于提高工效。

9) 控制面板的位置

控制面板在机器上的位置,应保证对手控操纵器的操作符合人手的生理解剖学特点,如手指适于向前,手掌适于向下等。按钮的方向指示对手来说应当很明确,如掌心向下,拇指在右手左边;掌心向上,拇指在右手右边等。

3.6.2 温度觉

人体的温度觉对于保持体内温度的稳定与维持正常的生理过程是非常重要的。温度觉分为冷觉和热觉两种,是由两种不同范围的温度感受器引起的,冷感受器在皮肤温度低于30℃时开始发放冲动,热感受器在皮肤温度高于30℃时开始发放冲动,到47℃时为最高。温度感受器分布在皮肤的不同部位,形成所谓冷点和热点。每 $1cm^2$ 皮肤内,冷点有6~23个,热点有3个。温度觉的强度,取决于温度刺激强度和被刺激部位的大小。在冷刺激或热刺激不断作用下,温度觉也会产生适应。

3.6.3 痛觉

体表受到的各种剧烈的刺激,不论是冷、热、压力等,都可能使皮肤引起痛觉。人体各个组织的器官内都有一些特殊的游离神经末梢,在一定刺激强度下,就会产生兴奋而出现痛觉。神经末梢在皮肤中分布的部位,称为痛点。每平方厘米皮肤表面约有100个痛点,整个皮肤表面,痛点的数目可达100万个。痛觉的中枢部分位于大脑皮层。人体不同部位的痛觉敏感度不同,皮肤和外黏膜有高度痛觉敏感性;角膜的中央,具有人体最痛的痛觉敏感性。痛觉有很重要的生物学意义,因为痛觉的产生,将使机体产生一系列保护性反应来回避刺激物,动员人的机体进行防卫或改变本身的活动来适应新的情况,防止受到伤害或产生病变,如与生俱来的缩手反射。

3.7 人的其他感觉特性

3.7.1 人的本体感觉

人在进行各种操作活动的同时能给出身体及四肢所在位置的信息,这种感觉称为本体感觉。本体感觉系统主要包括两个子系统:①平衡觉系统,其作用主要是感知身体的姿势及空间位置的变化;②运动觉系统,其作用主要是感知四肢和身体不同部分的相对位置。

1. 平衡觉

平衡觉系统的外周感受器官是前庭器官,前庭器官由位于内耳迷路中的三个半规管和椭圆囊、球囊组成,是人体对运动状态和头部在空间位置的感受器。

当机体进行旋转或直线变速运动时,速度的变化会刺激三个半规管或椭圆囊中的感受细胞;头部的位置与地球引力的作用方向出现相对关系的改变时,会刺激球囊中的感受细胞,这些刺激引起的神经冲动经传入神经纤维传到大脑皮层,就引起相应的感觉。前庭器官受到过强或过长的刺激时,常会引起恶心、呕吐、眩晕、皮肤苍白等症状,称为前庭自主性神经反应,具体表现为晕车、晕船或航空病。

2. 运动觉

人体组织中,有三种类型的运动觉感受器:①肌肉内的纺锤体,它能给出肌肉拉伸程度及拉伸速度方面的信息;②位于肌腱中各个不同位置的感受器,它能给出关节运动程度的信息,由此指示运动速度和方向;③位于深部组织中的层板小体,埋藏在组织内部的这些小体对形变很敏感,能给出深部组织中压力的信息。在骨骼肌、肌腱和关节囊中的本体感受器分别感受肌肉被牵张的程度、肌肉收缩的程度和关节伸屈的程度,综合起来就可以使人感觉到身体各部位所处的位置和运动,而无须用眼睛去观察。在训练技巧性的工作中,运动觉系统有非常重要的地位。许多复杂技巧动作的熟练程度,都有赖于有效的反馈作用。

3.7.2 人的味觉和嗅觉

人的五种基本感觉"视听嗅味触"中,视觉和听觉是非接触式的感觉,主要满足更高级的远距离感知,并伴随更多精神上的追求;触觉和味觉都是接触式的感觉,涉及劳动、饮食等生存本能,嗅觉与味觉之间相互关联并且类似。

1. 味觉

味觉是指食物在人的口腔内对味觉器官化学感受系统的刺激并产生的一种感觉。

从味觉的生理角度分类,传统上只有四种基本味觉:酸、甜、苦、咸;直到最近,第五种味道"鲜"才被提出。因此可以认为,目前被广泛接受的基本味道有五种,包括苦、咸、酸、甜以及鲜味。它们是食物直接刺激味蕾产生的。而人们常体验的辣味(痛觉)、麻味(振动感)、涩味(收敛感)都不是味觉。

味觉阈值:感受到某种称为物质的味觉所需要的该物质的最低浓度。常温下蔗糖(甜)为 0.1%,氯化钠(咸)0.05%,柠檬酸(酸)0.0025%,硫酸奎宁(苦)0.0001%。

绝对阈值:是指人感觉某种物质的味觉从无到有的刺激量。

差别阈值:是指人感觉某种物质的味觉有显著差别的刺激量的差值。

最终阈值:是指人感觉某种物质的刺激不随刺激量的增加而增加的刺激量。

味觉敏感性:在四种基本味觉中,人对咸味的感觉最快,对苦味的感觉最慢,但对苦味比其他都敏感,更容易被觉察。我们通过味蕾感受味觉,每一个味蕾包含 50~150 个不同味道的受体细胞,每一个味蕾都能够感受到所有的基本味觉。所以,无论味蕾如何分布,舌头各个区域对于不同味觉的敏感程度都是相差无几的。

味觉的影响因素包括：物质的结构和水溶性；味觉的感受部位；温度（10～40℃，30℃最敏感）和人的因素（人体的机能状态、疾病等）、药物作用（如阿莫西林，药物通过直接或间接途径影响味觉感受器而导致味觉障碍）等。

味觉的相互作用是指两种相同或不同的物质进入口腔时，会使二者的味觉都有所改变的现象，通常不是简单的叠加，包括对比、相乘、抵消、疲劳。

2. 嗅觉

人的嗅觉由两个感觉系统参与，即嗅神经系统和鼻三叉神经系统。嗅觉和味觉会整合和相互作用。嗅觉是外激素通信实现的前提。嗅觉是一种远感，即它是通过长距离感受化学刺激的感觉。相比之下，味觉是一种近感。

嗅觉感受器位于鼻腔顶部，叫作嗅黏膜，这里的嗅细胞受到某些挥发性物质的刺激就会产生神经冲动，冲动沿嗅神经传入大脑皮层而引起嗅觉。嗅细胞所处的位置不是呼吸气体流通的通路，而是被鼻甲的隆起掩护着。带有气味的空气只能以回旋式的气流接触到嗅感受器，所以慢性鼻炎引起的鼻甲肥厚常会影响气流接触嗅感受器，造成嗅觉功能障碍。

嗅觉是由物体发散于空气中的物质微粒作用于鼻腔上的感受细胞而引起的。在鼻腔上鼻道内有嗅上皮，嗅上皮中的嗅细胞是嗅觉器官的外周感受器。嗅细胞的黏膜表面带有纤毛，可以同有气味的物质相接触。每种嗅细胞的内端延续成为神经纤维，嗅分析器皮层部分位于额叶区。

嗅觉的刺激物必须是气体物质，只有挥发性有味物质的分子才能成为嗅觉细胞的刺激物。人类嗅觉的敏感度是很大的，通常用嗅觉阈来测定。所谓嗅觉阈就是能够引起嗅觉的有气味物质的最小浓度。

用人造麝香的气味测定人的嗅觉阈时，在 1L 空气中含有 5×10^{-10} mg 的麝香便可以嗅到；采用硫醇时，4×10^{-10} mg 的微量人们就可以嗅到。

能引起嗅觉的物质需具备以下的条件：容易挥发、能溶解于水中、能溶解于油脂中。

嗅觉的特性在影响因素和相互作用方面与味觉类似。古人云：入芝兰之室，久而不闻其香；入鲍鱼之肆，久而不闻其臭。这种现象叫作嗅觉的适应性，是由鼻黏膜的嗅觉细胞及中枢神经系统所指挥控制的。

3.8 人的生物力学特性

3.8.1 人体运动系统

人体运动系统由骨、骨连接和骨骼肌三部分构成。骨是人体运动的杠杆，骨连接是支点，骨骼肌是动力。

1. 人体骨骼

人体骨骼共 206 块,其中只有 177 块直接参与人体运动。人体骨骼分为两大部分:中轴骨和四肢骨。中轴骨包括颅骨 29 块(其中有 6 块听小骨和 1 块舌骨)、椎骨 26 块(颈椎 7 块、胸椎 12 块、腰椎 5 块、骶骨和尾骨各 1 块)、肋骨 12 对和胸骨 1 块。四肢骨分上肢骨和下肢骨:上肢骨 64 块,下肢骨 62 块。人体骨骼的分布如图 3-34 所示。

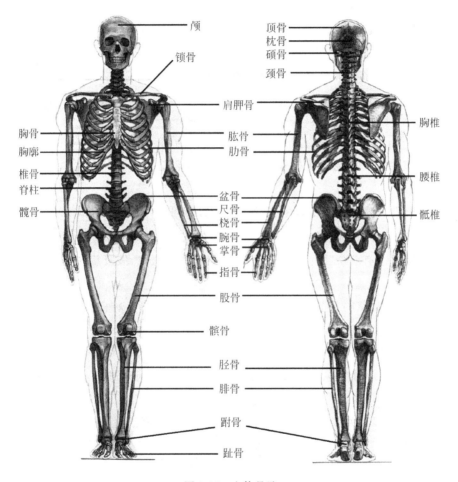

图 3-34 人体骨骼

人体骨骼的功能如下:
(1) 支撑人体。
(2) 保护内脏。
(3) 运动的杠杆:肌肉牵引着骨绕关节转动,使人体产生各种运动。
(4) 造血:骨的红骨髓造血,黄骨髓储藏脂肪。

(5) 储备矿物盐：如储备钙和磷，供应人体需要。

2. 关节

1) 关节的分类

(1) 单轴关节：只有一个运动轴，骨仅能沿该轴作一组运动的关节称为单轴关节。

① 滑车关节：凸的关节面呈滑车状，如手指关节，见图 3-35。通常是绕冠状轴作屈、伸运动。

② 圆柱关节：关节头的关节面呈圆柱状，常以骨和韧带连成一环，围绕关节头，作为"关节窝"，如桡尺近侧关节等。可绕铅垂轴作旋转运动。

(2) 双轴关节：有两个互为垂直的运动轴，可绕此二轴进行两组运动，也可作环转运动的关节称为双轴关节。

① 椭圆关节：关节头呈椭圆形凸面，关节窝呈椭圆形凹面，如手腕关节。可绕冠状轴作屈、伸运动，并绕矢状轴作收、展运动。

② 鞍状关节：相对两关节面都呈马鞍状，可作屈、伸、收、展及环转运动，如拇指腕掌关节。

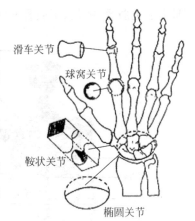

图 3-35 手部关节

(3) 多轴关节：有三个互为垂直的运动轴，能作屈、伸、收、展及旋转等各种运动的关节称为多轴关节。

① 球窝关节：球状的关节头较大，关节窝浅小，如肩关节。杵臼关节与球窝关节相似，而关节窝特深，包绕关节头的 1/2 以上，运动幅度较小，如髋关节。

② 平面关节：关节面接近平面，实际上是巨大的球窝关节的一小部分，如肩锁关节。

(4) 联合关节：两个或两个以上结构完全独立但必须同时进行活动的关节称为联合关节。

关节的灵活性以其关节面的形态为主要依据。首先取决于关节的运动轴，轴越多，可能进行的运动形式越多；其次取决于关节面的差，面差越大，则活动范围越大，如肩关节和髋关节同样是三轴关节，肩关节的头大、窝小，所以面差大，而髋关节的髋臼大而深，面差小，故肩关节比髋关节更灵活。

2) 关节的运动

(1) 角度运动：邻近的两骨间产生角度改变的相对转动，通常有屈、伸和收、展两种运动形态。关节绕冠状轴转动时，同一关节的两骨互相接近、角度减小时，则称为"屈"；反之，则称为"伸"。关节绕矢状轴转动时，骨的末端向正中面靠近的谓之"内收"，远离正中面的谓之"外展"。

(2) 旋转运动：骨绕垂直轴的运动，称为旋转运动。由前向内的旋转称为旋内，由前向外的旋转称为旋外。

(3) 环转运动：整根骨头绕通过上端点并与骨成一角度的轴线的旋转运动，称为环转运动，运动的结果如同画一个圆锥体的图形。

3) 关节的活动范围

骨与骨之间除了通过关节相连外，还通过肌肉和韧带连接。韧带除了有连接两骨、增加关节稳固性的作用以外，还有限制关节运动的作用。

人体各关节的活动有一定的限度，超过限度，将会造成损伤。人体处于各种舒适姿势时，关节必然处在一定的舒适调节范围之内。关节的活动范围受到关节本身的特点、关节之间的运动叠加和关系协调，以及人的年龄及体态、灵活性等身体状况的影响。人体各主要关节的最大活动范围及舒适调节范围如图 3-36、图 3-37 和表 3-15 所示。表 3-15 中给出的最大角度适用于一般情况，年岁较高的人大多低于此值。穿厚衣服时，角度也要小些。有多个关节的一串骨骼中，若干角度相叠加会产生更大的总活动范围（例如低头、弯腰）。

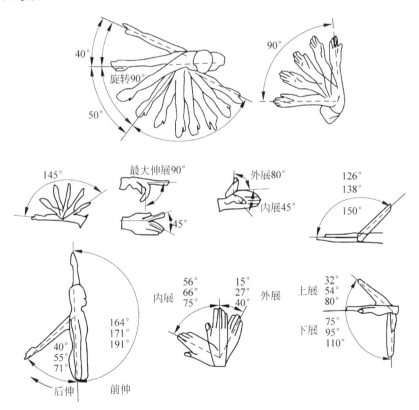

图 3-36　人体上肢的活动范围

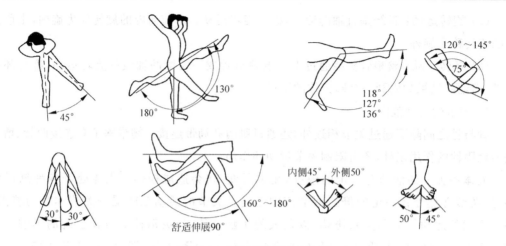

图 3-37 人体下肢的活动范围

表 3-15 人体主要关节的最大活动范围及舒适调节范围

关 节	身体部位	活动方式	最大角度/(°)	最大活动范围/(°)	舒适调节范围/(°)
颈关节	头至躯干	低头、仰头	+40~-35①	75	+12~-25
		左歪、右歪	+55~-55①	110	0
		左转、右转	+55~-55①	110	0
胸关节 腰关节	躯干	前弯、后弯	+100~-50①	150	0
		左弯、右弯	+50~-50①	100	0
		左转、右转	+50~-50①	100	0
髋关节	大腿至髋关节	前弯、后弯	+120~-15	135	0(+85~+100)②
		外拐、内拐	+30~-15	45	0
膝关节	小腿对大腿	前摆、后摆	+0~-35	135	0(-95~-120)②
脚关节	脚至小腿	上摆、下摆	+110~+55	55	+85~+95
髋关节 小腿关节 脚关节	脚至躯干	外转、内转	+110~-70①	180	+0~+15
肩关节 （锁骨）	上臂至躯干	外摆、内摆	+180~-30①	210	0
		上摆、下摆	+180~-45①	225	(+15~+35)③
		前摆、后摆	+140~-40①	180	+40~+90
肘关节	下臂至上臂	弯曲、伸展	+145~0	145	+85~+110
腕关节	手至上臂	外摆、内摆	+30~-20	50	0⑤
		弯曲、伸展	+75~-60	135	0
肩关节，下臂	手至躯干	左转、右转	+130~-120①④	250	-30~-60

注：①得自给出关节活动的叠加值；②括号内为坐姿值；③括号内为在身体前方的操作；④开始的姿势为手与躯干侧面平行；⑤拇指向下全手对横轴的角度为12°

3.8.2 骨骼肌的特性

肌肉在人体上分布很广,根据其形态、构造、功能和位置等不同特点,可分为平滑肌、心肌和横纹肌三类。其中横纹肌大都跨越关节,附着在骨骼上,称为骨骼肌。骨骼肌的收缩受人的意志支配,故又称随意肌。人体全身共有骨骼肌 434 块。成年男子骨骼肌约占人体质量的 40%,女子为 35%左右。人机工程学中主要研究骨骼肌的特性。

1. 骨骼肌的物理特性

(1) 收缩性。表现为肌肉纤维长度的缩短和张力的变化。静止状态的肌肉并不是完全休息放松的,其中少数运动部位的肌肉保持轻微的收缩(即保持一定的紧张度),用以维持人体的一定姿势;处于运动状态的肌肉,肌纤维明显缩短,肌肉周径增大,肌肉收缩时肌纤维长度比静止时缩短 1/3~1/2。

(2) 伸展性。表现为肌肉受外力作用时被拉长,外力解除后,被拉长的肌纤维又可复原。

(3) 弹性。表现为肌肉受压变形,外力解除即复原的线性特性。

(4) 黏滞性。主要是由于肌肉内部含有胶状物质。气候寒冷时,肌肉的黏滞性增加;气温升高后,肌肉的黏滞性降低,因此可保证人动作的灵活性,避免肌肉拉伤。热身运动即针对骨骼肌的黏滞性而言,通过适量的运动提高肌肉的温度,使肌肉变得放松、柔软并有韧性,同时加快血液流动,促进养料运送,有助于使肌肉、肌腱和关节为更激烈的运动做好充分准备。

2. 肌肉所做的功和机械效率

肌肉在体内的功能,在于它们在受到刺激时能产生张力或/和缩短,借以完成躯体的运动或对抗某些外力的作用。当肌肉克服某一外力而缩短,或肌肉因缩短而牵动某一负荷物时,肌肉完成了一定量的机械功,其数值等于所克服的阻力(或负荷)和肌肉缩短长度的乘积。但肌肉在收缩时究竟是以产生张力为主,还是以表现缩短为主,以及收缩时能做功多少,则要看肌肉本身的机能状态和肌肉所遇到的负荷条件。

肌肉收缩时消耗的能量转变为功和热。肌肉作等长收缩时机械功为零,因而其化学反应能量全部转变为热;肌肉作非等长收缩时能量的一部分消耗于对外做机械功,另一部分转变为热能。肌肉对外所做机械功与其所消耗的总能量的比值称为机械效率。人的机械效率一般为 25%~30%。人的机械效率不是常数,随肌肉活动条件而变化,其大小取决于肌肉活动时的负荷和收缩速度。适宜的负荷和适宜的收缩速度(约等于最大速度的 20%)所获得的机械效率最高。

3.8.3 人体的出力

人体的出力来源于肌肉的收缩,肌肉收缩时所产生的力,称为肌力。

肌力的大小取决于单个肌纤维的收缩力、肌肉中肌纤维的数量与体积、肌肉收缩前的初长度、中枢神经系统的机能状态、肌肉对发生作用的机械条件等生理因素。研究表明,一条肌纤维能产生100~200mg的力量,因而有些肌肉群产生的肌力可达上千牛顿。表3-16所列为我国中等体力的20~30岁的青年男、女工作时,身体主要部位的肌肉所产生的力。

表3-16 人体所能发挥的操纵力(我国20~30岁)

肌肉的部位		力/N		肌肉的部位		力/N	
		男	女			男	女
手臂肌肉	左	370	200	手臂伸直时的肌肉	左	210	170
	右	390	220		右	230	180
肱二头肌	左	280	130	拇指肌肉	左	100	80
	右	290	130		右	120	90
手臂弯曲时的肌肉	左	280	200	背部肌肉(屈伸躯干)		1220	710
	右	290	210				

一般地,女性的肌力比男性低20%~35%;右手的肌力比左手约强10%;而习惯左手的人(左利者),其左手肌力比右手强6%~7%。

在生产劳动中,为了达到操作效果,操作者身体有关部位(手、脚及躯干等)所施出的一定量的力,称为操纵力。

人的操纵力有一定的数值范围,是设计机械设备的操纵系统所必需的基础数据。

人体所能发挥的操纵力的大小,除了取决于人体肌肉的生理特性外,还取决于人的操作姿势、施力部位、施力方向、施力方式以及施力的持续时间等因素。

只有在一定的综合条件下肌肉出力的能力和限度,才是操纵力设计的依据。

1. 坐姿时手臂的操纵力

如图3-38和表3-17所示,坐姿时手臂的操纵力,右手大于左手,向下用力大于向上用力,向内侧用力大于向外侧用力。

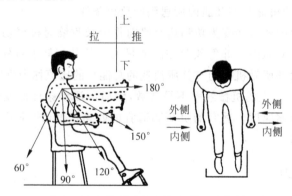

图3-38 坐姿时手臂的操纵力测试方位

表 3-17 坐姿人体手臂的操纵力

手臂角度/(°)	拉力/N		推力/N	
	左手	右手	左手	右手
	向后		向前	
180	225	235	186	225
150	186	245	137	186
120	157	186	118	157
90	147	167	98	157
60	108	118	98	157
	向上		向下	
180	39	59	59	78
150	69	78	78	88
120	78	108	98	118
90	78	88	98	118
60	69	88	78	88
	向内		向外	
180	59	88	39	59
150	69	88	39	69
120	88	98	49	69
90	69	78	59	69
60	78	88	59	78

2. 立姿时手臂的操纵力

图 3-39 所示为直立姿势手臂伸直操作时,在不同方向、角度位置上拉力和推力的分布情况。手臂在肩下方 180°位置上产生最大拉力,在肩上方 0°位置产生最大推力。因此,推拉形式的操纵装置应尽量安装在上述能产生最大推、拉力的位置上。

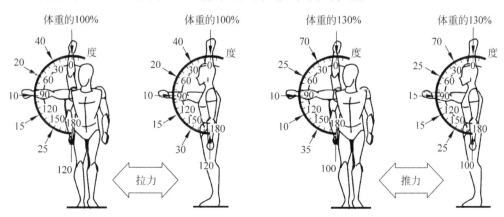

图 3-39 立姿直臂时手臂操纵力的分布

图 3-40 所示为直立姿势手臂弯曲操作时,在不同方向、角度位置上的力量分布情况。前臂在自垂直朝上位置绕肘关节向下方转动大约 70°位置上产生最大操纵力,这正是许多操纵装置(例如车辆的转向盘)安装在人体正前上方的根据所在。

3. 坐姿时的足蹬力

图 3-41 中的外围曲线表示足蹬力的界限,箭头表示施力方向。最大足蹬力通常在膝部弯曲 160°位置上产生。

4. 手的握力

一般青年人右手平均瞬时最大握力为 556N(330～755N),左手平均瞬时最大握力为 421N。右手能保持 1min 的握力平均为 275N,左手为 244N。握力大小还与手的姿势有关,手掌向上时的握力最大,手掌朝向侧面时次之,手掌向下时的握力最小。

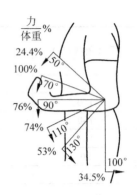

图 3-40 立姿直臂时手臂操纵力的分布

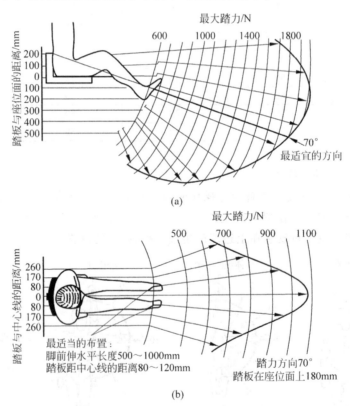

图 3-41 坐姿不同体位下的足蹬力分布

5. 出力随时间衰减

人体的所有出力的大小,都与持续时间有关。随着施力持续时间的延长,人的力量将迅速下降。例如,拉力由最大值衰减到 1/4 时,只需要 4min。任何人的出力衰减到最大值的 1/2 时的持续时间大体相同。

3.8.4 人体动作的灵活性与准确性

1. 人体动作的灵活性

人体动作的灵活性指操作时动作的速度和频率。人体的生物力学特性决定人体动作灵活性的特点。人体重量轻的部位比重的部位、短的部位比长的部位、肢体末端比主干部位的动作更灵活。例如,手比脚灵活、手指比肘部灵活等。

1) 动作速度

动作速度指的是肢体在单位时间内移动的距离。肢体动作速度的大小,在很大程度上取决于肢体肌肉收缩的速度。不同的肌肉,收缩速度不同,慢肌纤维的收缩速度慢,快肌纤维的收缩速度快。通常一块肌肉中既包含慢肌纤维,也包含快肌纤维,中枢神经系统可能时而使慢肌纤维收缩,时而使快肌纤维收缩,从而改变肌肉的收缩速度。肌肉收缩速度还取决于肌肉收缩时所发挥的力量与遇到阻力的大小,发挥的力量越大,外部的阻力越小,则收缩速度越快。操纵动作的速度还取决于动作的方向和轨迹。

人的肢体运动速度,可以从每秒几毫米到每秒 800mm。一般情况下,手臂的动作速度平均为 50~500mm/s,手的动作速度以 350mm/s 为上限,控制操纵杆位移的动作速度以 90~170mm/s 为宜。人体的动作速度有以下规律:

(1) 人体躯干和肢体在水平面的运动比在垂直面的运动速度快。
(2) 垂直方向的操纵动作,从上往下的运动速度比从下往上的运动速度快。
(3) 水平方向的操纵动作,前后运动速度比左右运动快,旋转运动比直线运动更灵活。
(4) 顺时针方向的操纵动作比逆时针方向的操纵动作速度更快,更加符合习惯。
(5) 一般人的手操纵动作,右手比左手快;而右手的动作,向右运动比向左运动快。
(6) 向身体方向的运动比离开身体方向的运动速度更快,但后者的准确性高。

2) 动作频率

动作频率指单位时间内动作重复的次数。操纵动作的频率与操作方式、动作部位、受控机构的形状和种类、受控部件的尺寸和质量等因素有关,如打字员敲击键盘的动作频率。人体各部位的最大动作频率参见表 3-18。手柄长度与最大动作频率的关系见表 3-19。

表 3-18 人体各部位的动作频率

动 作 部 位	最大动作频率/min^{-1}	动 作 部 位	最大动作频率/min^{-1}
手指敲击	180~300	前臂屈伸	180~390
手抓取	360~420	大臂前后摆动	99~340
手打击	右 300~800,左 510	足蹬踏(以足跟为支点)	300~380
手推压	右 390,左 300	腿抬放	300~400
手旋转	右 300,左 360		

表 3-19　手柄长度与最大动作频率

手柄长度/mm	30	40	60	100	140	240	580
最大动作频率/min^{-1}	26	27	27.5	25.5	23.5	18.5	14

2. 人体动作的准确性

人体动作的准确性可根据动作方向、动作位移、动作速度和动作力量四个要素的量值及其相互之间的配合是否恰当来评价,如体育运动中投篮动作的准确性。

动作方向必须正确,动作位移必须适当,才能产生准确的操纵动作。

手臂伸出和收回的动作的准确性与动作量有关,动作位移小(100mm 以内)时,容易有运动过多的倾向,动作误差较大;动作位移较大(100~400mm)时,容易有运动过小的倾向,动作误差显著减小。另外,向外伸出要比向内收回动作更准确。

动作的速度平稳柔和,容易产生准确的操纵动作;急剧粗猛的动作,往往速度发生突变,结果导致操纵动作不准确。

动作力量指的是肢体运动遇到阻力时所能提供的力量。按照动作力量的大小,可分为有力动作和无力动作两种情况。有力动作是指有足够的均匀增长的力量和速度的动作,能克服强大的阻力,操纵动作容易控制准确。无力动作是指没有足够的力量和速度的动作,这种动作常常是不准确的。

关于人体动作的方向定位,最准确的方位是正前方手臂部水平的下侧,最不准确的方位是侧面。一般右侧比左侧准确,下部比中部准确,中部比上部准确。用双手同时均匀地操作时,双手直接在身前活动的定位准确性最高。

本章涉及的标准

1.《人类工效学视觉信息作业基本术语》(GB/T 12984—1991)
2.《几何定向及运动方向》(GB/T 14777—1993)

复习思考题

1. 人的感觉和知觉有何区别?各有哪些基本特性?
2. 举例说明人的感觉器官的适宜刺激与感觉阈值。
3. 举例说明人的知觉特性在工程设计中的应用。
4. 简述条件反射的特点和规律;举实例说明常见反射类型。
5. 叙述信息的定义,说明影响信息传递的主要因素。
6. 列举影响人的反应时间的主要因素;说明驾驶员的反应时间及其特点。

7. 以简化模型说明人眼的工作机理及视觉的形成过程。
8. 什么是人眼的最优视区？
9. 什么是视角、视力和视野，三者之间有何联系？说明人眼的三种视野及其相互关系。
10. 举例说明人眼的明暗适应原理、特点及其在实际工程设计中的应用。
11. 举例说明人的视错觉类型及其典型应用。
12. 举例说明人的视觉特性对车辆行驶安全性的影响。
13. 人的听觉具有哪些特性？
14. 人的皮肤特性有哪些？有何差别？
15. 举例说明关节的运动形式及活动范围特点。
16. 骨骼肌的物理特性有哪些？
17. 简述人体出力的原理及特点。简述立姿和坐姿时的操纵力、足蹬力及握力的主要特点。
18. 简述人体动作的灵活性和准确性的特点及其评价因素。

课后作业

1. 基于人的视角三角形参数特性，设计汽车仪表及显示字符的基本尺寸。
2. 基于人的反应时间理论，针对追尾预防，建立关联汽车行驶速度—安全距离的计算模型。
3. 利用握力器测量手的瞬时握力，并与本书中的相关参数进行对比。

第4章 人机界面设计

引言　身边的人机界面

人机界面遍布我们的周围，广义上讲，我们所面对的世界就是一个超大的人机界面。

具体而言，无论是窗外的景致、桌前的电脑壁纸、掌上的手机外观，还是各种手机 APP 的封面都在不停地变化。从古到今，随着社会的进步，生活水平的提高，人机界面也在不断发展变换，从古老的算盘到现代的笔记本电脑，从纸牌麻将到电子游戏，人机界面越来越友好，越来越美妙，此时此刻，让我们注视一下身边的各种人机界面吧。

比如你面前电脑的桌面和屏幕保护经常改变吗？你喜欢什么样的图案和色调呢？

IOS 10：苹果系统自上市以来一直作为良好人机界面的代表，其界面的清晰、遵从、深度三大原则让其有别于其他平台。在设计时，IOS 系统全面考虑了美学的完整性、风格一致性、直接操纵性、反馈机制以及用户控制，提升用户愉悦感的同时，引领时代潮流。IOS 10 凭借其良好的稳定性、流畅性、炫酷的界面以及更细腻的控制环节，给用户带来精彩绝伦的体验。

Windows 10：与传统 Windows 系统相比，Windows 10 的任务视图以及多虚拟桌面一直被用户所喜爱。在系统外观上，Windows 10 自带全新的视觉效果，打开、关闭、最小化等都与传统系统大不相同，同时，这些功能也越来越流畅。另外，Windows 10 的窗口基本都是无框形式，通过减少边框提升整个系统的美化效果和设计感。

从电脑桌面、手机界面想到汽车内饰，我们乘坐的五花八门的小轿车，为我们提供了一幅幅怎样的人机界面。各种仪表，时尚的抑或传统的，虚拟的或是现实的，是否清晰醒目、错落有致；操纵装置，手控抑或脚踏，是否轻便自如、便于把握和控制。在赏心悦目之余还必须合理、实用而可靠，这些因素也是保证舒适和安全的基本条件。

另外，汽车的内部色调也是非常重要的，如果亦可变化，比如随着季节和心情，一如电脑桌面、手机壁纸，也很有趣。总的来说，车内颜色不如车的外观可以有那么多选择那么富于变幻，素雅一些，抑或鲜艳一点，与车内乘坐舒适性、驾驶安全性息息相关，应该得到设计和使用人员的重视。颜色是人机界面的第一要素，对使用者当时的心情状态影响微妙，不容忽视。

所有这些界面如果让人耳目一新,带来感官享受,便是人性化方面很成功的产品。

基本要求:

(1) 了解人机界面的基本类型特征;
(2) 熟悉人机界面的设计方法和规范标准;
(3) 掌握典型显示和操纵装置的设计。

知识点: 显示装置、视觉显示、仪表设计、汽车仪表板设计、汽车与交通信号灯及图形标志设计、操纵装置、手控操纵装置设计、脚控操纵装置设计。

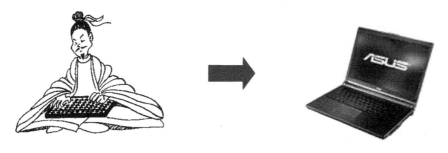

人机界面的发展:从算盘到笔记本电脑

人机界面是人与机之间进行交互的媒介,实现人机之间信息的相互输入和输出。人机界面是人机结合的关键,影响人机系统的运行效率。如图 4-1 所示,人机界面包括信息显示和操纵控制两个环节,人从信息显示装置获取机的信息,进行决策并通过操纵控制装置对机进行调整,完成人机系统的协同作业。

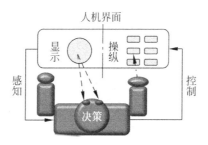

图 4-1 基于人机界面的人机交互

4.1 显示装置概述

4.1.1 显示方式的类型

人机系统中,显示装置的功能通过可视化的数值、文字、曲线、符号、标志、图形、图像,可听的声波及其他人体可感知的刺激信号向"人"传递"机"的各种运行信息。

1. 按信息传递的通道分类

有视觉传递、听觉传递、触觉传递三种方式。其中视觉传递是最主要的方式。

2. 按显示参数分类

通过显示装置向操作人员传递机器的工作条件、工作状态、系统的输入和输出参数信息。

根据所显示的参数的性质的不同，系统工作状态参数的显示方式又可分为以下三种：

(1) 定量显示：显示系统所处工作状态的参数值。例如，汽车的行驶速度等。

(2) 定性显示：显示系统的工作状态参数是否偏离正常位置，一般不要求显示参数值的大小，而只要求便于操作人员观察清楚其偏离正常位置的程度。

(3) 警戒显示：显示系统所处的工作状态范围，通常显示正常、警戒、危险三种状况。

3. 按显示形式分类

(1) 模拟式显示：用刻度和指针指示有关参量或状态。

(2) 数字式显示：用数码直接显示有关参数。

(3) 屏幕式显示：在有限面积的屏幕上显示各类信息。

4.1.2 视觉显示装置的功能和类型

视觉显示装置是人机系统中功能最强大、使用最广泛的显示装置。

视觉显示装置的功能，是向操作人员提供机器系统运行过程的有关信息，使操作人员及时、合理地进行操纵，从而使机器系统按预期的要求运行，完成预定的工作。对视觉显示装置的要求，最主要的是使操作人员观察认读既准确、迅速而又不易疲劳。应当根据具体的使用目的和使用条件，合理选择视觉显示装置的类型及提出人机工程设计的技术要求。

机动车辆上使用最普遍的视觉显示装置，目前主要还是各种仪表和信号灯。按仪表的功能，基本上可分为读数、检查、警戒、追踪和调节用。有的仪表综合了几种功能，如车速表，包含读数、检查和警戒等功能，要求认读迅速、准确。检查用仪表指示各种参数和状态是否偏离正常位置，要求突出指针位置，使之清晰显目。仪表中以指针运动型仪表为最优，操作者一眼便可看出指针偏离正常位置的情况。

按仪表的显示方式可分为以下三类，参见图4-2。

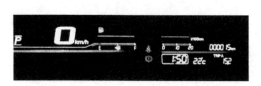

图 4-2 仪表的显示类型

(1) 指针式仪表：用不同形式的指针来指示有关参数或状态。具体式样、形状和结构的差别很大。机动车辆上用得最多的是指针运动型的仪表。

(2) 数字式仪表：常用的有条带式数字仪表（如机械式里程表）、液晶显示和数码管显示。

(3) 图形式仪表：用图形来形象化地显示机器系统的运行状态，需要按照规范标准设计。

表 4-1 列出了模拟显示与数字显示式仪表的主要特性对比情况，两者各有优缺点。综合考虑，模拟显示仪表的可靠性高，稳定性好，易于显示信号的变化趋向，易于判断信号值与额定值之差；但其显示速度较低，易受冲击和振动影响，受环境因素影响较大，过载能力差，质量控制困难。数字显示仪表的精度高，认读速度快，无插补误差，过载能力强，易于同计算机联用以实现自动控制；但显示易跳动或失败，干扰因素多，需要内装或外置电源，元件或焊接件存在失效问题。

表 4-1 模拟显示与数字显示式仪表的主要特性对比

比较项目	模拟显示仪表		数字显示仪表
	指针运动式	指针固定式	
数量信息	指针运动时认读困难	刻度运动时认读困难	精确读数，速度快，差错少
质量信息	易识别指针位置，能迅速判定指针运动趋势	未读出数值和刻度时，难以判定变化	必须读出数字，否则难以获知变化方向和大小
调节性能	指针运动与调节量直接相关，便于调节和控制	调节运动方向不明显，难以控制，快速调节时不易读数	监测结果精确，数字调节与调节运动无直接关系，快速调节时难以读数
监控性能	易于监控，指针位置与调节操作的关系明确	指针位置与调节操作的关系不明显	不便于根据数字的变化趋势进行监控
一般性能	占用面积大，刻度长度有限，多指针认读性差	占用面积小，认读范围小，认读性好	占用面积小，照明面积小，只取决于字符大小

视觉显示装置设计的人机工程学问题，可概括为以下三个方面：

(1) 确定操作人员与显示装置之间的观察距离。

(2) 根据操作人员所处的位置，确定显示装置的最优布置区域。

(3) 选择有利于传递和显示信息、易于准确快速认读的显示器形式及其相关的匹配条件（如颜色、照明条件等）。

4.2 仪表设计

指针式仪表的设计，主要包括合理选择和设计仪表的刻度盘、指针、文字、符号及颜色匹配，使它们之间相互协调。

4.2.1 刻度盘设计

1. 刻度盘的形状

刻度盘的形状,常用的有圆形、半圆形、直线形、扇形等,如图 4-3 所示。按刻度盘与指针相对运动的情况,主要有指针运动而刻度盘固定、刻度盘运动而指针固定两类。圆形和半圆形刻度盘的认读效果优于直线形刻度盘;水平直线形刻度盘认读效果优于竖直直线形。开窗式仪表,显露刻度少,认读范围小,认读时视线集中,眼睛移动距离短,因而认读起来迅速准确。

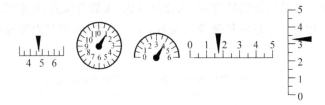

图 4-3 常用指针式仪表

2. 刻度盘的大小

刻度盘大小与其刻度标记数量和观察距离有关。圆形刻度盘的直径随刻度标记数量和观察距离的不同而改变的情况如表 4-2 所示。

表 4-2 刻度盘直径与刻度标记数量和观察距离的关系

刻度标记的数量	刻度盘的最小允许直径/mm	
	观察距离为 500mm 时	观察距离为 900mm 时
38	25.4	25.4
50	25.4	32.5
70	25.4	45.5
100	36.4	64.3
150	54.4	98.0
200	72.8	120.6
300	109.0	196.0

当刻度盘尺寸增大时,刻度、刻度线、指针和字符都可随之增大,这样可提高清晰度;但却使眼睛的扫描路线变长,不利于认读的准确度和速度,同时也使安装面积增大,布置不紧凑。因此,刻度盘尺寸过大或过小都不适宜,应取使认读效果最优的中间值。通常,刻度盘认读效果最优的尺寸是其对应的视角在 2.5°~5° 范围内,只要确定观察距离,就能据此算出刻度盘的最优尺寸。

3. 设计算例：汽车仪表的尺寸设计

设计仪表盘的外廓尺寸：

如图 4-4 所示，$D = L \times \alpha \times \pi / 180 = L/23 \sim L/11$。

仪表盘对应的视角 $\alpha = 2.5° \sim 5°$，如取 $L = 700\text{mm}$，则仪表盘的直径 $D = 30 \sim 64\text{mm}$。

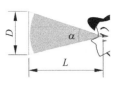

图 4-4　人的视角

4.2.2　刻度和刻度线设计

1. 刻度大小

刻度盘上刻度间的距离称为刻度。

刻度的大小根据人眼的最小分辨能力确定。人眼直接读数时，刻度的最小尺寸不应小于 0.6～1mm，一般宜在 1～2.5mm 选取，必要时也可取 4～8mm。若用放大镜读数，最小刻度一般应取 $1/f\text{mm}$（f 为放大镜的放大率）。

刻度的最小值还受所用材料的限制，钢和铝制刻度盘最小刻度为 1mm，铜制刻度盘最小刻度为 0.5mm。刻度大小要适宜，过小不利于认读，读数的准确度和速度都低；过大则使刻度盘尺寸增大，不但不经济，而且也使认读效果降低。

2. 刻度线

每一刻度线代表一定的测量数值。刻度线一般分长、中、短三级。三种刻度线间的最小尺寸关系如图 4-5 所示。

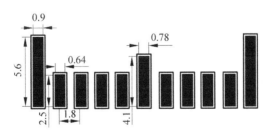

图 4-5　刻度线间的最小尺寸关系

在足够的照明条件下，当观察距离 L（人眼至刻度线的距离）一定时，刻度线的长度可参照表 4-3 选取。刻度线最小长度可按下列算式近似计算：

长刻度线长度 $= L/90$，　中刻度线长度 $= L/125$，　短刻度线长度 $= L/200$

刻度线间距可在 $L/600 \sim L/50$ 范围内选取。

刻度线长度与刻度大小的关系如表 4-4 所示。

表 4-3　刻度线长度与观察距离的关系

刻度线长度/mm \ 观察距离/m	<0.5	0.5~0.9	0.9~1.8	1.8~3.6	3.6~6.0
长刻度线	5.5	10.0	20.0	40.0	67.0
中刻度线	4.1	7.1	14.0	28.0	48.0
短刻度线	2.3	4.3	8.6	17.0	29.0

表 4-4　刻度线长度与刻度大小的关系　　　　　　　　　　　　mm

刻度线长度 \ 刻度大小	0.15~0.3	0.3~0.5	0.5~0.8	0.8~1.2	1.2~2	2~3	3~5	5~8
长刻度线	1.8	2.2	2.8	3.3	4.0	6.0	6.0	8.0
中刻度线	1.4	1.7	2.2	2.6	3.0	4.5	4.5	6.0
短刻度线	1.0	1.2	1.5	1.8	2.0	2.5	3.0	4.0

刻度线宽度一般可取为刻度大小的5%~15%，以10%为最优。刻度线宽度对读数误差的影响如图4-6所示。刻度盘上刻度值的递增顺序称为刻度方向，其形式因刻度盘类型而异，一般都是从左到右、自上而下或顺时针方向。刻度值的标注数字应取整数，避免采用小数或分数，更要避免需经换算后才能读出的数字。标注效果对比的例子见图4-7。

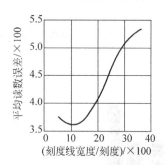

图 4-6　刻度大小对读数误差的影响

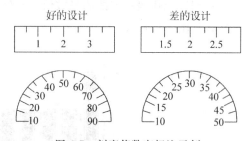

图 4-7　刻度值数字标注示例

为了使每一刻度线所代表的被测值一目了然，便于迅速认读，每一刻度线最好代表被测量的1个单位值或2、5个单位值，或者是1×10^n、2×10^n、5×10^n（n为正整数）倍单位值。刻度标数的表示以$10k(k=0,\pm1,\pm2,\pm3,\cdots)$的标数系统（如1,2,3,…,0,10,20,30,…）的使用效果最好。

4.2.3　文字符号设计

用得最多的字符是数字、汉字、拉丁字母及各种专用符号。为了清楚地显示信息，使人们准确而迅速地认读，必须根据人机工程学的要求，寻求字符的最优设计。

1. 字体的选择

对字符形状的要求是简单醒目。因此,宜多采用直线和尖角,加强各字体本身特有的笔画,以突出"形"的特征,避免采用草体和装饰形体。

图 4-8 所示是三种美观的数字形体。

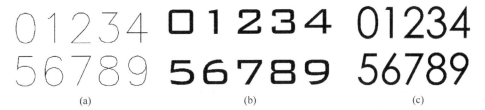

图 4-8 数字的形体示例

(a) AMGDT;(b) bankgothic;(c) century gothic

汉字的基础字体是宋体和黑体。这两种字体字形方正、庄重醒目。其基本笔画有横、竖、撇、捺、点、挑、折、钩 8 种,见图 4-9。笔画的组合具有一定的规律性,其要点是笔画粗细比例和偏旁分割比例都要恰当,才能使字体严谨、匀称、美观,且易于辨认。

图 4-9 汉字基础字体的笔画特点

2. 字符的大小和方向

在便于认读和经济合理的前提下,字符应尽量大一些。字符的高度通常取为观察距离的 1/200,并可按下式近似计算:

$$H = L\alpha/3600$$

式中:H 为字符高度,mm;L 为观察距离,mm;α 为人眼的最小视角,一般取 $0'\sim30'$。

字母、数字的宽度和笔画粗细，采用下列比例可获得较好的认读效果：拉丁字母的高宽比为 5∶3；数字的高宽比为 3∶2；笔画宽度与字符高度之比为 1∶8～1∶6。

照明情况和背景亮度对字符粗细有重要影响。低照度、字符与背景的亮度对比较低、观察距离较大、字符较小以及黑色字符置于发光背景上等情况，字符宜粗，笔画宽对字符高的比值可取 1∶5～1∶6；黑底白字且亮度对比较大、照度较高及发光字母置于黑色背景上等情况，字符可细，笔画宽对字符高的比值可取为 1∶10～1∶12，甚至更小，一般情况则取折中数据，笔画宽对字符高的比值可取 1∶8 左右。图 4-10 为大写拉丁字母的一种推荐设计。

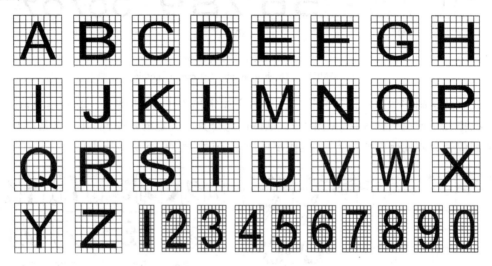

图 4-10　大写拉丁字母的推荐设计

刻度线上标度数字的立位方向应与指针垂直或取正竖立位，使数字正对着操作者，以利于认读，参见图 4-11。

在刻度盘上，除刻度线和必需的字符外，不应有任何附加的装饰纹样、图形或文字，即使一定要表明工作状态的文字说明，也要安排适当，使刻度盘简单、清晰、明确，对字符视线集中，达到认读准确而迅速的要求。

图 4-11　数字的立位示例

3. 符号和标志

形象符号和几何标志代替文字和数字，有助于提高辨认速度和准确度，例如用右箭头"→"表示方向要比用文字"向右"标注更易于判断。

符号和标志的形状与其使用条件有密切关系。简单的符号只有一个形状特征，如三角形；较复杂的符号，除主要特征外，还有一两个辅助特征，如符号外表或内部的箭头、字母等；复杂的符号，除主要特征外，还有若干个组合在一起的辅助特征。

通过在符号传递的信息量大体相同的条件下进行的对比试验，辨认速度和准确度与需要识别的特征数量之间的关系列于表 4-5。

表 4-5　辨认速度、准确度与符号复杂程度的关系

辨认速度和准确度指标	符号的复杂程度		
	简单	较复杂	复杂
出现的时间域限/s	0.034	0.053	0.169
感觉—语言反应时间/s	3.11	2.70	3.13
错误率/%	10.80	2.20	2.50

辨认简单的符号和复杂的符号,其辨认速度和准确度都比辨认较复杂的符号高。因此,符号和标志的复杂程度以适中为宜,需要识别的特征数以两三个较为合适,如图 4-12 所示。

图 4-12　符号标志的复杂程度示例

4.2.4　指针设计

指针的设计应适合人的视觉特征,以提高读数的速度和准确性。指针设计的人机工程学问题,主要包括指针的形状、大小、颜色、零点位置等内容。

1. 指针的形状和大小

指针的形状要简单、明确,不要有装饰。指针以尾部平、头部尖、中间等宽或狭长三角形的形状为好,如图 4-13 所示。

指针针尖宽度应与最短刻度线等宽,或等于刻度大小的 10^{-n} 倍(n 为正整数)。

针尖宽度小于最短刻度线宽度,则指针在刻度线范围内的移动不易看清。针尖宽度大于最短刻度线宽度,则指针在两刻度线之间时,估读精度就会降低。针尖宽度不应大于两最短刻度线间的距离,否则将无法进行内插读数。在需要进行内插读数的情况下,指针针尖宽度最好设计成正好等于一个内插单位,以利于借助针尖宽度来帮助内插读数的估计。

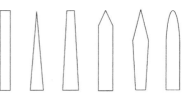

图 4-13　指针的基本形状

指针长度要合适,针尖不要覆盖刻度线,一般宜离开刻度线记号 1.6mm 左右。圆形仪表的指针长度不要超过仪表刻度盘面的半径。

圆形仪表指针的长宽比宜取 8∶1 或 36∶1,宽厚比宜取 10∶1。正常光照下,观察距离为 460~710mm 时,指针宽度应为 0.8~2.4mm;需要精确读数的仪表,指针应细些。

2. 指针的零点位置

指针零点位置的选取与仪表的使用情况有关。圆形仪表的指针零点位置多在时针 12 点钟或 9 点钟位置上;警戒用圆形仪表应设计成警戒区处于时针 12 点钟或靠近 12 点钟的位置,危险区和正常区分列于它的两侧,通常按顺时针方向排列,依次为:正常区—警戒区—危险区。许多检查用仪表排列在一起时,应当使它们的指针的零点位置处于同一方向,可明显看出这组仪表中读数不正常的仪表,而无须逐一认读。在这种情况下,指针零点位置以时针 9 点钟位置为最优,也可采用上下相对的方向,或都是 12 点钟的方向,见图 4-14。

图 4-14 组合排列仪表指针的零点位置示例

3. 指针的颜色

指针的颜色与刻度盘的颜色应有鲜明的对比,而指针与刻度线、字符的颜色则应该相同。指针式仪表的颜色匹配,重点要考虑仪表盘面部分。为了使盘面部分清晰醒目,应当利用色觉原理进行颜色的搭配。不同颜色的配色效果见表 4-6。

表 4-6 不同颜色之间的配色效果

效果	清晰的配色效果										模糊的配色效果									
顺序	1	2	3	4	5	6	7	8	9	10	1	2	3	4	5	6	7	8	9	10
背景色	黑	黄	黑	紫	紫	蓝	绿	白	黑	黄	黄	白	红	红	黑	紫	灰	红	绿	黑
前景色	黄	黑	白	黄	白	白	白	黑	绿	蓝	白	黄	绿	蓝	紫	黑	绿	紫	红	蓝

最清晰的配色是黑底黄字,最模糊的配色是黑底蓝字。在实际使用中,由于黑白两种颜色比较容易掌握以及习惯的原因,经常采用黑底白字或白底黑字。

用不同的颜色区分作业范围或作业情况,特别是醒目色的合理配置应用,有利于操作者迅速察觉和处理。

4.3 仪表板设计

仪表板总体设计的人机工程问题,主要是仪表板的位置、仪表板上的仪表排列及最优认读区域的选择等。

4.3.1 仪表板的空间位置

为了保证高工作效率和减轻人的疲劳,仪表板的空间位置应使操作者不必运动头部和眼睛,更不需移动身体位置就能看清全部仪表。仪表板离人眼的距离最好是 710mm 左右,其高度最好与眼平齐,板面上边缘的视线与水平视线的夹角不大于 10°,下边缘的视线与水平视线的夹角不大于 45°。

仪表板应与操作者的视线成直角,至少不应小于 60°,当人在正常坐姿下操作时,头部一般略自然前倾,所以布置仪表板时应使板面相应倾斜,如图 4-15 所示。

通常,仪表板与地面的夹角为 60°~75°。一般的仪表板都应布置在操作者的正前方。当仪表板很大时,可采用弧形板面或弯折形板面(图 4-16),操作者的巡检视角一般不能大于 120°,边缘视线与仪表板的夹角不应小于 45°。单人使用的弯折形仪表板,两侧板面与中间板面之间的夹角以 115°为最优,两人使用的可增大到 125°~135°。仪表板的位置不得妨碍操作者对周围环境的观察。

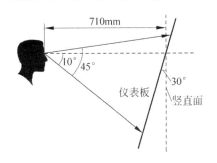

图 4-15 仪表板的空间位置与视线

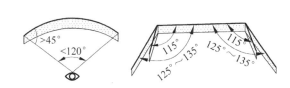

图 4-16 弧形和弯折形仪表板

4.3.2 仪表的分区布置

根据视觉运动规律,仪表板面一般应呈左右方向为长边的长方形形状,板面上的仪表排列顺序最好与它们的认读顺序一致。相互联系越多的仪表应布置得越靠近,仪表的排列顺序还应考虑它们彼此间逻辑上的联系。最常用、最主要的仪表应尽可能安排在视野中心 3°范围内,这是人的最优视区。一般性仪表允许安排在 20°~40°视野范围内,40°~60°视野范围只允许安排次要的仪表。各仪表刻度的标数系统应尽可能一致。仪表的设计和排列还需照顾到它们与操纵装置之间的相互协调关系。当仪表很多时,应按照它们的功能分区排列,区与区之间应有明显的差异。各区之间可用不同颜色的背景,也可用明显的分界线或图案加以区分。性质重要的仪表区,在仪表板上要有引人注目的背景。在仪表板上画出各分区仪表之间功能上的关系(如仪表联系方框图),也有助于认读。

图 4-17 为美国 SAE J209 标准推荐的一种仪表板上仪表的分区和排列形式。

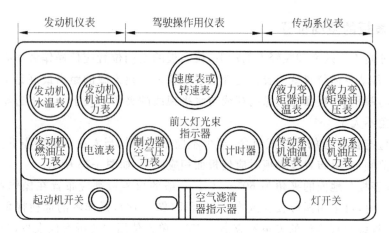

图 4-17 美国 SAE J209 标准推荐的一种仪表板上仪表的分区和排列形式

4.3.3 仪表的照明

仪表照明不仅影响仪表的认读效率,而且影响操作者对周围环境的观察效果。特别是在夜间或光环境差的情况下,仪表照明是操作人员或驾驶员观察仪表显示所必需的条件。

1. 照度设计

一般来说,周围环境的光照度与仪表照明区的光照度相近时,观察效率较高。周围环境的光照度不宜大于或小于仪表照明区光照度的 10 倍。夜间行驶的车辆,为了保证对车外环境观察的视觉效率,仪表照明的光照度应在能看清指示的前提下尽可能低。

在黑夜条件下,仪表照明的合适的光照度约为 0.1lx。低于这个光照度时,仪表认读效率随光照度的降低而降低;高于这个光照度时,再提高光照度,对仪表认读效率的影响很小。仪表照明的最低光照度不宜小于 0.03lx。

2. 照明方式

(1) 外照明用灯光照射仪表板。这种照明方式需注意避免外照射光在仪表板、仪表的刻度盘面和仪表玻璃上产生反射光。一般都希望采用间接照明,它对仪表的视觉认读效果较好,受暗适应的影响较小。

(2) 透射光光线由仪表内部照射,透过仪表面而形成发光的仪表面或发亮的刻度。

(3) 仪表壳内侧照射用小灯泡,从仪表壳的内侧、仪表面的上方和侧面照射仪表面。

(4) 仪表刻度线和指针使用荧光涂料,能产生不影响夜间视力的荧光,荧光以黄色光最清晰。但荧光不如灯光清晰,并且易在黑暗背景下产生错觉,时间久了易引起视觉疲劳。

(5) 蚀刻式刻度的侧面光照用灯光从玻璃仪表面的侧面照射,光线在蚀刻的刻度线上产生折射和反射,使仪表面上的刻度表现为发光似的记号,而仪表的其他部分则很暗。这种照明方式使刻度十分清晰。

3. 照明颜色

最接近日光的光线,视觉效率最高。有时为了保证操作者观察周围黑暗环境中其他物体的能力,仪表照明不能过亮,需要选择一种不影响暗适应的光线颜色。红光是一种对暗适应影响极小的光照,但它也有一些缺点:对人眼来说,单色的红光排除了使用颜色信号的可能;红光下人的视力不如白光下;红光使人眼的调节能力降低;单一光谱的红光耗费功率过大。近年来又明显地倾向于使用弱的白色光。

4.3.4 电动汽车仪表板

随着车用能源的日趋紧张,电动汽车日益成为汽车行业研究开发和公众关注的热点。目前,中国的电动汽车发展势头非常强劲,随着各城市新能源汽车补贴政策不断出台和大力推广,市民对新能源汽车的关注度和接受度大幅提升,对于电动汽车人机界面的研究也在不断突破传统技术的过程中逐步开展。

电动汽车的仪表盘与传统的燃油汽车有较大的区别,见表4-7。因为不再以内燃机为主要动力来源,所以在传统燃油汽车上必不可少的发动机转速表、油量表、发动机冷却水温表等仪表都不再出现,在电动汽车的仪表盘上,反映电池电量信息的电量表取代了油量表,反映电机工作状况和温度的专用仪表取代了传统的发动机转速表和冷却水温表。如此显示内容和信息上的不同也为电动汽车在人机界面上颠覆传统仪表设计提供了可能。

表4-7 电动汽车与传统汽车仪表板信息对比

信息分类	传统汽车	电动汽车
车速信息	车速表	车速表
能源信息	油量表	电量表
里程信息	里程表	里程表
动力信息	发动机转速表、水温表	电机工况
能源转化信息	无	能量回收利用曲线

有关电动汽车仪表的研究方向,目前的研究重点在信息的显示技术和收集技术层面。比如,在显示技术层面,电动汽车的仪表更多应用液晶屏和触摸显示屏实现的虚拟仪表取代了传统的机械式仪表。在信息的收集技术方面,研究的主要方向在于如何更加准确地收集电动汽车的电机工况和电池电量等信息。而对于如何设计,才能使得电动汽车仪表盘、中控台上的人机交互界面更好地为驾驶员提供所需信息这一角度,还较少有研究涉及。包括仪表盘应该如何重新布局、信息如何呈现才能更好地满足电动汽车驾驶员的心理需求和感受、保障驾驶安全,电动汽车驾驶员在驾驶过程中通过什么方式操纵中控台才最安全有效等问题还亟待解决。互联网信息的介入又为仪表的人机交互增加了新的内容和复杂度。

根据电动汽车信息的重要性和驾驶员的关注程度,结合人的视野特点,对电动汽车的仪表板进行布置,见图4-18。其中特别关注信息应分布于驾驶员的最优视野范围内(视角

±5°),而一般信息可以分列在驾驶员的一般观察视野范围内。

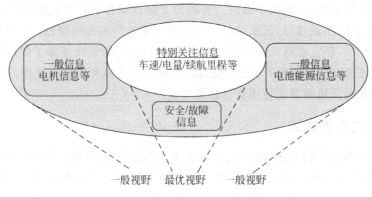

图 4-18　电动汽车仪表板视野布置

4.4　信号灯与图形标志设计

4.4.1　信号灯设计

信号灯是重要的显示装置,通常用于交通工具和道路交通管理。信号灯的优点是面积小、观察距离远、引人注目、简单明了。缺点是信息负荷有限,当信号灯数量过多时,会变得杂乱和形成干扰。大多数情况下,信号灯只用来指示一种状态或要求,如车辆转向信号灯用来指示转弯方向,故障信号灯用来指示某一部件发生故障。在某些情况下,信号灯也可用来传递信息,如用灯光信号进行通信联络。

信号灯的设计必须适合于其使用目的和使用条件,保证信息传递的速度和质量。下列设计原则具有广泛的指导意义,大体上也适用于信号灯以外的其他标志符号设计。

1. 视距和亮度

信号灯必须清晰醒目并保证一定的视距。车内信号灯必须保证驾驶员看得清楚,但又不能过亮而造成眩目或夜间影响对车外情况的观察。交通信号灯应保证较远的视距,而且在日光明亮和恶劣气象条件下都清晰可辨。信号灯的亮度要能吸引操作者的注意,其亮度至少是背景亮度的2倍,而背景最好灰暗无光。

2. 颜色、形状和闪烁频率

信号灯必须适合于其使用目的。作为警戒、禁止、停顿或指示不安全情况的信号灯,应使用红色;提请注意用的信号灯,应使用黄色;表示正常运行的信号灯,应使用绿色;其他信号灯则用白色或其他颜色。当信号灯很多时,不仅用颜色区别,还需要形象化加以区别,这样更有利于辨认。信号灯的形象化最好能与其所代表的意义有逻辑上的联系。例如,用→代表方向;用×表示禁止;用!表示警告或危险;用较高的闪烁频率表示快速;用较低的闪烁频率表示慢速。闪光信号比固定光信号更能引起注意,应在需要突出显示的场合加以恰当使用。闪光信号灯的闪烁频率一般为 0.67~1.67Hz,亮与灭的时间比在 1∶1~1∶4。

3. 与其他装置的协调性

信号灯应当与操纵器和其他显示装置协调安排,避免发生干扰。当信号灯的含义与某种操作响应相联系时,必须考虑它与操纵器和操作响应的协调关系。例如,指示进行某种操作的信号灯最好设在相应的操纵器的上方或下方;信号灯的指示方向要同操作活动的方向相适应(如汽车上的转向指示灯,开关向左扳,左灯亮,表示向左转弯)。有的信号灯仅用来揭示某个部件或某个显示器发生故障,为了既能引起操作者的注意,又能方便地找到故障部位,最好在视野中心处和靠近有关部件或显示器处各设置一个信号灯,使两者同时显示。

信号灯应与其他显示装置形成一个整体,避免相互重复和干扰。例如,强信号灯须离开照明较弱的仪表远一些,倘若必须相互靠近,则信号灯不能太强。信号灯过多会冲淡操作者对重要信号的警觉,在此情况下,应设法采用其他显示方式来替代次要的信号灯。

4. 位置设计

信号灯应安设在显眼的地方。性质重要的信号灯必须安置在视野中心 3°范围之内;一般信号灯应安排在视野中心 20°范围之内;只有相当次要的信号灯才允许安排在视野中心 60°~80°范围内。所有信号灯都要求设在操作者不用转动头部和转身就能看见的视野范围内。重要的信号灯应当与其他信号灯有明显的区别,使之十分引人注目,必要时可采用视、听或视、触双重感觉通道的信号。

5. 编码

表示复杂信息内容的信号灯系统,应采用合适的编码方式,避免采用过多的单个信号灯。多维度重叠编码的方式,比只用一个维度的编码方式更有利于相互区别,抗干扰能力也更强。信号灯编码方式常以颜色编码为主,辅之以形状编码和亮度编码。颜色编码不宜过多,否则容易混淆和错认。汽车与交通信号灯要求观察距离远,事关安全,尤需注重编码效果。图 4-19 为汽车尾灯系统信号编码的示例。

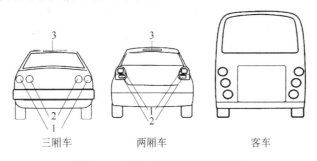

图 4-19 汽车尾灯信号编码示例

1—黄色信号灯:指示转向;2—红色信号灯:指示有车、制动;3—红色高位信号灯:指示制动

4.4.2 图形标志设计

图形标志具有形象、直观的优点。设计精良的图形标志能够简化人对编码信息的识别和加工过程,从而提高人的信息传递效率。根据人的视觉特性和视觉运动规律,图形标志的设计应当遵循以下原则:

(1) 图形标志应明显突出于背景之中,使图形与背景之间形成较大的反差。
(2) 图形边界应明确、稳定。
(3) 应尽量采用封闭轮廓的图形。
(4) 图形标志应尽量简单,表示不同对象的标志都应蕴含有利于理解其含义的特征。
(5) 应使显示部分结合成为统一的整体。

在实际应用中,用于不同场合、不同目的的图形标志设计,对上述原则的使用须有所侧重,以满足具体使用条件的特定要求。例如,对危险警告标志的设计,应特别指明危险的性质;对道路交通标志的设计,则应强调简明直观,并且必须实现标准化。图 4-20 所示为机动车辆上使用的一些图形符号的例子。图 4-21 所示为一些道路交通标志的例子。

图 4-20 机动车辆使用的图形符号　　　图 4-21 道路交通标志示例

4.5 操纵装置概述

在人机系统中,操纵装置是指通过人的操作(直接或间接)来让机器起动、停止或改变运行状态的各种元件、机构及其组合等环节。其基本功能是把操作者的响应输出转换成机器设备的输入信息，进而控制机器设备的运行状态。

操纵装置的设计，应使操作者能在一定作业周期内，安全、准确、迅速、舒适、方便地持续操纵而不至产生早期疲劳。为此，设计时必须充分考虑人体的体形、尺度、生理特点、运动和心理特性以及人的体力和能力的限度，才能使所设计的操纵装置达到高度宜人化。

4.5.1 操纵装置的类型

常用操纵装置的形态如图 4-22 所示。

图 4-22 常用的操纵装置形态

1. 操纵装置的类型

按人体操作部位的不同，分为手控操纵装置（如旋钮、按钮、手柄、操纵杆等）和脚控操纵装置（如脚踏板、脚踏钮等）两大类。按运动方式，手控操纵装置又分为三类。

（1）旋转式操纵器：有手轮、旋钮、摇柄等，可用来改变机器的工作状态，实行调节或追踪的操纵功能。也可用来将机器的工作状态保持在规定的运行参数上。如汽车的转向盘等。

（2）移动式操纵器：有操纵杆、手柄、扳钮开关等，可用来把机器从一个工作状态转换到另一个工作状态，或作紧急停车操纵之用。如汽车的换挡杆、驻车制动操纵杆等。

（3）按压式操纵器：主要是各式各样的按钮、按键，其特点是占据面积小、排列紧凑。但它们一般只有两个工作位置，即接通、断开，故常用于机器的开动、制动、停车等操纵。随着微型计算机控制技术的发展，按键式操纵器（鼠标、键盘等）的应用越来越广泛。当前，以手机触屏为代表的虚拟触屏式手动操作，可以通过手指在屏幕上的轻触、按压、滑动、旋转等方式来实现不同的功能，成为流行的操作模式。

按操纵器实现的功能不同,可分为以下四类:
(1) 开关式操纵器:用于实现开关、接合或分离、接通或切断等功能,如按钮、开关等。
(2) 转换式操纵器:用于把系统从一个工况转换到另一个工况,如选择开关、选择旋钮等。
(3) 调节式操纵器:用于使系统的工作参数稳定地改变,如手柄、旋钮、踏板等。
(4) 紧急停车操纵器:要求在最短时间内产生效果,起动必须十分灵敏。

2. 操纵器的选择

根据操纵器的功能特点和使用条件(如使用要求、空间位置、环境因素等)初步选择工作效率较高的几种形式,然后考虑经济因素进行筛选确定。典型操纵器的主要特点列举如下。

(1) 曲柄适用于费力、移动幅度大而精度要求不高的调节。主要用于无级调节,且要求几个旋转动作之后停止在一个位置上的操纵工况。其优点是操纵转矩较大,适应范围较广,其形状确保操作者不可能产生无意识的操作,安全性较好。但它受空间限制较大。当两工位或多工位有级操纵时,为了快速调节,而调节位置还要看得见、摸得着,也可选用。

(2) 手轮适用于细微调节和平稳调节。当手轮一次连续转动角度大于 $120°$ 时,应选用带柄手轮。主要适用于无级调节、三工位或多工位的分级开关。手轮很适宜于保持在一个位置上,要求精确地调节,但容易产生无意识操纵。因此,手轮要有联锁或保险装置。

(3) 旋钮适用于用力较小且变化细微的连续调节或三种状态以上的分级调节。可用于某一工位的快速调整,能实现无级调节,旋转运动不受限制,可广泛用于粗调或细调。

(4) 按钮只允许有两个工位。适用于安装空间受限制或要求单手同时快速操纵多个操纵器的场合。更适宜于要求可以看见和触及所控制工位的情况。

(5) 按键只允许有两个工位。适用于安装空间受限制或要求单手同时快速、准确地操纵多个操纵器的场合。按键可根据用途不同,选用不同颜色,以便于识别。

(6) 脚踏板适用于动作简单、快速、用力大的连续调节,通常在坐姿条件下使用,能较长时间保持在调节位置上,用于两个或几个工位的无级调节。

4.5.2 操纵装置设计的人机工程问题

操纵装置设计中需要考虑的人机工程问题主要包括操纵器的形状、大小、安装位置、操纵力、操纵位移、运动方向、显示—操纵比、操纵器编码。

1. 操纵器设计的一般原则

(1) 操纵器要适应于人的生理特点,便于大多数人使用操作。如操纵器的操纵力、操纵速度等,都应按操作人员的中、下限能力进行设计。表 4-8 给出常用操纵器所允许的最大用力。表 4-9 给出平稳转动各种不同操纵器所需要的最大用力。

表 4-8　常用操纵器所允许的最大用力

操纵器形式	允许的最大用力/N	操纵器形式	允许的最大用力/N
轻型按钮	5	重型转换开关	20
重型按钮	30	前后动作的杠杆	150
脚踏按钮	20～90	左右动作的开关	130
转向盘	150	手轮	150
轻型转换开关	4.5		

表 4-9　平稳转动各种不同操纵器所需要的最大用力

转动型操纵器的操作特征	最大用力/N
用手操作的操纵器	<10
用手和前臂操作的操纵器	23～40
用手和上肢操作的操纵器	80～100
用手以最高速度转动的操纵器	9～23
要求精度高的操纵器	23～25

(2) 操纵器的运动方向要同机器的运行状态相协调。例如,转向盘转动的方向应同车辆行驶方向的变化相协调。

(3) 操纵器要容易辨认。无论数量多少、排列布置及操作顺序如何,都要求每个操纵器均能明确地被操作者辨认出来。

(4) 尽量利用自然的操纵动作或借助操作者身体部位的重力进行操纵。对重复或连续的操纵动作,要使身体用力均匀而不要只集中于某一部位用力,以减轻疲劳和单调厌倦的感觉。

(5) 在条件许可的情况下,尽量设计多功能的操纵器。用一根操纵杆兼管主、副变速器的换挡操作,就是一种多功能操纵器的实例。

(6) 操纵器的造型设计,要求尺寸大小适当、形状美观大方、式样新颖、结构简单,并且给操作者以舒适的感觉。

2. 操纵器的形式

操纵器的形状同它的功能之间最好有逻辑上的联系,以利于辨认和记忆。操纵器的式样应便于使用,有利于操作者用力。

操纵阻力较大的旋钮,周边应有棱形刻痕或滚花,光滑的周边就不合适。需用手握紧的操纵器,与手接触的部位应为球形、圆柱形、环形或其他便于持握的形状;需与手指接触的部位应有适合指形的波纹,其横截面应为椭圆形或圆形,表面不得有尖角毛刺、缺口棱边等,以保证操纵舒适,用力方便,持握牢靠。用手掌按压操作的操纵器表面要有球面凸起形状;用手指按压操作的操纵器表面要有适合指形的凹陷轮廓。按钮的水平截面应为圆形或矩形,矩形按钮和直径为 3～5mm 的按钮可做成球面或平面形状,若为编码需要,则允许制成其他形状。按键应为矩形。用手指操纵的扳钮开关、转换开关的柄部应为圆柱形、圆锥形或棱柱形，圆锥形柄部应大径朝外，且柄的外端呈球形。有定位或保险装置的操纵器，其终点位置应有标记或专门的止动限位装置。分级调节的操纵器应有中间各挡位置标记和定位、自锁、联锁装置，以保证在工作过程中不会由于意外触动或振动而产生误动作。

操纵器不应使踝关节在操作时过分弯曲，脚踏板与地面的最优倾角一般为 30°，操纵时脚掌应与小腿近似垂直，踝关节的活动范围不大于 25°，蹬踏力消除后应保证操纵器能自动复位。操纵器的使用方法应尽量简化。为了减少操作的复杂性和节省时间，操纵器最好适当采用复合多用的结构，如转向盘上的组合开关。当操纵器数量多而又难以单纯用形状来区分时，可在操纵器上刻以适当的符号，作为辅助标志，最好用手感触即可辨别。

3. 操纵器的大小

操纵器的大小应适合于人的手或脚进行操作。

操纵器的尺寸应符合 GB 10000—1988 中有关操作者动作肢体的人体测量学指标。常用操纵器的尺寸范围及优先选用规范，可查阅《操纵器一般人类工效学要求》(GB/T 14775—1993)5.2 节及相应的图、表数据。

操纵器的适宜大小同它的使用目的和使用方法有着密切的关系。例如，操作时需要转好几圈的摇把，其旋转半径以 20~50mm 为宜，倘若需要快速转动，则其旋转半径应为 30mm 左右。操纵杆的直径不能过小，以免操作时引起肌肉紧张而容易疲劳。

4. 操纵器的布置

(1) 操纵器的排列应适合人的操作习惯，按照合理的操作顺序和逻辑关系进行安排。当操纵器沿竖直方向排列时，操作顺序应自上而下；当操纵器沿横向一字形排列时，操作顺序应从左到右。车辆的离合器踏板，习惯定型用左脚操纵，向下踩为分离；制动器踏板，习惯定型用右脚操纵，向下踩为制动。

(2) 操纵器应优先布置在人的手或脚活动最灵敏、辨别力最好、反应最快、用力最强的空间范围和合适的方位上。当这些空间范围不够用时，则按操纵器的重要性和使用频率依次布置在较好或次要的位置上。

车辆上的方向盘、变速杆、离合器踏板、制动器踏板及加速踏板等，均应布置在驾驶座位前方最优区域内；其他操纵器可适当布置在驾驶座位两侧或相对较次要的位置。

操作者手和脚的活动范围可达区域，可参考《工作空间人体尺寸》(GB/T 13547—1992)；《人类工效学 工作岗位尺寸设计原则及其数值》(GB/T 14776—1993)；《工作座椅一般人类工效学要求》(GB/T 14774—1993)；《客车车内尺寸》(GB/T 13053—2008)；《农业拖拉机驾驶员座位装置尺寸》(GB/T 6235—2004)；《土方机械 操纵的舒适区域与可及范围》(JB 3683—2001)等有关标准。

(3) 联系较多的操纵器应尽可能安排在邻近位置，并同操纵器的编码相适应。车辆上的制动器踏板与加速踏板应相互邻近，间距以 100~150mm 为宜。

(4) 当操纵器很多时,应按照它们的功能分区布置,各区之间用不同的位置、颜色、图案或形状进行区分。

(5) 同一台机器的操纵器,其操作运动方向要一致。凡直线运动的操纵器,均以前/后、上/下、左/右位置表示接通/切断或接合/分离或增加/减少。凡旋转运动的操纵器,则以顺时针方向表示增大,逆时针方向表示减小。

(6) 操纵器应尽可能布置在人的视野范围内,借助视觉进行识别。但在视觉条件很差或希望不用视觉察看就能正确操作的情况下,则需尽量利用人体的触觉功能和操作习惯定型,实现不用视觉指导就有良好的操纵效果。

(7) 紧急操作用的操纵器必须与其他操纵器分开布置,安排在最显眼而又最方便操作的位置,以确保操纵准确及时。

(8) 操纵器与显示器配合使用时,两者之间应有优良的协调性。

(9) 操纵器的总体布置要力求简洁、明确、易操作及造型美观。

(10) 操纵装置的空间位置和分布应尽可能做到在盲目定位时有较高的操纵工效。

为了避免误操作,在同一平面相邻且相互平行布置的操纵器必须保持一定的、不产生干涉的内侧间隔距离,如图 4-23 和表 4-10 所示。

图 4-23 操纵装置的间隔距离

表 4-10 各种操纵装置之间的距离

操纵器类型	操 作 方 式	操纵装置之间的距离 d/mm	
		最小值	推荐值
按钮	一个手指随机操作	12	50
	一个手指顺序连续操作	6	25
	各个手指随机或顺序操作	12	12
扳钮开关	一个手指随机操作	20	50
	一个手指顺序连续操作	12	25
	各个手指随机或顺序操作	15	20
脚踏板	单脚随机操作	100	150
	单脚顺序连续操作	50	100
旋钮	单手随机操作	25	50
	双手同时操作	75	125
曲柄	单手随机操作	50	100
手轮	双手同时操作	75	125
操纵杆	单手操作	150	200

常用操纵器的布置要点可参阅《操纵器一般人类工效学要求》(GB/T 14775—1993)5.3节及相应的图、表数据。

5. 操纵力和操纵位移

1) 操纵阻力

操纵装置的操纵阻力主要由摩擦阻力、弹性阻力、黏滞阻力、惯性阻力等构成。

摩擦阻力的特性是运动开始时阻力最大(即静摩擦力),运动发生后阻力显著减小。静摩擦阻力可用以减少操纵器的偶发起动,但控制准确度低,不能提供操纵运动的反馈信息。

弹性阻力的大小与操纵器的位移量成正比,可作为有用的反馈源。弹性阻力的控制准确度高,放手时,操纵器可自动返回零位,故特别适用于瞬时触发或紧急停车等操作,也可用以减少操纵器的偶发起动。

黏滞阻力的大小与操纵器的运动速度成正比。黏滞阻力的控制准确度高,运动速度均匀,有助于实现平稳的控制。可用以防止操纵器的偶发起动。

惯性阻力的大小与操纵器的运动加速度成正比,有助于实现平稳的控制,可用以防止操纵器的偶发起动。但惯性阻力可阻止操纵运动的速度和方向的快速变化,易引起操纵器的调节过度和操作者的疲劳。

适宜操纵阻力的选定与操纵装置的功能及其操纵方式密切相关。操纵阻力的最小值可根据操纵装置的类型按表 4-11 选取。只要求操纵速度而不要求操纵精确度的场合,操纵阻力应越小越好。而对于要求较高控制准确度的场合,则必须使操纵装置具有一定的操纵阻力。

2) 最大操纵力

最大操纵力既取决于操纵器的工作要求,又受限于操作者在一定姿势下所能产生的最大出力。常用操纵器的操纵力要求可查阅《操纵器一般人类工效学要求》(GB/T 14775—1993)中的数据。

表 4-11 不同操纵装置所要求的最小操纵阻力

操纵器类型		最小操纵阻力/N
手推按钮		2.8
脚踏按钮	脚不停留在操纵器上	9.8
	脚停留在操纵器上	44
脚踏板	脚不停留在操纵器上	17.8
	脚停留在操纵器上	44.5
曲柄	由大小决定	9~22
手轮		22
杠杆		9
扳钮开关		2.8
旋转选择开关		3.3

3) 最优操纵力

最优操纵力的大小同操纵器的性质和操作方式密切相关。一般推荐最优操纵力的范围为：手操纵 5～20N；手指操纵 2～5N；脚操纵 45～90N；脚尖操纵 20～45N。

最优操纵力的选定应兼顾能量消耗、操纵精确度、操纵速度及获取操纵量的反馈信息四方面的要求，谋求最高的操纵工效。从能量利用的角度考虑，在不同的用力条件下，以使用最大肌力的 1/2 和最大收缩速度的 1/4 操作，能量利用率最高，人较长时间工作也不会感到疲劳。

影响最优操纵力的主要因素：

(1) 操纵器的结构形式及其位置。脚控操纵器的最优操纵力大于手控操纵器。变速杆的最优操纵力在 20～140N 范围内；直径 200mm 手轮的最优操纵力不大于 100N；手柄的最优操纵力不大于 80N。

(2) 人体的姿势。对于坐姿与立姿、手或脚的位置和用力方向、左与右等不同情况，最优操纵力的大小均有所不同。

(3) 操纵器的性质和使用要求。对于只要求动作快而对操纵精确度要求不高的操纵器，其最优操纵力应当是越小越好。要求操纵精确度较高的操纵器，则必须要有一定的操纵力，以便取得操纵量的反馈信息。

(4) 静态施力操纵。有些操纵器的操作，要求人的施力部位始终保持在特定的位置，这类操作称为静态施力操纵。静态施力操纵的特点是肌肉的工作不变，主动肌与对抗肌协同收缩，使相应的关节固定在空间某一确定位置。由于肌肉持续紧张，时间长了，会出现抖动，负荷越大，越易抖动，肢体越外伸，越易抖动。这是静态疲劳的外表现象。静态施力时，肌肉供血受阻的程度与肌肉收缩产生的力成正比，当施力的大小达到最大肌力的 60％时，血液输送几乎会中断，施力较小时，仍能保证部分血液循环。为使必要的静态施力能持续较长时间而不致疲劳，施力大小最好保持在人体最大肌力的 15％～20％。

(5) 操纵器的用力梯度。由于希望从手或脚的用力大小取得操纵量大小的信息，所以操纵用力的大小应与操纵量的大小成一定比例关系，称为操纵器的用力梯度或用力级差。人的手或脚在分辨用力的大小时，必须在力的大小差别达到或超过一定数值的情况下，才能分辨，差别过小就难以区别，这个可分辨的力的最小差值，称为"操纵用力的差别阈值"。在操纵器的动作量较小的情况下，用力级差的相对值宜取偏大；而在操纵器动作量较大的情况下，用力级差却不宜过大。

4) 操纵位移与操纵器的增益

操纵器的运动方向与其操纵功能之间的对应关系要符合常规的习惯定型，见表 4-12。

表 4-12　操纵器运动方向与其操纵功能之间的习惯对应关系

功　能	运动方向	功　能	运动方向
开通	向上,向前,向右,拉,提起,顺时针	关闭	向下,向后,向左,推,按下,逆时针
增加	向前,向上,向右,顺时针	减少	向后,向下,向左,逆时针
向左	向左,逆时针(左旋)	向右	向右,顺时针(右旋)
前进	向上,向右,向前	后退	向下,向左,向后
向上升	向上,向后	向下降	向下,向前
开车	向上,向右,向前,顺时针	刹车	向下,向左,向后,逆时针

操纵器位移参数的设计,主要是确定操纵器的适宜增益。操纵器的增益,即系统的放大倍数,如鼠标操作,当手操纵鼠标移动 1cm 时,光标在屏幕上移动 10cm,则其增益为 10 倍。操纵器的适宜增益在人机系统中有两种具体的含义:

(1) 显示—操纵比:显示器的指示量与操纵器的操纵量之间的比值。如图 4-24 所示,图 4-24(a)中小的操纵量可以获得大的显示位移,即大的增益;图 4-24(b)中大的操纵量只能引起小的显示位移,即小的增益。

(2) 响应—操纵比:机器系统的实际变化量与操纵器的操纵量之间的比值。

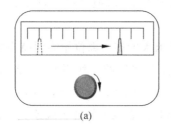 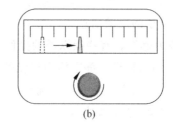

图 4-24　显示—操纵比

显示—操纵比的数值越大,操纵器移动同样的距离时,所对应的显示器的指示量就越大。显示—操纵比相对较大的操纵器,适用于粗调或要求快速调节到预定位置的场合,调节操作过程时间较短,但不容易控制操纵的精确度。显示—操纵比相对较小的操纵器,适用于细调或要求操纵准确的场合,调节操作过程时间较长。适宜的显示—操纵比,随操纵响应的频率和操纵的时迟而变化,大部分情况下,人的操纵增益随输入信号频率(即要求做出反应的频率)的增高而线性减小。为了弥补人的操纵响应的这一特点,在需要频繁进行操纵调节的情况下,应适当增大操纵器的增益。增益的设计对系统的安全性和舒适性都有影响。

6. 操纵器的编码

将操纵器进行合理编码,使每个操纵器都有自己的特征,以便于操作者确认不误,是减少操作差错的有效措施之一。编码的方法一般是利用形状、大小、位置、颜色或标志等不同特征对操纵器加以区别。

(1) 形状编码:是一种容易被人的视觉和触觉辨认的、效果较好的编码方法。形状编码要注意尽可能使各种形状的设计反映操纵器的功能要求,使人能看出此种形状的操纵器的用途;还要尽可能考虑到操作者戴手套也能分辨形状和方便操作。

图 4-25 所示为常用旋钮的形状编码的示例,共分三类:多倍旋转旋钮(控制范围超过 360°);部分旋转旋钮(控制范围不超过 360°);定位指示旋钮(旋钮的操纵受临界位置的定位控制)。试验表明,这些旋钮仅凭触觉即可辨别。

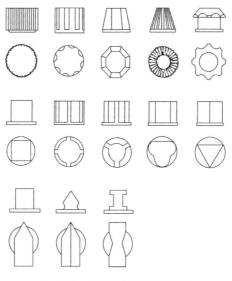

图 4-25　常用旋钮的形状编码

(2) 大小编码:若想仅凭触觉就能正确辨认出不同尺寸的操纵器(例如圆形旋钮),则操纵器相互之间的尺寸差别必须足够大(如圆形旋钮的尺寸必须相差 20% 以上)。对于旋钮、按钮、扳动开关等小型操纵器,通常只能划分大、中、小三种尺寸等级。因此,大小编码方式的使用效果不如形状编码有效,使用范围也有限。

(3) 位置编码:操纵器的安装位置也常被用来起编码作用。例如,汽车上的离合器踏板、制动器踏板和加速踏板,就是以位置编码相互区分的。相邻操纵器间应有一定的间距以利于辨别,此间距一般不宜小于 125mm。

(4) 颜色编码:操纵器的颜色编码一般不单独使用,而要与形状或大小编码合并使用。颜色只能靠视觉辨认,而且只有在较好的照明条件下才能看清楚,所以它的使用范围也就受到限制。用于操纵器编码的颜色,一般只使用红、橙、黄、蓝、绿五种颜色,以防止发生混淆。操纵器的功能与其颜色之间有一定的匹配关系。停止、断开功能的操纵器宜用红色;起动、通电功能的操纵器宜用绿色、白色、灰色或黑色;起、停两用功能的操纵器忌用绿色和红色。

(5) 标志编码:在操纵器上面或旁边,用文字或符号做出标志以标明其功能。标志编码要求有一定的空间和较好的照明条件。标志本身应当简单明了,易于理解。文字和数字必须采用清晰的字体,如计算机键盘上的按键标志。

上述各种编码方式在计算机键盘上都有应用。

7. 操纵器与显示器的协调关系

操纵器与显示器之间应协调设计,主要包括空间关系的协调性、运动关系的协调性、概念关系的协调性。

1) 空间关系的协调性

要求操纵器与显示器在空间位置上有良好的对应关系。例如,图 4-26 中的四种旋钮和四种仪表的位置对应关系,其优劣次序为Ⅰ、Ⅲ、Ⅱ、Ⅳ,有人对它们进行过 1200 次操作试验,出现操作差错的次数分别为 0、76、116、129。

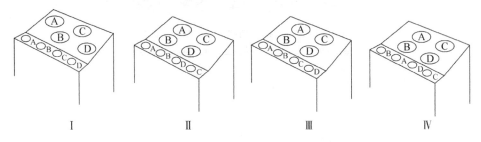

图 4-26 操纵器与显示器的空间协调性

2) 运动关系的协调性

显示器指针或光点的运动方向与操纵器的运动方向应当互相协调。

(1) 直线运动显示器与直线运动操纵器在相同平面内运动,其相互关系服从一致性准则,如图 4-27(a)所示。

(2) 直线运动显示器与旋转运动操纵器在相同平面内运动,其相互关系的准则是:显示器指针的运动方向应当同旋钮上最靠近显示器的点的运动方向一致,见图 4-27(b)。

(3) 旋转运动显示器与旋转运动操纵器在相同平面内运动,显示器指针与旋钮的运动方向应当一致,均以顺时针方向旋转为增加,逆时针方向旋转为减少,见图 4-27(c)。

(4) 直线运动显示器与旋转运动操纵器在不同平面内运动,原则上操纵器的旋转方向与显示器指针的移动方向之间的关系应当服从右手螺旋运动的规则,见图 4-27(d)。

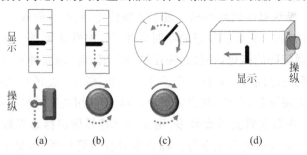

图 4-27 显示器与操纵器的方向协调性

3) 概念关系的协调性

针对文字、符号、数字、灯光、图像、颜色等抽象信息,应使显示的信息与操纵器的动作之间,在逻辑、概念上互相协调,符合人的观念、知识和习惯。例如,机器设备上使用的旋钮,人们一般都习惯于顺时针转动表示数值增大,逆时针转动表示数值减小,倘若相反,就很容易产生误操作。又如,道路交通标志就更必须满足此项要求,见图 4-21 和图 4-22。

8. 操纵器的操作方向与受控对象的运动方向和控制效果的协调关系

操纵器的操作方向与受控对象物的运动方向应当协调一致,而且要达到控制效果协调一致。例如,操纵杆向右移动时,受控对象应当向右作直线运动;手柄按顺时针方向旋转时,受控对象物应当按顺时针方向旋转,或向右作直线运动;左右排列的成对按钮开关,按动右侧的按钮时,应使受控对象向右做直线运动,反之则相反。

操纵器的操作方向与受控对象物的运动方向协调一致的基本原则:

1) 第一原则:相类似的操纵器的一致性

凡是使受控对象(不论是同类的、类似的或不同的)产生同样的运动或发生同样的变化,应尽量使用同类或相似的操纵器,并且操作方向相同。

2) 第二原则:不同种类的操纵器的一致性

使用不同种类的操纵器,又要求不同对象产生同样的运动或发生同样的变化,此时至少应使操纵器的运动和受控对象的变化符合表 4-13 所示的组合协调关系。

3) 第三原则:操纵器的更换

如果以前的操纵器操作方向与第一原则或第二原则不一致,此时不应采取改变以前的操作方向的办法,而应变更控制方式。例如,以前是顺时针方向旋转手轮,机械向左移动,而第二原则要求必须是逆时针方向旋转手轮,机械向左移动。此时应将手轮换成操纵杆或按钮。

4) 第四原则:标志

必须给操纵器标上不易误解而又易懂的图形符号或文字。

表 4-13 操纵器的运动和受控对象的变化之间的组合协调关系

操纵器的运动方向	受控对象物的变化状况		
	位置	状态	动作
向右、向上、离开操作者、顺时针旋转	向右、向右转、向上、顶部、向前	明、暖、噪、快、增、加速、效果增强(如亮度、速度、动力、压力、温度、电压、电流、频率、照度等)	合闸、接通、起动、开始、捆紧、开灯、点火、充入、推
向左、向下、接近操作者、逆时针旋转	向左、向左转、向下、底部、向后	暗、冷、静、慢、减、减速、效果减弱(如亮度、速度、动力、压力、温度、电压、电流、频率、照度等)	拉闸、切断、停止、终止、松开、关灯、熄火、排出、拉

4.6 操纵装置设计

4.6.1 手控操纵装置的设计

常见的手控操纵装置如图 4-28 所示,包括旋钮、手轮、摇把及各种手动工具等。

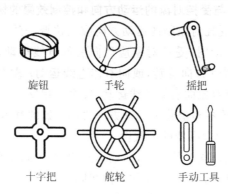

图 4-28 手控旋转式操纵装置

1. 旋转式操纵装置的设计

1) 旋钮的设计

旋钮通常都是用单手操纵。按其使用功能可分为多倍旋转旋钮(控制范围超过 360°)、部分旋转旋钮(控制范围不超过 360°)、定位指示旋钮(旋钮的操纵受临界位置的定位控制)三类。前两类用于传递一般的信息,第三类用于传递重要的信息。旋钮的形态如图 4-25 所示。旋钮的设计主要根据使用功能与人手相协调的要求进行。

(1) 旋钮的形态。对于连续平稳旋转的操作,应当使旋钮的形态与运动要求在逻辑上达成一致。旋转角度超过 360°的多倍旋转旋钮,其外形宜设计成圆柱形或锥台形;旋转角度小于 360°的部分旋转旋钮,其外形宜设计成接近圆柱形的多边形;定位指示旋钮,宜设计成简洁的多边形,以强调指明刻度或工作状态。为使操作时手与旋钮间不打滑,可将旋钮的周边加工出齿纹或多边形,以增大摩擦力。对于带凸棱的指示型旋钮,手握和施力的部位是凸棱,因而凸棱的大小必须与手的结构和操作运动相适应,才能提高操纵工效。

(2) 旋钮的尺寸。旋钮的尺寸大小应根据操作时使用手指和手的部位来确定。旋钮直径应以保证动作的速度和准确性为前提进行设计。通常,旋钮的尺寸是按操纵力来确定的,尺寸过大或过小,都会使操作者感到不舒适。具体尺寸可参考表 4-14 和图 4-29。

表 4-14 旋钮尺寸与操纵力的关系

旋钮直径/mm	10	20	50	60~80	120
操纵力/N	1.5~10	2~20	2.5~25	5~20	25~50

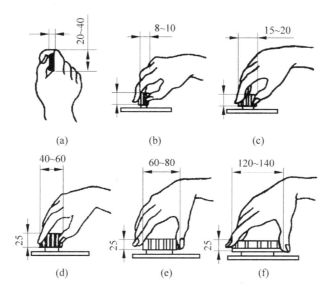

图 4-29 旋钮的尺寸与操纵力

2) 手轮的设计

(1) 回转直径。手轮的直径通常根据用途来选定,通常为 80～520mm。机床上用的小手轮直径为 60～100mm;汽车、拖拉机、工程机械方向盘的直径为 330～600mm;汽车的转向盘尺寸常用规格包括 350mm、380mm、400mm、425mm、450mm、475mm、500mm、550mm 等直径参数。手轮和曲柄上握把的直径为 20～50mm。手轮和曲柄在不同操作情况下的回转半径为:转动多圈 20～51mm,快速转动 28～32mm,调节指针到指定刻度 60～65mm,追踪调节用 51～76mm。

(2) 操纵力。单手操作时的操纵力为 20～130N,双手操作时不得超过 250N。

2. 移动式操纵装置的设计

常用的手控移动式操纵装置有操纵杆、手闸、扳钮开关和指拨滑块等。

1) 操纵杆的设计

操纵杆的自由端装有手柄,另一端与机器的受控部件相连。操纵杆可设计成较大的杠杆比,用于阻力较大的操纵。操纵杆常用于一个或几个平面内的推、拉式摆动运动,见图 4-30。

由于受行程和扳动角度的限制,操纵杆不适宜大幅度的连续控制,也不适宜精细调节。

(1) 形态和尺寸。操纵杆的粗细一般为 22～32mm,球形圆头直径为 32mm。若采用手柄,则直径不宜太小,否则会引

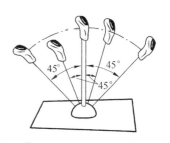

图 4-30 操纵杆示例

起肌肉紧张,长时间操作容易产生痉挛和疲劳。常用操纵杆执握手柄的直径一般为22～32mm,最小不得小于7.5mm。操纵杆的长度与其操纵频率有关,操纵杆越长,动作频率应越低。当操纵杆长度为30mm、40mm、60mm、100mm、140mm、240mm、580mm时,对应的最高操纵频率应为 $26min^{-1}$、$27min^{-1}$、$27.5min^{-1}$、$25.5min^{-1}$、$23.5min^{-1}$、$18.5min^{-1}$、$14min^{-1}$。

(2) 行程和扳动角度。应适应人的手臂特点,尽量做到只用手臂而不移动身躯就可完成操作。对于短操纵杆(150～250mm),行程为150～200mm,左右转角不大于45°,前后转角不大于30°;对于长操纵杆(500～700mm),行程为300～350mm,转角为10°～15°。

通常操纵杆的动作角度为30°～60°,最大不超过90°。

(3) 操纵力。操纵力最小为30N,最大为130N,使用频率高的操纵杆,操纵力最大不应超过60N。例如,汽车变速杆的操纵力为30～50N。

(4) 操纵杆的位置。当操纵力较大、采用立姿操作时,操纵杆手柄的位置应与人的肩部等高或略低于肩部的高度;当采用坐姿操作时,操纵杆手柄的位置应与人的肘部等高。

2) 常用移动式操纵装置的工作行程和操纵力

手柄的适宜操纵力的大小与手柄距地面的高度、操纵方向、使用的左、右手不同等因素有关,如表4-15所示。几种常用移动式操纵装置的工作行程和操纵力参数见表4-16。

表4-15 手柄的适宜操纵力

手柄距离地面的高度/mm	适宜操纵力/N						手柄距离地面的高度/mm	适宜操纵力/N					
	右手			左手				右手			左手		
	向上	向下	向侧方	向上	向下	向侧方		向上	向下	向侧方	向上	向下	向侧方
500～600	140	70	40	120	120	30	1050～1400	80	80	60	60	60	40
650～1050	120	120	60	100	100	40	1400～1600	90	140	40	40	60	30

表4-16 常用移动式操纵装置的工作行程和操纵力

操纵器名称	工作行程/mm	操纵力/N	操纵器名称	工作行程/mm	操纵力/N	操纵器名称	工作行程/mm	操纵力/N
开关杆	20～300	5～100	拨动式开关	10～40	2～8	手闸	10～400	20～60
杠杆键	3～6	1～20	摆动式开关	4～10	2～8	拉环	10～400	20～100
调节杆（单手）	100～400	10～200	指拨滑块	5～25	1.5～20	拉手	10～400	20～60
			拉圈	10～100	5～20	拉钮	5～100	5～20

3) 手柄的形状和尺寸设计

对手柄设计的基本要求是:手握舒适,施力方便,不打滑,动作可控制。手柄的形状和尺寸应根据手部的结构和生理特征进行设计。当手执握手柄时,施力和转动手柄,都是依靠手的屈肌和伸肌共同完成的。手掌的解剖特征是：指球肌和大、小鱼际肌的肌肉最丰厚,手掌心的肌肉最少,指骨间肌和手指部分则布满神经末梢。因此,手柄的形状应当设计成使其被握住的部位与掌心和指骨间肌之间留有适当间隙,以减轻掌心和指骨间肌的受力,改善手掌的血液循环状况,保证神经不受过强的压迫。如果掌心长期受压受振,可能会引起难以治愈的痉挛,通常也容易引起疲劳和操纵定位不准确。图 4-31 中(a)、(b)、(c)符合要求。

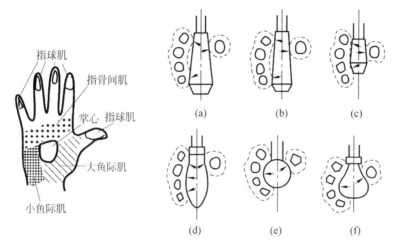

图 4-31 手柄形式及与手部接触情况的比较

3. 按压式操纵装置的设计

按压式操纵装置,按其外形和使用情况,大体上分为两类：按钮和按键。它们一般只有两种工作状态,如"接通"与"切断""开"与"关""起动"与"停车"等。表 4-17 列出几种常用的按压式操纵装置的工作行程和操纵力的适宜数值范围。

表 4-17 几种常见按压式操纵装置的工作行程和操纵力

操 纵 器	工作行程/mm	操纵力/N	操 纵 器	工作行程/mm	操纵力/N
按钮	用手指：2～40 用手：6～40 用脚：12～60	1～8 4～16 15～90	按键	用手指：2～6(电气断路器) 用手指：6～16(机械杠杆)	0.8～3
钢丝脱扣器	10～20	0.8～3	事故开关		至 60

1) 按钮的设计

按钮必须能够可靠地复原到初始位置,并且对系统的状态给出显示。按其工作方式,按钮有单工位与双工位两种形式。当手指按下按钮后,它处于工作状态,手指一离开按钮,它就自动脱离工作状态而回复原位,这种按钮称为单工位按钮；当手指按下按钮后,它就始终处于工作状态,手指再按一下按钮,它才回复原位,这种按钮称为双工位按钮。对于这两种形式按钮的特点，在选用时应注意它们之间的区别。按钮的形态，一般应为圆形或方形；为使操作方便，按钮表面宜设计成凹形。按钮的尺寸应根据人的手指端的尺寸和操作要求而定。用食指按压的圆形按钮，直径为 8～18mm；用拇指按压的圆形按钮，直径为 25～30mm，压力为 10～20N；用手掌按压的圆形按钮，直径为 30～50mm，压入深度为 10mm，压力为 100～150N；方形按钮的边长为 10～20mm；矩形按钮以 10mm×10mm、10mm×15mm 或 15mm×20mm 为宜，压入深度为 5～20mm，压力为 5～15N；按钮应高出台面 5～12mm，行程为 3～6mm，按钮间距为 12.5～25mm，最小不得小于 6mm。

2) 按键的设计

使用按键的优点是节省空间、便于操作、便于记忆，熟练以后，不用视觉也能快速操作。按键有机械式、机电式和光电式，各种形式的按键设计都必须适合人的使用。按键的尺寸应按手指的尺寸和指端的弧形进行设计，才能操作舒适。图 4-32 为常见按键的形式和尺寸。

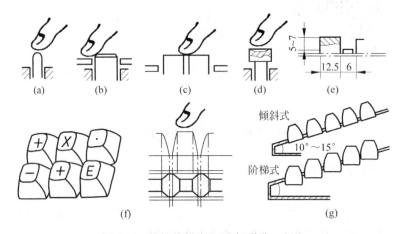

图 4-32　按键的形式和尺寸（单位：mm）

图 4-32(a)为外凸弧形按键，操作时手的触感不舒适，只适用于负荷小而操作频率低的场合。按键应凸出面板一定的高度，以利于用手指感觉其正确位置，如图 4-32(b)所示。按键之间应留有一定的间距，以避免同时按着两个键而发生误操作，如图 4-32(c)所示。按键的端面形状以图 4-32(d)所示的中凹形为最优，它可增强手指的触感，便于操作。按键的适宜尺寸可参考图 4-32(e)。对多个按键的密集组合排列，应设计成键盘如图 4-32(f)所示的形式，使手指端触面之间保持一定的距离，其纵行的排列多采用阶梯式，如图 4-32(g)所示。按键若需标注字符，字符的形体和键盘的布局必须符合相关标准。

计算机键盘的按键布置应考虑使用频率和方便性。传统计算机键盘的字符排列情况虽然已经约定俗成，然而有很多常用键的位置距离键盘中心较远（图 4-33(a)），如手指移动操作时，手部腕关节发生向尺骨一侧的偏移和扭曲的形态，称为"尺侧偏"，长时间不自然的形态可能引起病变和手腕伤害。针对这方面的问题，已有可分离式的键盘产品，避免产生类似的风险，见图 4-33(b)。

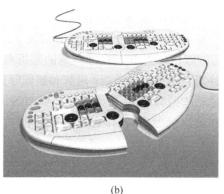

(a) (b)

图 4-33 计算机键盘产品改进设计

(a) 传统 QWERTY 键盘；(b) 分离式键盘设计

4.6.2 脚控操纵装置的设计

1. 脚控操纵装置的形式和操纵特点

脚控操纵装置有两种类型：脚踏板和脚踏钮。脚踏板又分直动式、摆动式和回转式（包括单曲柄式和双曲柄式）。常用手动挡汽车的三个脚踏板，加速踏板为直动式，以足跟为支点；制动踏板和离合踏板为脚悬空的踏板。

图 4-34(a)表示座位较高，小腿与地面夹角很大，脚的下蹬力不宜超过 90N；图 4-34(b)表示座位较低，小腿与地面夹角比图 4-34(a)小，脚的下蹬力不宜超过 180N；图 4-34(c)表示座位很低，小腿与地面夹角很小，脚的蹬力可达到 600N。

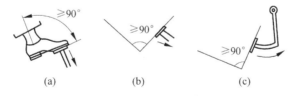

(a) (b) (c)

图 4-34 脚悬空形式的踏板

当操纵力较大时，脚踏板的安装高度应与座椅面等高或略低于座椅面。

双曲柄式脚踏板用于自行车上，能连续转动且省力；双曲柄式脚踏板用于摩托车的起动。

脚控操纵装置多采用坐姿操作，只有当操纵力小于 50N 或特殊需要时，才采用立姿操作。对于操纵力大、速度快和准确性高的操作，宜用右脚。而对于操作频繁、容易疲劳、不是很重要的操作，应考虑两腿交替进行操作。

2. 脚控操纵装置的适宜用力

脚控操纵装置在坐姿操作的情况下,当脚蹬用力小于227N时,腿的弯折角以107°为宜;当脚蹬用力大于227N时,腿的弯折角以130°为宜。用脚的前端进行操作时,脚踏板上的允许用力不宜超过60N;用脚和腿同时进行操作时,脚踏板上的允许用力可达1200N;对于快速动作的脚踏板,用力应减少到20N。

在操纵过程中,操作者往往会将脚放在脚踏板上,为了防止脚踏板被无意接触而发生误操作,脚踏板应有一定的起动阻力,该起动阻力至少应当超过脚休息时脚踏板的承受力。

3. 脚控操纵装置的设计

脚控操纵装置的设计应以脚的使用部位、使用条件和用力大小为依据,具体还应考虑操作者工作鞋的特征。

脚踏板多采用矩形或椭圆形平面板,脚踏钮多采用圆形或矩形。图 4-35 为几种设计较好的脚踏板及其有关尺寸。

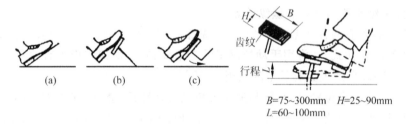

图 4-35 设计较好的脚踏板及其有关尺寸

脚控操纵装置的空间位置直接影响脚的施力和操纵效率。

对于蹬力要求较大的脚动操纵装置,其前后位置应设计在脚所能及的距离范围之内,左右位置应设计在人体中线两侧各10°~15°范围内,应当使脚和腿在操作时形成一个施力单元。为此,大、小腿间的夹角应在105°~135°范围内,以120°为最优。这种姿势下,脚的蹬力可达2250N,是轿车驾驶室脚踏板空间布置的推荐设计,如图 4-36 所示。

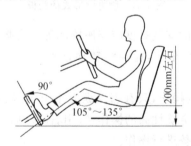

图 4-36 轿车驾驶室脚踏板的空间布置

4. 脚控操纵对鞋的要求

脚控操作的工效与作业者所穿鞋的类型相关。有的鞋的类型不适于进行脚控操作,如高跟鞋、拖鞋、厚底鞋等。适合驾驶员穿着的鞋,鞋底不应过厚,且软硬适度,鞋与脚踏板之间尺寸匹配、形状贴合,并能防滑,带来更好的脚感,让驾驶员更容易感知用力梯度和增益,提高操作的速度和效率,保障行车安全和舒适性。

本章涉及的标准

1.《工作系统设计的人类工效学原则》(GB/T 16251—2008)
2.《操纵器一般人类工效学要求》(GB/T 14775—1993)
3.《工作空间人体尺寸》(GB/T 13547—1992)
4.《人类工效学 工作岗位尺寸设计原则及其数值》(GB/T 14776—1993)
5.《工作座椅一般人类工效学要求》(GB/T 14774—1993)
6.《客车车内尺寸》(GB/T 13053—2008)
7.《农业拖拉机驾驶员座位装置尺寸》(GB/T 6235—2004)
8.《土方机械 操纵的舒适区域与可及范围》(JB 3683—2001)
9.《成年人手部号型》(GB/T 16252—1996)

复习思考题

1. 显示装置有哪些类型?
2. 指针式仪表设计原则是什么?
3. 仪表板总体设计需要考虑哪些人机工程学问题?举例说明。
4. 电动汽车仪表板的人机界面有何特点,与传统燃油汽车的主要区别是什么?
5. 举例说明信号灯的编码规则。
6. 操纵装置的类型和常用操纵方式有哪些?有何特点?
7. 操纵装置设计需要考虑哪些人机工程学问题?举例说明。
8. 结合实际产品的人机界面,总结一下操纵装置的发展趋势是什么?

课后作业

1. 调研一款汽车的仪表部分,对其视觉效果进行综合分析评价。
2. 基于人的视觉特性和显示装置原理,设计某种汽车的仪表板。

第 5 章 作业空间与环境设计

引言 舒适的车内空间

汽车内怎样布局，蜗居怎样布置，办公室的工位如何规划……让我们能够舒适生活、快乐工作。去掉那些个性化的粉饰和包装，我们要看到这空间的本质就是人和机器相处所占据的和需要的、能够满足两者作业活动的那部分容积，可宽敞可紧凑，最基本就是能够触手可及，在此基础上应追求更舒适方便、安全健康，让人—机—环系统成为和谐融洽的一体。

车内的空间怎样才能变得更舒适呢？也许每个人的答案都不一样。每一款车对舒适和人性化的概念都会有不同的诠释。

偶然想想这四轮支撑的封闭空间还真像是一个流动的家。于是大家都把喜爱的物品从卧室里搬了过来，显然这流动的家里面经常深居简出的都有位女主人，或简约大方，或小巧玲珑，怎样的风格从车内装饰可见一斑。

实际上，车内随你怎么布置都没有关系，如果不影响你的视野、不破坏你的心情，你播放什么音乐、嗅什么香水都是你自己的事情。不管什么车，你都可以随意布置它的内部甚至外观，任由你的喜好。无论厂家考虑得多么周到，我知道你总会想方设法对你的爱车做些额外的美化和包装。那座椅，冬天加棉垫、夏天换凉席，两侧玻璃可以糊上茶色或咖啡色窗纸，泊车的时候还会在前风挡下展开一张遮阳板保存车内温度……那些细致入微的考虑差不多都被你想到了。然而你还不满足，又要开始思考新的创意。但还能往里面放什么呢，总不能在里面种花养鱼真的过家家吧。

为什么不能呢？随着无人驾驶技术的发展，汽车的可居住性已俨然成为一个重要性能。到时候，真可以在车里面开派对了。

基本要求：

(1) 了解作业空间的定义和包含内容；

(2) 熟悉舒适坐/立姿作业空间的设计要求；

(3) 掌握座椅设计方法及环境设计基本参数。

知识点：

作业空间范围、作业空间布置、作业空间设计、工作台设计、舒适坐姿的生理特征、工作座椅设计、环境设计（光/热/声/空气）、作业空间设计评价。

人操纵机器时所需要的活动空间，加上机器、设备、工具、软硬件系统、被加工对象所占有的空间的总和，称为作业空间。

作业空间设计，就大范围而言，是把所需用的机器、设备和工具，按照人的操作要求进行合理的空间布置。例如，人操纵的一台机器，是从人的需要出发，对机器的操纵装置、显示装置相对于操作者的位置进行合理的安排。

优良的作业空间可以使操作者工作起来安全可靠、舒适方便，有利于提高工作效率。作业空间设计要着眼于人，在充分考虑操作者需要的基础上，为操作者创造既安全、舒适又经济、高效的作业条件。

作业空间设计的内容包括作业空间布置、作业空间设计、工作台设计、座椅设计和作业环境设计。

5.1 基本设计原则

5.1.1 人机工程原则

作业空间设计的基本目标是使人机系统以最有效、最合理的方式满足作业要求，作业空间安全、舒适、经济、合理。

作业空间设计的人机工程学原则：

（1）作业空间设计必须从人的要求出发，保证人的安全、健康、舒适、方便。

（2）从客观条件的实际出发，处理好安全、健康、舒适、高效、经济诸方面的关系。

从人机工程学的角度，一个理想的设计方案只能是考虑各方面因素的折中方案，不可能每个单项都是最优的，但应最大程度地减少操作者的不便和不适。

（3）根据人体生物力学、人体解剖学和生理学的特性，合理布置操纵装置和显示装置，做到既能使操作者进行高工效的操作，又能使操作者感到舒适和不易疲劳。

(4) 按照操纵装置和显示装置的重要程度进行布置,将重要的操纵装置布置在最优作业范围内,将重要的显示装置布置在最优视区。

(5) 按操纵装置的使用频率和操作顺序进行恰当布置,将使用频率高的操纵装置尽可能也布置在最优作业范围内,并依据操作顺序的先后,把功能相互联系的操纵装置安排得相互靠近,形成合理的顺序。布置时对于使用频率不高但功能重要的操纵装置,或使用频率很高但并不非常重要的操纵装置,需要特别注意进行全面的衡量,统一安排。

(6) 按操纵装置和显示装置的功能,将功能相同或相互联系的装置布置在一起,以利于操作者进行操作和观察。

(7) 作业面的布置要考虑人的最适宜的作业姿势、操作动作及动作范围。

(8) 注意安全及人流、物流的合理组织。

应当注意,以上原则往往难以同时满足,在实际运用时,要根据实际人机系统的具体情况,统一考虑,全面权衡,从总体合理性上加以恰当布置。

5.1.2 人体尺度的应用

人从事各种作业均需要有足够的活动空间。活动空间与工作过程、工作设备、作业姿势以及各种作业姿势下工作持续时间等因素有关。

作业中人们所采用的各种操作姿势称为作业姿势。常用的作业姿势有坐姿、立姿、蹲姿、卧姿和坐立交替等,其中最常用的是坐姿和立姿。人体的作业姿势是由各种作业要求制约的,作业姿势要方便更换调整,避免使操作者产生疲劳和不适。作业姿势的影响因素主要包括:①作业空间的大小;②身体负荷的大小及用力方向;③作业空间中"机"的布置。

设计作业空间时,必须考虑人体尺寸的约束条件,以我国成年男性第 95 百分位身高为基准,女性约为男性的 0.9346 倍。作业空间设计时,人体测量的静态数据(结构尺寸)与动态数据(功能尺寸)都有用处。对大多数设计而言,因为要考虑身体各部位的关联与影响,所以必须基于功能尺寸进行设计。利用人体测量数据时,数据必须充分反映设计对象的使用者群体的特征。

运用人体测量数据的步骤要点:

(1) 确定对于设计至为重要的人体尺度(如座椅设计中,人的坐高、大腿长等)。

(2) 确定设计对象的使用者群体,以决定必须考虑的尺度范围。

(3) 确定数据运用准则。

① 个体设计准则:按群体某特征的最大值或最小值进行设计。

② 可调设计准则:对于重要的设计尺寸给出范围,使操作者群体的大多数能舒适地操作或使用。

③ 平均设计原则:尽管"平均人"的概念是错误的,但某些设计要素按群体特征的平均值考虑还是比较合适的。

(4) 数据运用准则确定后,如有必要,还应选择合适的设计定位群体的百分位(例如,按第 5 百分位或按第 95 百分位设计)。

(5) 查找与定位群体特征相符合的人体测量数据表,选择有关的数据值。

(6) 如有必要,对数据进行适当的修正。群体的尺寸是随时间而变化的,有时,数据的测量与公布相隔好几年,差异会比较明显。设计时,应尽可能使用近期测得的数据。

(7) 考虑测量的衣着情况。设计时,为了确定实际使用的作业空间或设备的尺度,必须充分考虑着装的容限。

(8) 考虑人体测量数据的静态和动态性质。手操纵的作业域一般取决于操作者的臂长,但实际作业范围可以超出臂长所及区,因为其中包含肩部和身躯的运动。手抓握式操作比手指触摸式操作的作业域要小,因为需要减去手指长度所及的部分。

人体的功能尺寸是针对特定的作业而言的,有时即使作业性质的差异很小,不同的作业也可能要求不同的作业姿势和所需空间。有些功能尺寸可以很舒适、很容易达到,而有的功能尺寸却需费很大力气才能实现。因此,运用人体尺寸数据时,必须对实际的作业及情况进行具体的分析。

5.1.3 作业空间范围

1. 近身作业范围

操作者坐姿或立姿作业时,手和脚在水平面和垂直面内所能触及的运动轨迹范围,称为作业范围。作业范围是构成作业空间的主要部分,有平面作业范围和空间作业范围之分。

当需要连续和较长时间、精确细致、手足并用操作时,宜采用坐姿。如车辆、飞机驾驶员的操作。

坐姿近身作业范围是指作业者在坐姿操作时,其四肢所及范围的静态尺寸和动态尺寸。

近身作业范围的尺寸是作业空间设计与布置的主要依据。它主要受功能性臂长的约束,而臂长的功能尺寸又由作业方位及作业性质决定。近身作业范围还受衣着的影响。

坐姿作业通常在作业面以上进行,其作业范围为操作者在正常坐姿下,手和脚可伸及的一定范围的三维空间。随作业面高度、手偏离身体中线的距离及手举高度的不同,其舒适的作业范围也发生变化。

若以手处于身体中线处考虑,直臂作业区域由两个因素决定:肩关节转轴高度及该转轴到手心(抓握)的距离(若为接触式操作,则到指尖)。

图 5-1 所示为第 5 百分位的人体坐姿抓握尺度范围。以肩关节为圆心的直臂抓握空间半径为:男性 650mm,女性 580mm。

坐姿操作时,操作者的手臂运动在水平面上所形成的运动轨迹范围,称为水平平面作业范围,如图 5-2 所

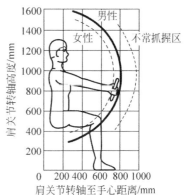

图 5-1 坐姿抓握尺度范围

示;手向外伸直、以肩关节为轴心在水平面上所划成的圆弧范围,称为最大平面作业范围(图中虚线所示);手臂自如弯曲(一般弯曲成手长的3/5)、以肘关节为轴心在水平面上所划成的圆弧范围,称为正常平面作业范围(图中细实线所示)。由于操作者在作业时肘部也是移动的,所以实际上的水平平面作业范围是图5-2中粗实线所围成的区域,单位为mm。

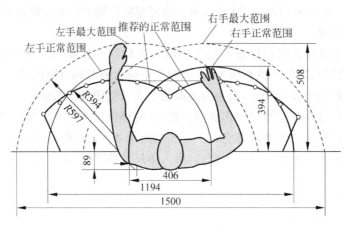

图5-2 坐姿的手部作业范围

脚的作业范围以脚能够移动的距离来确定。与手操作相比,脚的操作力大,但精确度差,且活动范围较小,一般脚操作限于踏板类操纵装置。正常的脚作业空间范围位于身体前侧、座高以下的区域,其舒适的作业范围取决于身体尺寸与动作的性质。男子坐姿操作时手和脚在垂直平面内的最优作业范围如图5-3中阴影线区域所示。

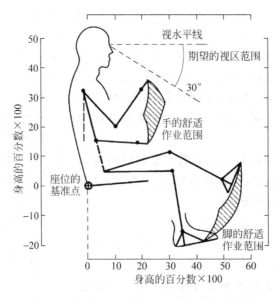

图5-3 手和脚在垂直平面内的最优作业范围

坐姿操作时手的空间作业范围如图 5-4 所示,图中圆弧实线表示正常作业范围,圆弧虚线表示最大作业范围,阴影线表示右手的最优作业范围。

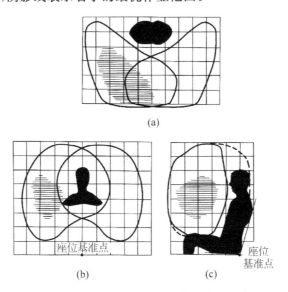

图 5-4　手的空间作业范围(每格代表 152mm)
(a) 水平平面；(b) 正面垂直平面；(c) 侧面垂直平面

2. 作业场所

操作者坐姿或立姿作业时,其周围与作业有关的、包含设备因素在内的作业区域,称为作业场所。当一个操作者操纵一台机器或设备时,其作业空间与作业场所是一致的。当许多个操作者操纵许多台机器或设备而共处于一个车间或工作室之内的情况下,其总体作业空间就不是直接的作业场所,而是由各个作业场所的总和加上必要的辅助空间所构成的。

5.2　作业空间布置设计

5.2.1　作业空间的布置

作业空间的布置是指在作业空间范围限定之后,确定合适的作业面及显示装置、操纵装置的位置。人机系统中,作业空间的布置不仅要考虑人与机之间的关系,还要考虑机与机、人与人之间的关系。大多数人都在人造环境里工作和生活,可能是在小环境中,如办公室、汽车、实验室等,也可能是在大环境中,如城市、社区等。这些空间或设施的设计,对人的行为、舒适感及心理满足感会有相当大的影响。

1. 作业空间布置的原则

(1) 重要性原则:优先考虑对于实现系统目标最为重要的元件,即使使用频率不高,也要将其中最重要的元件布置在离操作者最近或最方便的位置。这样可以防止或减少因误操作引起的意外事故或伤害。

（2）使用频率原则：显示装置与操纵装置应按使用频率的大小划分优先级。经常使用的元件应置于作业者易见、易及的部位。

（3）功能原则：在系统作业中，应按功能性相关关系对显示器、操纵器以及机器进行适当的分区排列。

（4）使用顺序原则：在机器或设备的操作中，为完成某动作或达到某一目标，常按顺序使用显示器与操纵器。这时，元件应按使用顺序排列布置，以使作业方便、高效。例如，按照开启电源、起动机床、看变速标牌、变换转速的顺序依次布置机床上的相关元件。

进行系统中各元件布置时，不可能只遵循一个原则。通常，重要性原则和使用频率原则主要用于作业场所内元件的区域定位，而使用顺序原则和功能原则侧重于某一区域内各元件的布置。在上述原则都可使用的情况下，按使用顺序原则布置元件执行时间最短，见图5-5。

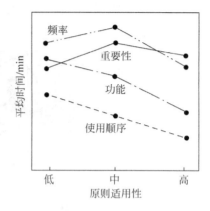

图5-5 界面布置原则与作业时间的关系

2. 作业空间布置的顺序

对于包含显示器与操纵器的个体作业空间，还可以按一定的先后顺序考虑布置问题，以便于给出合适的折中方案。

对不同类型的元件，推荐按以下顺序进行布置：

主显示器→与主显示器相关的主操纵器→有协调性要求的操纵器与显示器→按顺序使用的元件→将使用频繁的元件置于方便观察、操纵的部位→按布局一致的原则协调本系统内及其他相关系统的布置方案之间的关系

5.2.2 作业空间的设计

1. 作业空间设计的步骤

一个设计合理的作业空间，应使操作者在任何时刻观察、操作都很方便，并且在较长时间维持某种作业姿势时，不会产生或尽可能少地产生不适和疲劳。

对较为简单的、显示和操纵元件较少的作业空间，人机系统设计往往较易解决，各个元件可以置于相对较优的位置。对作业内容复杂、元件数量很多的有限作业空间，很难将各元件都布置在最优的视及范围。在这种情况下，设计者不得不采取折中的办法，从系统的角度考虑整个作业，保证所做出的设计整体上最优。

必须经过一系列必要的设计步骤，通过作业调查、初步设计、模型测试与分析、论证、修

改及反复改进论证,才能获得合理的作业空间设计。

1) 作业调查分析

确定设计要求、进行作业调查是人机系统设计的出发点。在此环节,必须对作业的目标、作业动作内容、所涉及的设备条件等情况进行详细的研究、分析。

为了对作业空间的总体布局有良好的把握,需进行必要的调查与咨询。例如下列问题可供调查时使用:

(1) 作业目的是什么?
(2) 为达到这些目的,操作者必须完成哪些动作?
(3) 执行哪些动作时必须一直观察显示器与操纵器?哪些只需要偶尔察看?
(4) 哪些动作最重要?哪些次之?
(5) 哪些动作要求同时观察多个元件?
(6) 每个动作的持续时间是多少?
(7) 每个动作执行的频繁程度如何?
(8) 对每个动作而言,哪些身体尺寸最重要?
(9) 哪些动作易引起疲劳?
(10) 哪些动作需要肌肉施力操作,哪些只需少量的力度?
(11) 哪些动作要采取别扭的姿势,导致不易出力或减少可及范围?
(12) 身体动作幅度可达多大时,仍然能完成作业、保持效率,又不使身体不适?
(13) 操作者对作业内容是否熟悉?
(14) 操作者以前是否具有操作类似设备或在类似场所作业的经验?
(15) 操作者对作业不适或不便能否忍受?

2) 设计准备

(1) 确定设计要求。
(2) 确定设计定位群体和设计极限。在考虑设计定位群体、作业空间总体规划时,必须顾及作业场所的其他人员,如受训者、参观人员、管理人员的容身空间,并且考虑到操作者相互交流的需要。
(3) 绘制基本人体尺寸图。
(4) 制作人体模型与样板。

3) 初步设计

对作业空间进行初步设计,包括显示器、操纵器等元件的布置。

4) 模型测试与分析

(1) 缩尺比例模型。缩尺比例模型的测试、评价方法简单、迅速、经济,但不能对有关动作、姿势、作业舒适性方面进行评价。作为最基本的手段,可用来检验总体作业空间与场所布置的合理性。
(2) 物理仿真模型。制作全尺寸三维作业空间的物理仿真模型,比缩尺比例模型更费时，成本更高，但更接近实际情况，操作者可以直接感受到未来设备或场所的使用性能和操作舒适性，记录作业时各种空间尺度的测试结果，为合理设计提供定量数据。

(3) 虚拟仿真模型。运用计算机辅助设计技术，建造虚拟的三维作业空间模型，可以对比、分析、评价作业空间的多种设计方案。只要有合适的软件系统，设计师就可以省去绘制效果图、制作缩尺比例模型或物理仿真装置的麻烦。

根据作业空间的关键尺寸和设计要求，可以在屏幕上产生各种设计构思。计算机将方案表述成二维或三维图形，可以扩大、缩小、变换、旋转，从不同的角度和位置评价作业空间或场所设计的合理性。屏幕上产生的图形可以使设计师据以评价操作者、机器和作业空间的相互关系。通过多个设计方案的对比、分析、评价，最终将能优选出最合理的作业空间设计。

5) 论证和修改

根据模型测试与分析的结果，对初步设计方案进行论证，提出改进意见，进行修改设计。

2. 坐姿作业空间设计

人体上肢的最舒适作业区间是一个梯形区，见图 5-6。作业面高度直接影响人体上臂的工作姿势。作业面过低，使得背部过分前屈；作业面过高，则须抬高肩部，超过其自然松弛位置，引起肩部、颈部疲劳。坐姿作业面高度如果能设计成可调的，操作者就可根据自身的条件调节至合适的位置。作业面的高度在肘部下 50~100mm，可使肩部自然下垂，小臂接近水平。坐姿作业面的推荐高度见表 5-1。通常的做法是将作业面高度设计成固定的，而将座椅设计成可调的，以调节人与作业面的相对高度。

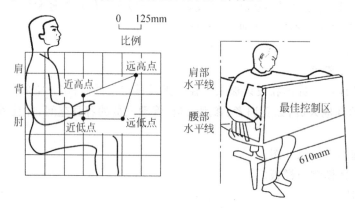

图 5-6 坐姿上肢的最舒适作业区

表 5-1 坐姿作业面的推荐高度　　　　　　　　　　　　mm

作业类型	男性	女性	作业类型	男性	女性
精细作业（如钟表装配）	990~1050	890~950	写字或轻型装配	740~780	700~750
较精密作业（如机械装配）	890~940	820~870	重负荷作业	690~720	660~700

坐姿作业时，操作者的腿部和脚部也应有足够的自由活动空间，腿的最小活动空间应为人的第 95 百分位的臀部宽度值，最小深度应为人的第 95 百分位的膝—臀间距值。

3. 立姿作业空间设计

立姿作业面高度的设计按精密作业、一般作业和重负荷作业三种情况，有三种推荐高度，如图 5-7 所示。

图 5-7　立姿作业面推荐高度

男性肘高平均值为 1020mm，女性肘高平均值为 960mm。从地面到 500mm 高度之间只适用脚操纵，若采用手操纵，则须弯腰，消耗体力。500～700mm 高度，手和脚操作都不方便，不宜在此高度之间设计操纵装置。700～1600mm 高度，尤其是 900～1400mm 高度是最优操作区。1600～1800mm 高度，手操作不方便，视觉条件略差，只设置不大重要的操纵装置和显示装置。1800mm 以上，作业者需要仰视，很容易疲劳，一般只设置报警器。如图 5-8 所示为不同高度立姿作业设计时考虑的身体中心，如常用的手部运动中心。

4. 坐—立姿作业空间设计

当作业需要坐姿与立姿交替使用时，为消除疲劳，可采取坐—立姿操作。对这种体位交替变换的作业面高度设计，应以保持上臂处于自然松弛状态为准。

5. 其他姿势作业空间设计

除了常用的坐姿和立姿之外，作业者有时还需采用蹲姿、跪姿、俯卧姿等特殊姿态进行操作，相关作业空间设计可以通过《工作空间人体尺寸》(GB/T 13547—1992) 查询。有时作业者还必须在限定的空间中作业，如通道作业、车辆维修、管道维修等。为

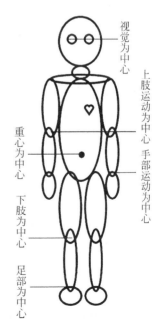

图 5-8　不同高度的立姿作业设计中心

了保证作业者正常作业，应根据作业特点和人体尺寸确定作业空间的尺寸要求，如根据第 95 百分位人体尺寸数据，考虑服装和季节的影响进行尺寸修正，同时考虑人体负重情况，如手提物品、撑伞、使用轮椅等，具体可参看《用于机械安全的人类工效学设计》(GB/T 18717.1—2002)系列标准内容。

5.3 工作台设计

工作台是包含操纵装置和显示装置的作业单元，主要用于以监控为目的的作业场所，如汽车的中控台(图 5-9)、自动化生产的计算机监控平台、教师授课的多媒体工作台等。

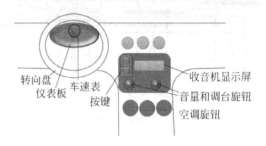

图 5-9 汽车中控台布置

工作台设计的关键任务是将操纵装置与显示装置布置在操作者的正常作业空间范围内，保证操作者方便而舒适地观察和操作，并为操作者长时间作业提供舒适稳定的坐姿。

工作台的整体尺寸按面板上的操纵装置、显示装置的布置以及人体测量数据而定。

图 5-10 所示为一种推荐的工作台作业面布置区域，是依据第 2.5 百分位的女性操作者的人体测量数据得出的。按照图中的阴影区的形状设计工作台，可使操作者具有良好的手—眼协调性能。

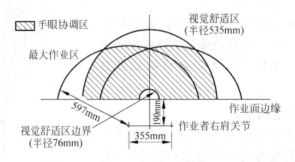

图 5-10 一种推荐的工作台作业面布置区域

按操作者作业姿势的不同，工作台的形状有柜式、桌式和弧形等。操作者采用的体位不同，工作台的尺寸范围也不同。推荐的一种标准工作台尺寸见图 5-11 及表 5-2。

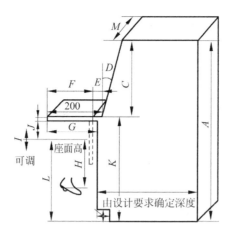

图 5-11 一种推荐的标准工作台尺寸设计

表 5-2 标准工作台尺寸   mm

代号	尺寸名称	坐姿	立姿	坐—立姿
A	工作台最大高度	1300～1580	1830	1580
C	台面至顶部高度	660	910	660
D	面板倾角	380	380	380
E	笔架最小深度	100	100	100
F	书写表面最小深度	400	400	400
G	最小容膝空间	450	450	450
H	座面至搁脚高度	450	450	450
I	座高调整范围	100	100	100
J	最小大腿空间	165	165	165
K	书写表面高度	650～910	910	910
L	座高	450～720		720
M	工作台面板最大宽度	910	910	910

5.4 座椅设计

坐姿是人体较自然的姿势。随着自动化程度的提高,越来越多的作业采用坐姿完成,坐姿将是操作人员未来作业的主要工作姿态。坐姿比立姿更有利于血液循环。人站立时,血液和体液在地心引力作用下向腿部集中;而坐姿时肌肉松弛,腿部血管内血流静压稳定,有利于减轻疲劳。坐姿更有利于保持身体的稳定,更适合于精细作业。

坐姿将以脚支撑全身的状况转变为以臀部支撑全身,有利于发挥脚的作用。特别是能够利用靠背来增大腿脚的蹬力,控制操纵力较大的装置。

坐姿也存在一些缺点,主要是限制了人体的活动范围,尤其是需要上肢出力的场合,往往需要站立作业,而频繁的起坐交替会导致疲劳。长期维持坐姿还会影响人的健康,引起腹肌松弛,下肢肿胀,静脉压力增大,大腿局部受压,增加血液回流阻力,脊柱非正常弯曲,以及对某些内脏器官造成损害。如果坐姿不正确,座椅设计不合理,会给身体带来严重损害。

理想的座椅应当使人在坐姿状态下,体重合理分布,大腿平放,双足着地,上臂不负担身体的重量,肌肉放松,血液循环通畅,姿态舒适。

5.4.1 舒适坐姿的生理特征

1. 脊柱的特点

坐姿状态下,支撑身体的是脊柱、骨盆、腿和脚。脊柱是人体的主要支柱,由24节椎骨以及5块骶骨(已联成一体)和4块尾骨(已联成一体)连接组成,如图5-11所示,其中椎骨自上而下又分为颈椎(共7节)、胸椎(共12节)、腰椎(共5节)三部分,每两节椎骨之间由软骨组织和韧带相联系,使人体得以进行屈伸、侧曲和扭转动作等有限度的活动。颈椎支撑头部,胸椎与肋骨构成胸腔,腰椎、骶骨和椎间盘承担人体坐姿的主要负荷。

各节椎骨所承受的重量自上而下逐节增加,椎骨由上往下逐渐变粗变大,这是脊柱的基本生理形态。腰椎几乎承受人的上体的全部重量,并且要实现弯腰、侧曲、扭转等人体运动,最容易受到损伤或产生腰曲变形。

从侧面观察脊柱,可看到颈、胸、腰、骶四个弯曲部位,其中颈曲和腰曲凸向前,胸曲和骶曲凸向后。成年人脊柱的自然弯曲弧形应如图5-12所示。在此情况下,椎骨的支撑表面相互位置正常,椎间盘没有错位的趋势。一旦人体改变这种自然弯曲状态,就会引起椎间盘压力改变,致使腰部疼痛。

图5-13所示为人体在各种不同姿势下的腰椎弯曲形状。曲线 B 表示人体松弛侧卧时,脊柱呈自然弯曲状态;曲线 C 是最接近人体脊柱自然弯曲状态的坐姿;曲线 F 是当人体的躯干与大腿的夹角呈90°时情形,此时脊柱严重变形,椎间盘上的压力不能正常分布。因此,欲使坐姿能形成接近正常的脊柱自然弯曲形态,躯干与大腿之间必须有大约135°的夹角,并且座椅设计应使人体腰部有适当支撑,让腰曲弧形自然弯曲,腰背肌肉处于放松状态。

2. 人—椅之间的两点支撑

人在坐姿状态,大腿和上身的重量必须由座椅来支撑。人体结构在骨盆下面有两块圆骨,称为坐骨结节。坐骨结节能够支持大部分上身的重量。覆盖在它们外面的皮肤能获得丰富的动脉血液供应;而在臀部的边缘部分,血液循环则大不一样,在这部分静脉较多(包含较少的氧);当人坐姿时,覆盖着坐骨结节的皮肤能够更好地经受住持久的压力。因此,座面上的臀部压力分布应是:在坐骨结节处最大,由此向外,压力逐渐减小,直至与座面前缘接触的大腿下部,压力为最小。座垫的柔软程度要适当,坐骨部分的座垫应当是支撑性的,它要承受施加在座位上大约60%的重量,而其余部分则应当比座垫更柔软些,以便能够把重量分布在更大的面积上。座椅靠背上的压力分布应当是:肩胛骨和腰椎骨两个部位最高,即靠背设计中的"两点支撑"准则。靠背的两点支撑中,上支撑点为肩胛骨提供凭靠,称为肩靠,其位置相当于第5～6节胸椎之间的高度;下支撑点为腰曲部分提供凭靠,称为腰靠,其位置相当于第4～5节腰椎之间的高度。不同用途的座椅,两点支撑的作用不一样。休息用的座椅,体、腿夹角较大(舒适角度约为115°),坐姿时身体向后倾斜,只要肩胛部分支撑稳靠,没有腰靠也能得到舒适的坐姿,因此是以肩靠起主要作用。一般操作用座椅,由于操作的要求,身体需要略向前倾,肩胛骨部分几乎接触不到靠背,因此,只有腰靠起支撑作用,一般不用设置肩靠。腰靠支撑是使背疼和疲劳减到最轻的主要措施,否则,只靠肌肉来维持腰曲弧形,势必引起腰部肌肉疲劳和损伤。考虑到人的身材高矮不同,腰部的位置差别较大,对某些重要的操作座椅,应当具有能调节腰靠位置的装置,有条件的话,最好还要有能调节腰靠凸起形状的装置。

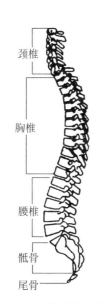

图 5-12 人体脊柱的构造

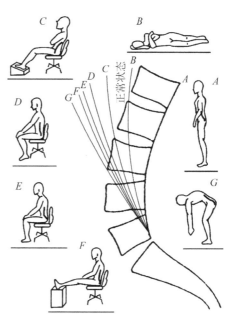

图 5-13 人体在不同姿势下的腰椎弯曲形状

腿的主动脉紧靠着大腿下表面和膝盖的后面,在此部位上,任何持续的压力都会给人造成极端的不舒适和肿胀感觉。借助于适当减短座深、把座垫前缘修圆和采用较软的泡沫塑料座垫等措施可防止发生这种情况。使座面离地板的高度足够低,以便使脚能踩着地板,让此重要部位感觉不到有任何压力。

由骨盆支持的背部结构是由背部肌肉控制的一根柔性脊柱,脊背的问题常常是因为椎间盘错位,压迫坐骨神经而使人感到非常疼痛。图 5-14 表示脊柱的自然弯曲弧形,此时椎骨支撑表面的相互位置是正常的,因而椎间盘没有滑出其正常位置的趋势。正确的坐姿应当是支持脊柱使之靠近这一自然弯曲弧形。使用过分柔软的腰靠,经过一段时间之后,会使脊背弯进成一条曲线,那时仅靠背部肌肉给予有效的支持。

坐骨下面的座面应当近似是水平的。图 5-15 表示带有股骨的骨盆部位的前视图,股骨在股节中从连接骨盆的球孔向外伸去。用平的座位,股骨的这一部分在坐骨平面之上,因此不承受过分的压迫。如果座面是斗形的(图 5-16),则弯曲的座面会使股骨趋于向上转动(箭头所示)而受载,造成髋部肌肉承受反常的压迫,从而引起不舒适感。故需注意避免采用斗形座面。

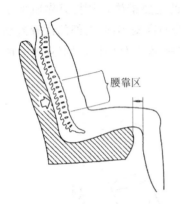 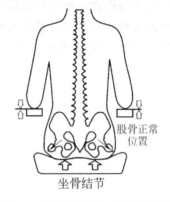 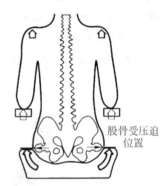

图 5-14　脊柱支持在正常弯曲弧形　　图5-15　脊柱支持在正常弯曲弧形　　图 5-16　斗形座位示意

人长时间坐在一个位置不动,会出现肌肉紧张,稍稍转换身体位置可以促进生物电的活动,使肌肉放松而重新得到休息。座椅的设计必须有可能让人经常地改变自己的姿势和位置,以便减轻压力和活动伸展各部分肌肉。

3. 扶手与脚踏板

为了使操作者能够坐稳并且有充分的安全感,应设置两个扶手,使肩部支持在一个舒适的位置(图 5-15),并使操作者在进行操作时,前臂和肘部能自由活动。扶手高度应当可以调整,以适应各种不同身材的操作者使用。扶手的内侧表面应当有衬垫,以承受大腿的侧压力。除了臀部下面的中间平面部位以外,座垫表面的各个边缘应当稍稍向上倾斜,以便阻止臀部向边缘滑动而使操作者能够坐稳。靠背与座垫之间的夹角应当为 95°左右,至少是 90°,以避免因骨盆向前歪斜而弯腰,造成肌肉紧张和受束缚。

为了使操作者脚踩着地板,同时上身靠在靠背上舒适地进行操作,地板搁脚的部位应当朝前上方倾斜,与水平面的夹角约为 20°。对于某些运输车辆,特别是地板搁脚部位倾斜度不够的车辆,建议将座面设计成稍稍倾斜,沿座深方向前高后低,相差 25～40mm。

操作者操纵脚踏板时,小腿与大腿间的舒适夹角应为 110°～120°,足与小腿的舒适夹角应为 85°～90°,如图 5-17 所示。

4. 舒适的人体坐姿

舒适的坐态生理,应保证腰曲弧形处于正常自然状态,腰背肌肉处于松弛状态,从上体通向大腿的血管不受压迫,保持血液正常循环。因此,最舒适的坐姿,是臀部稍离靠背向前移,使上体略向后倾斜,保持体腿夹角在 90°～115°,小腿向前伸,大腿与小腿、小腿与脚面之间也应有合适的夹角,如图 5-18 所示。

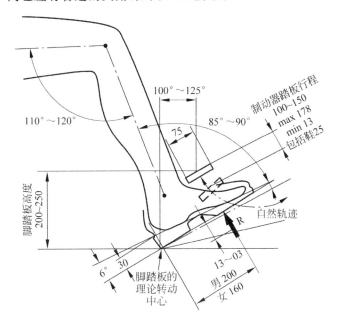

图 5-17 操纵脚踏板时大腿、小腿和脚面之间的夹角(尺寸单位:mm)

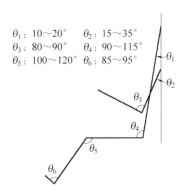

图 5-18 舒适坐姿的关节角度

5.4.2 工作座椅的设计

工作座椅是供坐姿工作人员使用的一种由支架、腰靠、座面等构件组成的坐具。座位空间及座椅的尺寸设计应保证适应人体舒适坐姿的生理特征,提供实现舒适坐态的支撑条件。

1. 工作座椅设计的主要准则

(1) 人体躯干的重量应由坐骨、臀部及脊椎按适当比例分别支撑,其主要部分应由坐骨结节承担。

(2) 人体上身应保持稳定。

(3) 人体腰椎下部(第 4～5 节腰椎之间)应有适当的腰靠支撑。

(4) 座面的高度应确保大腿的肌肉和血管不受压迫。

(5) 就坐者应能方便、自如地变换姿势而不致滑脱。

(6) 座椅的位置和尺寸应与工作台、显示装置、操纵装置相配合,以提高操作者的操作舒适性和方便性。

2. 工作座椅设计的基本要求

(1) 工作座椅的结构形式应尽可能与坐姿工作的各种操作活动要求相适应,应能使操作者在工作过程中保持身体舒适、稳定并能进行准确地控制和操作。

(2) 工作座椅的座高和腰靠高必须是可调节的。座高调节范围在 GB 10000—1988 中"小腿加足高",女性(18～55 岁)第 5 百分位到男性(18～60 岁)第 95 百分位数,即 360～480mm。工作座椅座面高度的调节方式可以是无级的或间隔 20mm 为一挡的有级调节。工作座椅腰靠高度的调节方式为 165～210mm 的无级调节。

(3) 工作座椅可调节部分的结构必须易于调节,保证调节好的位置在座椅使用过程中不会改变或松动。

(4) 工作座椅各零部件的外露部分不得有易伤人的尖角锐边,各部结构不得存在可能造成挤压、剪钳伤人的部分。

(5) 操作者无论坐在座椅前部、中部还是往后靠,工作座椅座面和腰靠结构均应使坐者感到安全、舒适。

(6) 工作座椅腰靠结构应具有一定的弹性和足够的刚性。在座椅固定不动的情况下,腰靠承受 250N 的水平方向作用力时,腰靠倾角 β 不得超过 115°。

(7) 工作座椅一般不设扶手,需设扶手的座椅必须保证操作人员作业活动的安全性。

(8) 工作座椅的结构材料和装饰材料应耐用、阻燃、无毒。座垫、腰靠、扶手的覆盖层应使用柔软、防滑、透气性好、吸汗的不导电材料制造。

(9) 工作座椅座面,在水平面内可以是能够绕座椅转动轴回转的,也可以是不能回转的。

3. 工作座椅的结构和主要参数

工作座椅的基本结构如图 5-18 所示,其主要参数的取值范围列于表 5-3,表中各参数的符号含义见图 5-19 中的标注。表中所列参数 a、f、g、α、β 为操作者坐在座椅上之后形成的尺寸、角度,测量时应使用规定参数的重物代替坐姿状态的人。表中所列参数,已经考虑了操作者穿鞋和着冬装的因素。

4. 工作座椅主要构件的设计要点

1) 座面

座面表面有两种基本形式,一种是纵向(座深方向)平展的,其倾角为 0°～5°;另一种是纵向前缘起拱的。任意一种形式的座面,其横向高度差都不得大于 25mm;座面前缘起拱的高度最小应为 40mm,起拱半径最小为 40mm,最大为 120mm。座面前缘纵向起拱时,前部倾角为 4°～5°,后部倾角为 10°～15°,两角顶交点位于距座面前缘座深 2/3 处;纵向高度差不得大于 40mm (图 5-20)。

表 5-3　工作座椅的主要参数

参数	符号	数　值	测量要点
座高	a	360～480	在座面上压以 60kg,直径 350mm 的半球状重物时测量
座宽	b	370～420,推荐值 400	在座面转动轴与座面的交点处或座面深度方向微分之一处测量
座深	c	360～390,推荐值 380	在腰靠高 g＝210mm 处测量,测量时为非受力状态
腰靠长	d	320～340,推荐值 330	
腰靠宽	e	200～300,推荐值 250	
腰靠厚	f	30～50,推荐值 40	腰靠上通过直径 400mm 的半球状重物施以 250N 的力时测量
腰靠高	g	165～210	
腰靠圆弧半径	R	400～700,推荐值 550	
倾覆半径	r	195	
座面倾角	α	0°～5°,推荐值 3°～4°	
腰靠倾角	β	95°～115°,推荐值 110°	

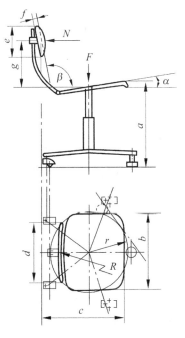

图 5-19　工作座椅的基本结构

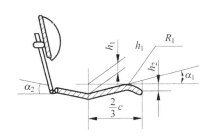

图 5-20　座椅前缘拱起的尺寸

当座垫为弹性结构时,最下层支撑部分应有一定的刚性,中间弹性层变形量不宜过大(座垫厚度不宜大于 30mm),当按表 5-3 规定的测量要点进行测量时,座垫变形后形成的各尺寸参数应符合表 5-3 的规定。

座面留有通气孔或带排气沟槽时,孔和沟槽的存在不应影响座面的其他参数。

2) 腰靠

腰靠的形状应保证使人体压力尽量分布均匀。腰靠若装有软垫,其沿座深方向垂直剖面内的曲率半径必须大于 1400mm。

3) 支架

工作座椅支架至少必须有 5 个支点。支点可以使用球形或鼓形小轮,也可以在某一个或某几个支点使用滑块。为保证稳定性,空椅的滑移阻力应不小于 15~20N。

4) 扶手

工作座椅若设扶手,则其有关尺寸应满足:扶手上缘与座面间的垂直距离为(230±20)mm;两扶手内缘间的水平距离最大不超过 500mm;扶手长度为 200~280mm;扶手前缘与座面前缘的水平距离为 90~170mm;扶手倾角,固定式为 0°~5°,可调式为 0°~20°。

5.5 环境设计

作业环境对系统的影响是人机工程研究的一个重要方面。人机系统所处的环境因素涉及热环境、光环境、声环境、振动环境、空气环境等方面。在人机系统设计过程中,应尽可能考虑并减小各种环境因素对人体的不良影响,使人体具有舒适的作业环境,有利于保证作业人员的身心健康与安全,并有利于提高系统的综合性能。

根据人体对作业环境的舒适性感受和适应程度,可以将作业环境分为最舒适区、舒适区、不舒适区和不能忍受区。图 5-21 描述了人体在各种环境下的舒适程度范围。在系统设计时,应尽量为人体设计一个舒适的环境,但在很多情况下,难以达到舒适性要求,为此,还需要采取一定的防护措施来减小环境因素对人体的不利影响。本节对各种环境因素的特点、对人体的影响及相关的防护标准等内容进行介绍,为作业环境设计提供基础参考。

5.5.1 光环境设计

1. 光环境的重要性

视觉是人体最重要的感觉,光环境对视觉的影响最为显著。作业场所的光环境,包括天然采光和人工照明,对生产效率、安全和健康都有重要影响。良好的光环境对降低事故发生率和保护工作人员的视力具有明显的效果。图 5-22 对比了某工厂在照明改善前后的事故发生情况,可见照明改善后安全状况明显好转。

图 5-21 各种环境因素的人体舒适程度范围

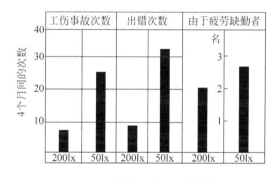

图 5-22 照明状况与事故情况

2. 光环境的主要参数

1) 光通量

单位时间内通过物体某一面积的光能,单位:流明(lm)。如:1根普通蜡烛。一个40W普通白炽灯泡的光通量大约为10lm/W。

2) 照度

照度是指照射在物体单位表面面积上的光通量,单位:勒克斯(lx)。

平均照度(E_{av})=光源总光通量($N \times \Phi$)×利用系数(CU)×维护系数(MF)/区域面积(m^2)利用系数:一般室内0.4;维护系数:0.7~0.8。

3) 亮度

亮度是指发光表面在指定方向的发光强度与垂直面的面积之比,单位:cd/m^2。

某办公室平均照度设计案例:办公室长 18.2m,宽 10.8m,高 2.8m,桌面高 0.85m,利用系数 0.7,维护系数 0.8,灯具数量 33 套,求办公室内平均照度是多少?

灯具解决方案:灯具采用 DiNiT 2×55W 防眩日光灯具,光通量 3000lm。平均照度为

$$E_{av} = (33 \times 6000lm \times 0.7 \times 0.8) \div (18.2m \times 10.8m) = 564.10lx$$

3. 光环境的设计原则

1)照明方式

工业企业的建筑物照明通常采用三种形式,即自然采光、人工照明和二者兼有的混合照明。人工照明按灯光照射范围和效果,又分为一般照明、局部照明、综合照明和特殊照明。照明方式影响照明质量,且关系到投资及费用支出,选用何种照明方式与工作性质及工作及分布疏密有关。

2)光源选择

作为光源,自然光最理想。在设计照明时,应始终考虑最大限度地利用自然采光。采用人工照明可使工作场所保持稳定光亮。人工照明应选择接近自然光的人工光源。

按光源与被照物的关系,光源可分为直接光源、反射光源和投射光源三种。设计中还要考虑光源的光色,如荧光灯呈日光色,高压钠灯呈全白色。

3)照度分布

工作场所的照度应均匀分布。照明均匀应从灯具的布置上来解决。照度均匀的标志是:场内最大、最小照度分别与平均照度之差小于等于平均照度的 1/3。设计时还要考虑到光的稳定性和均匀性。

4)亮度分布

人的视野内存在不同亮度,如果亮度差别大,易于造成视觉疲劳。亮度不必过于均匀,但反差应适度。因此,要求视野内有合适的亮度差异和分布,既有利于观察和作业,又使工作环境不致单调。视野内的观察对象、工作面和周围环境之间最好的亮度比为 5:2:1,最大允许亮度比为 10:3:1。

5)眩光防止

在光环境设计时应注意防止出现眩光。对直接眩光的防止措施主要包括:限制光源亮度;合理布置光源;改变光线为散射;适当提高环境亮度等。对反射眩光,应通过变换光源位置或工作面位置,使反射光不处于视线之内;还可通过选择材料和涂色来降低反射系数,避免发生反射眩光。

按照场所的不同,对光环境的要求不同,一般按照居住建筑、公共建筑、工业建筑和交通工具等进行分类,常用的光环境相关标准如下:

- 《视觉工效学原则室内工作场所照明》(GB/T 13379—2008)
- 《建筑采光设计标准》(GB/T 50033—2013)
- 《建筑照明设计标准》(GB 50034—2013)
- 《城市道路照明设计标准》(CJJ 45—2015)

- 《公路隧道照明设计细则》(JTG/T D70/2-01—2014)
- 《中小学校教室采光和照明卫生标准》(GB 7793—2010)
- 《采光测量方法》(GB/T 5699—2017)
- 《照明测量方法》(GB/T 5700—2008)

5.5.2 热环境设计

1. 热环境的影响因素

影响热环境的主要因素包括温度、湿度、风速和热辐射四个方面,各因素对人体的影响是综合性的,同时,还需考虑人体的代谢量和衣着情况。对热环境进行分析和评价,必须综合考虑各个因素。

2. 人体的热平衡

尽管人所处的环境变换,但人的体温波动很小,始终维持在 36.5℃左右。为了保持体温,体内的产热量应与对环境的散热量及吸热量相平衡。人体具有 4 种散热方式,即辐射、对流、蒸发和传导。人体的热平衡方程式为

$$M \pm C \pm R - E - W = S$$

式中,M 为代谢产热量;C 为对流交换热量;R 为辐射交换热量(吸热＋,散热－);E 为汗液蒸发;W 为做功耗热;S 为人体的蓄热状态。

显然,当人体产热和散热相等时,$S=0$,人体处于动态热平衡状态;当产热多于散热,即 $S>0$,热平衡破坏,体温升高;反之,当散热多于产热,$S<0$,体温下降。

图 5-23 为人体的热平衡状态图。人体的热平衡不是一个简单的物理过程,而是在神经系统调节下的非常复杂的过程。因此,虽然周围的热环境因素一直在变化,但人体的体温仍能保持稳定,只有在热环境发生剧烈变化时,才会对人体产生不良影响。

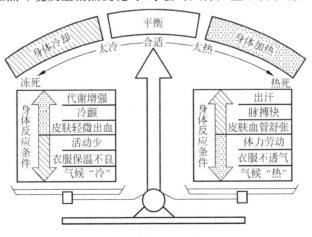

图 5-23 人体的热平衡状态图

3. 热环境的影响

人体具有较强的恒温控制能力,可适应较大范围的热环境条件。但是人处于远离热舒适范围,并可能导致人体恒温控制系统失调的热环境中,将对人体造成不同程度的伤害。如低温冻伤、高温烫伤。人体耐低温能力比高温能力强。当深部体温降至27℃时,仍有存活希望;而当深部体温高到42℃时,往往引起生命危险。

热环境对人的工作效率和出错频度有着较明显的影响。图5-24所示为脑力劳动者的工作效率和相对差错次数与气温之间的变化关系。

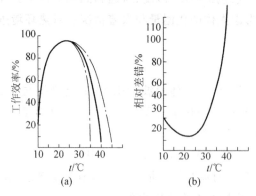

图 5-24 气温对工作效率和相对差错的影响

4. 舒适的热环境

1) 舒适的温度

生理学上对舒适温度的规定为:人坐姿休息、穿薄衣、无强迫热对流,在通常的地球引力和海平面的气压条件下的人所感觉到的舒适温度应在(21 ± 3)℃范围内。

影响舒适温度的因素主要包括不同的季节,不同的劳动强度,人的地域、性别、年龄和衣着等方面。

允许温度通常是指基本上不影响人的工作效率、身心健康和安全的温度范围。一般是舒适温度$\pm(3\sim5)$℃。

2) 舒适的湿度

舒适的湿度一般为40%~60%。在30%以下为低湿度,在70%以上为高湿度。室内空气湿度和室温之间的关系可参考下式:

$$\Phi(\%) = 188 - 7.2t \quad (12.2℃ < t < 26℃)$$

如室温20℃,湿度最好是44%。

3) 舒适的风速(气流速度)

风速与温度和湿度有关,在一般的室内,空气的最佳流速为0.3~0.4m/s。

5. 热环境的改善

对热环境进行改善的生产技术措施主要包括如下几方面:

(1) 合理布置热源；
(2) 温、湿度调节；
(3) 通风(自然/机械)；
(4) 气流组织优化；
(5) 保温隔热。

保健措施包括为作业者提供饮水和营养,并合理使用劳保用品,如隔热服和防寒服。生产组织方面的措施包括合理安排作业负荷、布置良好的作息场所和职业适应等。

改善热环境通常借助于空调装置。空调的设计主要考虑的参数是空调制冷量,也即匹数。匹数和功率的对应关系为：

1 匹：2200～2600W

1.5 匹：3200～3600W

2 匹：4500～5500W

同时考虑与空间面积之间的关系。一般的居室房间可按照每平方米配制冷量 160～220W 计算出空调的制冷量大小,如 12m² 卧室,需要 1 匹的空调即可。

此外,还应考虑能效比,也即制冷量和制冷消耗功率的比值。如 2 匹空调的制冷功率 1500W,则能效比为 5000/1500=3.3。

对热环境的综合设计可参照如下标准：
- 《工业企业设计卫生标准》(GBZ1—2002)
- 《工业建筑供暖通风与空气调节设计规范》(GB 50019—2015)
- 《室内热环境条件》(GB/T 5701—2008)
- 《空调器人体热舒适性要求》(T/CAS 233—2014)

5.5.3 声环境设计

1. 噪声的影响

环境中起干扰作用的声音、人体感觉不舒适或不需要的声音,称为噪声,如机器引擎声、交通鸣笛、摩擦或撞击引发的声响等。环境噪声可能妨碍作业者对听觉信息的感知,也可能造成生理或心理上的危害,影响作业者的舒适、健康和工作效率。但和谐的音乐,对提高某些作业的效率却是有益的。

根据噪声的来源可以分为工业噪声、交通噪声和社会噪声。按照机械特性可将噪声分为稳定噪声、周期性噪声、无规律噪声和脉冲噪声。根据噪声的感受可以分为过响声、妨碍声和刺激声。

研究表明,噪声对人的语言信息传递影响最大,如图 5-25 所示,相距 1m 在 50dB 噪声环境中可用正常声音交谈,但在 90dB 噪声环境中应大声叫喊才能交流。许多国家的标准在规定作业场所的最大允许噪声级时,对于需要高度精力的工作场所均以 50dB 的稳态噪声级为其上限。

在噪声的作用下,可引起听觉发生暂时性减退,听觉敏感度降低,可听阈值提高,暂时性

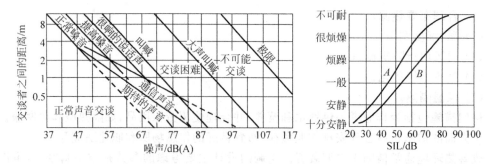

图 5-25 噪声对语言信息传递的影响

听力下降,造成听觉掩蔽,在持续的强噪声作用下可引起听力疲劳,疲劳程度越高则越难以恢复,严重时或长期作用可能引起持久性听力损失,临床称为噪声性耳聋。人体突然暴露于极其强烈的噪声环境下,如高达 150dB 时,可引起声外伤,或称爆震性耳聋。

噪声对人的生理和心理都有着不同程度负面影响,同时也影响着信息传递和工作效率,因而需要对噪声环境进行治理和控制,或对暴露于噪声中的人体加以有效保护。

2. 声环境标准

国内有关噪声的相关标准如下,对各种作业环境中的噪声排放做出了规定:
- 《声环境质量标准》(GB 3096—2008)
- 《工业企业厂界环境噪声排放标准》(GB 12348—2008)
- 《社会生活环境噪声排放标准》(GB 22337—2008)

在上述标准中,按区域的功能特点和环境质量要求,将声环境功能区分为如下 5 种类型:

0 类:康复疗养等特别需要安静的区域(40~50dB)。

1 类:住宅、医疗、文教、科研、行政办公等需要保持安静(45~55dB)。

2 类:商业、集贸,或居住、商业和工业的混杂区域等需要维护住宅安静(50~60dB)。

3 类:工业生产、仓储物流等为主要功能,需要防止工业噪声对周围环境产生严重影响的区域(55~65dB)。

4 类:交通干线周边,需要防止交通噪声对周围环境产生严重影响的区域,包括 4a 和 4b 两种类型:4a 类为高速公路、一级公路、二级公路、城市快速路、城市主干路、城市次干路、城市地面轨道交通、内核航道两侧区域(55~70dB);4b 为铁路干线两侧区域(60~70dB)。

3. 声环境的改善

形成噪声的三要素是声源、传播途径和接受者,噪声的控制可以从这三方面入手来加以解决。首先是降低噪声源的噪声级;如果技术上不可能或经济上不可行,则应考虑阻止噪声的传播;若仍达不到要求时,应采取接受者个人防护措施。

1) 控制噪声源

在生产现场可通过对机器本身进行减振、降噪和润滑来控制噪声源,或者改变机械运动、生产工艺、操作方法,改善摩擦和装配。如果工作场所的噪声干扰不可避免,就需要设计保证一定可听度的声音信号,如选用与噪声频率差别较大的声音作为听觉信号。

2) 控制噪声传播

(1) 总体设计布局合理;

(2) 利用天然地形;

(3) 利用指向性控制;

(4) 消声、吸声、隔声、隔振、阻尼。

3) 个人防护

现场工作人员佩戴"防噪声耳罩"等装置进行个人防护。

4. 音乐与作业

好的音乐能使环境产生欢乐的气氛,减少噪声干扰,驱除疲劳感和单调感,进而提高生产效率,因此称为生产性音乐,如劳动号子(民歌)。良好的音乐可提高生产效率达17%。日本早稻田大学的学者根据实验提出,工厂车间以纯体力劳动为主、不需要单调的花费注意力的工作,以节奏清晰、速度较快(130拍左右)而轻松的音乐为好;而对于脑力和需要注意力集中的劳动,音乐应节奏变化不多、不费神、速度稍慢(90拍)为宜。

音乐需要断续播放和不重复为好。音乐对工作效率的影响有着正反两方面,因此设计要适当,不可主观和随意。车辆驾驶过程中,如播放和欣赏合适的音乐可以营造轻松愉快的氛围,起到减轻疲劳的作用。

5.5.4 振动环境设计

1. 振动特性

振动在人们的工作和生活中是普遍存在的。各种交通工具、作业工具、机械装置构成的人机系统都可使人处于振动环境之中,影响人的健康、安全、舒适性和工作效率。同时,振动还影响着各种机械装置的正常工作。

振动的要素包括振幅、频率、速度和加速度。

人体所受振动可分为局部振动和全身振动。局部振动如手动工具(电钻等)进行操作时的振动,全身振动如驾驶车辆时的效果。

人体是一个弹性系统,有其固有的振动频率,也有着一定的阻尼。

2. 振动对人体的影响

人体没有专门的振动感受器,可通过皮肤感受器、机械感受器和前庭感受器感知机械振动。因此,人体对振动的感受是组合性的。全身振动的生理效应,随着振动的频率、强度和作用方向的不同而异。振动对人体可产生不同程度的不适和痛苦,对心血管、呼吸、消化、神经及感觉运动系统均有影响。如0.1~1Hz频段的振动,可使人不适和痛苦,是产生运动病的原因之一,主要症状有脸色苍白、恶心、呕吐、头昏眼花和暂时丧失工作能力,其中,最敏感的振动范围为 0.1～0.3Hz，振动强度达 1m/s² 时可引起 10% 的呕吐发生率。人体随振动频率不同而发生的不同反应见图 5-26。

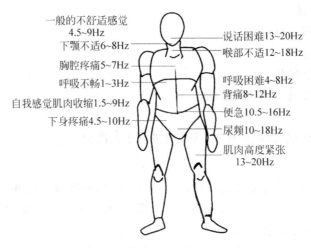

图 5-26 人体对振动的敏感范围图

振动对人体的影响与人体的姿态和部位有关。如手和脚的局部振动可引起外周血管收缩，长期使用手动工具可引起手脚部位的病变。振动引起的主观不良效应主要是不舒适和烦恼，甚至疼痛，进而损害工作效能。振动对工效的影响程度取决于振动环境条件、个体响应以及对个体的工作负荷和要求。振动负荷导致人的操作能力的降低主要反映在操纵误差、操作时间、反应时间的变化，如图 5-27 所示。

振动频率、作用方向和振动强度是振动作用于人体的主要因素。振动对人体的影响大致有 4 种情况：

（1）人体刚能感受到振动的信息，即"感觉阈"，见图 5-28。

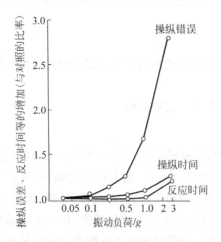

图 5-27 振动对操作能力的影响

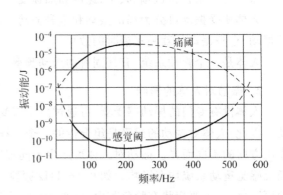

图 5-28 振动的阈值

(2) 振动增大到一定程度,人就感到不舒适,这就是"不舒适阈",是一种生理的反应。
(3) 振幅进一步加大,人对振动的感觉达到了"疲劳阈",出现生理和心理的反应。
(4) 随着振动强度的继续增加,就进入到"危险阈",通常称为"痛阈",此时,不仅带来生理和心理的负面影响,还可能产生病理性的损伤。

3. 振动的标准

国内目前在用的相关振动标准如下:
- 《人体全身振动暴露的评价》(ISO 2631.1—1997)
- 《机械振动与冲击 人体暴露于全身振动的评价 第1部分:一般要求》(GB/T 13441.1—2007)
- 《机械振动与冲击 人体暴露于全身振动的评价 第2部分:建筑物内的振动(1~80Hz)》(GB/T 13441.2—2008)
- 《机械振动——人体接触手传振动的测量和评价指南》(ISO 5349)

人体承受全身振动的评价标准是以振动强度、振动频率、振动方向和人体接受振动的时间4个因素的不同组合来制定的。该标准将人体承受的全身振动分为以下三种不同的界限:

(1) 疲劳—效率降低界限FDP:主要应用于对拖拉机、工程机械等振动效应的评价,超过该界限将引起人的疲劳,导致工作效率下降。
(2) 健康界限EL:相当于振动的危害阈或极限,超过该界限,将损害人的健康和安全。是疲劳—效率降低界限的2倍,即它比相应的疲劳—效率降低界限的振动级高6dB。
(3) 舒适性降低界限RCB:主要应用于对交通工具的舒适性评价。超过该界限,将使人产生不舒适的感觉。疲劳—效率降低界限为舒适性降低界限的3.15倍,即它比相应的疲劳—效率降低界限的振动级低10dB。

4. 振动环境的改善

振动的频率、振幅和加速度是振动作用于人体的主要因素。另外,气温、时间、体位和姿势、个体差异、接触部位硬度、冲击力及紧张程度等均可影响振动对人体的作用。

通常可采取以下措施消除或减小振动,阻止振动的传播,将振动的不良影响降至最小:
(1) 改善生产工艺;
(2) 改进振动设备与工具;
(3) 增加设备的阻尼;
(4) 降低设备减振系统的共振频率;
(5) 隔振;
(6) 设计减振座椅、弹簧垫;
(7) 采取自动化控制。

相关的人体保护措施包括采取适当的防护、缩短作业时间、加强技术训练等方面。

5.5.5 空气环境设计

1. 空气污染的基本类型

空气污染对人体的危害需要专门加以应对。对作业环境造成污染的主要物质是有毒气体、蒸气、工业粉尘以及烟雾等有害物质。

有毒气体是指常温、常压下呈气态的有害物质,如 CO、H_2S、SO_2、Cl_2 等。

有毒蒸气是指有毒的固体升华、液体蒸发或挥发时形成的蒸气,例如喷漆作业中的苯、汽油、醋酸酯类等物质。当空气中含有过量的有害气体时,可使人产生中毒或职业性疾病。

工业粉尘是指能较长时间飘浮在作业场所空气中的固体微粒,其粒子大小多在 0.1~10m。例如,炸药厂的三硝基甲苯粉尘、干电池厂的锰尘等。烟雾为悬浮在空气中直径小于 0.1m 的固体微粒,如冶炼金属产生的烟尘。

雾为悬浮于空气中的液体微滴,多由于蒸气冷凝或液体喷洒而形成的。例如,农药喷洒时的药雾、喷漆时的漆雾、电镀和金属酸洗时的酸雾等。

工业粉尘进入人体后,将在呼吸道各部位通过不同方式沉积、驻留,引起不同程度的病变,可导致呼吸系统的严重疾患,如尘肺、支气管哮喘、过敏性肺炎、呼吸系统肿瘤等,粉尘还会引起中毒作用。

2. 雾霾

雾霾是特定气候条件与人类活动相互作用的结果。高密度人口的经济及社会活动必然会排放大量细颗粒物(PM2.5),排放超过大气循环能力和承载度,细颗粒物浓度将持续积聚,此时如果受静稳天气等影响,极易出现大范围雾霾。

PM2.5 是指空气动力学当量直径小于等于 $2.5\mu m$ 的颗粒物,其主要成分为二氧化硫、氮氧化物以及可吸入颗粒物。来源主要包括汽车尾气、工业排放、建筑扬尘、燃烧等。

3. 空气环境的改善

我国于 1979 年修订了《工业企业设计卫生标准》(TJ 36—79),该标准规定了车间空气中有毒气体、蒸气和粉尘等 120 种有毒物体的最高允许浓度值。

为改善人们生活的空气环境,必须采取有效手段控制污染源和污染的传播,如对有污染排放的企业、场所和交通工具进行整治,对恶劣的自然或人工环境进行防沙固尘等针对性改善,使用清洁燃料和绿色能源等,并为污染波及的人群提供必要的防护措施和卫生条件。

针对北方冬春季节严重雾霾现象,居室和公共场所内部应安装空气净化装置。

5.6 作业空间设计评价

作业空间的设计是一个复杂、多解的问题,同其他设计一样,是一种发散—收敛—搜索—筛选的过程,通常的步骤是:分析设计对象,即分析所要设计作业空间的特点,并在各种制约条件前提下(如立姿、坐姿、施力的大小),综合搜索各种设计方案,最后通过设计评价过程进行决策,筛选出符合设计要求的最佳空间设计方案。

作业空间的设计评价,是指在作业空间的设计过程中或设计完成以后,对设计方案进行比较、评定,由此确定各方案的价值,判断其优劣,以筛选出最佳的设计方案。在评价时,通常是多个方案进行比较,但有时也可以只对一种方案进行评价,这时是把这种方案同理想中的最佳方案进行比较,以找出二者的相对价值和差异,为改进该方案提供证据。

设计评价是设计过程中的重要环节。通过设计评价,不仅可以选择、评定设计方案,还可以在多方面改进、完善设计,在保证设计质量的同时少走弯路,从而提高效率,降低成本。

5.6.1 设计评价方法

1. 经验评价法

经验评价法适用于方案不多、问题不复杂的情况,评价时可以根据评价者的经验,对方案进行简单粗略的分析和评价。如采用淘汰的方法,经过分析直接去除不可取的方案。

2. 数学分析法

数学分析法是运用数学工具进行分析、推导和计算,通过得到的定量参数进行评价。主要包括排队法(通过排队的方法去除较差的方案)、记分法(通过给方案打分的方法去除低分方案)等。

3. 试验评价法

试验评价法是通过模拟试验或样机试验来评价,是一种较准的评价方法,适用于较重要的方案设计。

5.6.2 评价步骤

对设计方案进行评价是一项比较复杂的工作,为确保评价质量,首先应对所要评价的对象进行分析,明确目标、要求,安排好工作进度,并根据评价对象的特点选择适当的评价方法。在评价过程中,应采取从上到下,从总体到局部的顺序。图5-29所示是设计评价的一般步骤,但在实际评价中还应视具体情况而灵活处理。

5.6.3 作业空间的设计评价

首先把作业空间这个整体对象目标分解成几个子目标(图5-30)。其次对作业空间建立相应的评价目标系统树(图5-31),树中的每一项评价原则对上面划分的子目标都适用。

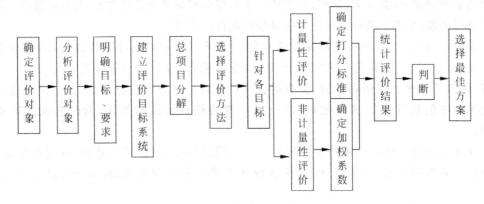

图 5-29 设计评价的一般步骤

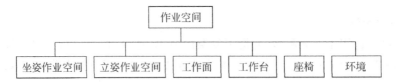

图 5-30 作业空间的设计分解

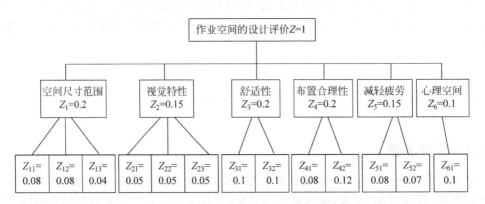

图 5-31 作业空间的设计评价目标树

Z_{11}—坐姿作业空间的尺寸应在人的操作范围之内；
Z_{12}—站姿作业空间的尺寸应在人的操作范围之内；
Z_{13}—对站、立交替的作业空间应适合人体站立交替的特点；
Z_{21}—显示器放置在人的视觉范围内；
Z_{22}—防止眩光,避免明暗强烈对比；
Z_{23}—灯光位置、亮度的布置要合理；
Z_{31}—座椅舒适性；
Z_{32}—工作台舒适性；
Z_{41}—机器设备布置的合理性；
Z_{42}—控制面板布置的合理性；
Z_{51}—避免长期注视某一处；
Z_{52}—避免费力操作；
Z_{61}—留有足够的心理空间

本章涉及的标准

1. 《中国成年人人体尺寸》(GB/T 10000—1988)
2. 《工作座椅一般人类工效学要求》(GB/T 14774—1993)
3. 《工作空间人体尺寸》(GB/T 13547—1992)
4. 《人类工效学 工作岗位尺寸设计原则及其数值》(GB/T 14776—1993)

复习思考题

1. 作业空间设计需遵循哪些人机工程原则?
2. 作业空间布置及设计的步骤有哪些?
3. 人机界面与作业空间的关系如何?
4. 坐姿作业空间的设计要求是什么?
5. 立姿作业空间的设计要求是什么?
6. 设计一种舒适的坐姿工作台。
7. 简要分析舒适坐姿的生理特征。保持人体舒适坐姿的基本条件是什么?
8. 工作座椅设计的主要准则有哪些?工作座椅设计的主要参数包括哪些?
9. 作业环境设计主要包括哪些方面?通常包括哪些舒适性参数?
10. 考察一下教室、寝室的环境,简单评价其舒适性。
11. 作业空间设计评价的基本步骤是什么?评价一下教室讲台的作业空间。

课后作业

1. 调研一种汽车的座椅及作业空间的布置设计。
2. 基于本章所学的原理内容和相关标准,考虑人的因素,设计一款汽车的座椅。
3. 实际测量教室、图书馆等空间的光环境、声环境和热环境的主要参数,并进行评价分析。

第6章 汽车人机工程设计

引言 汽车人机工程设计内涵

汽车人机工程设计的内涵是怎样的？让我们把视线聚焦于林林总总的名车。每一次车展，在车海中努力探寻，生怕错过哪一个精彩的视角、心动的时刻，我们惊诧于 CADILLAC 的恢宏、Benz 的豪迈、Volvo 的周至、BENTLEY 的经典……它们各自引领着一种个性，昭示着人类志向的不同需求，在偌大的汽车舞台靓丽缤纷。不管哪一款车，昂贵或低廉、复杂或简约，都离不开最基本的与人有关的布置设计——人机工程——考虑人的需要来搭建汽车。

汽车的人机工程设计如今日益受到重视，而它在一款汽车的最初设计方案中就应该有所体现。人性化设计即从人的角度出发进行汽车设计，也就是说，汽车应满足人们的视觉、听觉、触觉、温度觉、运动觉等基本感知觉特性。

汽车的设计面向的是大多数群体和用户，说不上老少皆宜，至少有它的消费群体，因此，它的特点应该是通用的，例如对于不同身高、体重、体质的人群都能适用，这也决定了设计的难度。于是，设计者绞尽脑汁，尽量设计更方便、更可调、更多变换的功能，于是发明了许多设计时需要使用的模型和工具。

人体模型是最基本的设计工具之一。基于人体模型，我们能够得到一些重要的参考基准点，如视点、胯点、踵点，这是自上而下的三个"关键点"，其中，为了描绘视点的动态变化，人们通过实验得出了"眼椭圆"，即驾驶员的视线在驾驶过程中所分布的区域，如此便于进行视觉相关设计，如风窗玻璃、A 柱盲区、后视镜等布置设计。与此类似，人体轮廓其他典型部位的运动轨迹曲线也是类椭圆，如头部包络线、手伸及界面、胃部包络面等，都是方便设计的工具。有了不同类型的人体模型和相关工具，我们就可以对汽车的人机工程进行设计分析和优化改进。

一款车的舒适性如何，对于不同的人来说感受是不同的。另外，实际人体在驾乘中的切身体会也是很重要的，即对汽车的人机工程特性不仅要通过人体模型进行测评，也应该邀请实际的人来打分。这就是我们常说的主观评价。

设想一下,未来的汽车设计制造越来越像攒计算机、搭积木,将来某天也许会针对某个人的特点和喜好来进行特殊专门设计,人性化、个性化、智能化是汽车人机工程发展的方向,也正是业内专家共同努力的方向。无人驾驶本身就是人机工程的方向。

基本要求:
(1) 熟悉汽车人机工程设计的主要内容;
(2) 掌握汽车人机工程设计的基本方法;
(3) 了解汽车人机工程设计的应用发展。

知识点: 汽车设计用人体模型、H 点、手伸及界面、驾驶员的眼椭圆、汽车视野设计、驾驶员静态舒适性设计、汽车驾驶室的作业空间设计、汽车车身人机工程设计。

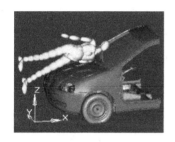  

研究人与汽车之间的相互关系,寻求车身人性化设计的规律和依据,是车身人机工程学研究的基本内容,其具体表现在:

(1) 通过测量、统计、分析人体的尺寸,在进行车身内部布置设计时确定车内的有效空间及各部件、总成(座椅、仪表板、方向盘等)的布置位置和尺寸关系。

(2) 通过对人体生理结构的研究,使座椅设计以及人体坐姿符合人体乘坐舒适性要求。

(3) 根据人体操纵范围和操纵力的测定,确定各操纵装置的布置和作用力大小,以使人体操纵时自然、迅速、准确、轻便,并降低操纵疲劳强度。

(4) 通过对人眼的视觉特性、视野效果的研究、试验,校核驾驶员的信息系统,以保证驾驶员获得正确的驾驶信息。

(5) 根据人体的运动学,研究汽车碰撞时对人体的合理保护,正确确定安全带的铰接点位置和对人体的约束力;研究振动对乘坐舒适性的影响;研究人体上下车的方便性,以确定车门的开口部位与尺寸。

(6) 根据人体的生理要求,合理确定并布置空调系统。

(7) 研究人的心理特性和要求,设计一个舒适、美观、轻松的乘坐环境。

为更好地进行车身人性化布置设计,各汽车公司通常借助各种布置工具。在流行的设计工具中,最基本、最典型及应用最广泛的是美国 SAE 标准推荐的布置工具系统,以下围绕其进行介绍,包括汽车设计用人体模型、驾驶员的手伸及界面、驾驶员眼椭圆,并以此为基础讨论汽车座椅静态舒适性设计、驾驶室作业空间设计和车身人机工程设计等内容。

6.1 汽车设计用人体模型

汽车设计用人体模型是基本的汽车设计工具,包括 H 点三维人体模型和二维人体模型。

6.1.1 汽车用 H 点三维人体模型的结构

H 点,即胯点(hip point),指人体身躯与大腿的铰接点,在人体模板中为髋关节。确定汽车车身或驾驶室内部人机界面几何尺寸关系时,常以此点作为人体的定位基准。

H 点三维人体模型的结构如图 6-1 所示,用于确定汽车车身中实际 H 点的位置。对此已制定出相应的国际标准 ISO 6549。我国也制定了相应的国家标准《汽车室内尺寸测量用三维 H 点装置》(GB/T 11559—1989)和《汽车 H 点确定程序》(GB/T 11563—1989)。

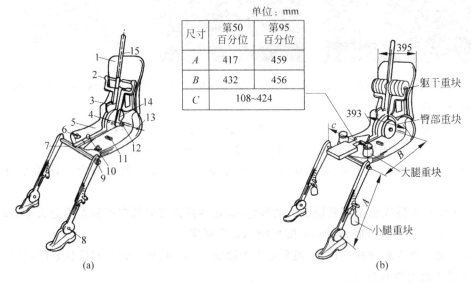

图 6-1 H 点三维人体模型
(a) 构件名称;(b) 构件尺寸和载荷分布

模型由背板、座板、大腿杆及头部空间探测杆等构件组成,各构件的尺寸、质量及质心位置均以人体测量数据为依据。

背板和座板是成年男子的平均背部和臀部轮廓的代替物。座板模仿人体臀部及大腿。背板模仿人体的背部。座板与背板的廓线形状均是真实人体臀部和背部廓线形状的统计描述。背板和座板在相当于人体胯关节处通过转动副相铰接。转动副中心线的左右两侧对称地标有两个 H 点标记。H 点三维人体模型的膝部、踝部也设有转动副,以模拟人体的膝关节和踝关节。模型的各个关节上均装有量角器,供安装模型时调整各部分角度之用。

座板的板腔中对称地装有水平仪,供调节水平之用。沿背板中心线方向的头部空间探测杆在 H 点处与大腿杆相铰接,头部空间探测杆上紧固着一个量角器,用来测量实际靠背角。在座板上附有一根可调节的大腿杆,用来确定大腿的中心线,并作为臀部角度量角器的基准线。小腿杆与座板总成连接在 T 形杆处,组成膝关节,该 T 形杆实际上是可调大腿杆件的横向延伸。头部空间探测杆的长度、大腿杆与小腿杆的长度以及两膝之间的宽度均可调节,以适应不同百分位的身体尺寸。在背板、座板、大腿及小腿的各部质心上,放置着代表该部质量的重块。重块的质量也是根据各种不同百分位人体相应部位的质量来配置的。背板和座板常用加强塑料或金属制成,其他各部件则多用金属。

常用的 H 点三维人体模型是第 50 百分位和第 95 百分位的,前者代表平均身材,后者代表高大身材。也有采用代表矮小身材的第 5 百分位人体模型。

6.1.2 汽车用 H 点三维人体模型的用途

汽车的实际 H 点是指当 H 点三维人体模型按规定的步骤安放在汽车座椅中时,人体模型上左右两 H 点标记连接线的中点。它表示汽车驾驶员或乘员入座后胯关节在车身中的中点位置。汽车的实际 H 点在汽车车身总布置设计中具有重要意义。

汽车驾驶员或乘员以正常的驾驶姿态或乘坐姿态入座后,体重的大部分将通过臀部由坐垫来承受,另一部分通过人体背部由靠背来支撑,只有很少的部分通过左右脚的踵部作用于地板。在这种特定的坐姿下,汽车驾驶员操作时身躯往往是绕通过实际 H 点的横向水平轴线活动的。因此,实际 H 点在汽车车身内的位置决定着驾驶员操作的方便性与乘员乘坐的舒适性,它目前已成为车身内部尺寸标注中的一个基准点。

图 6-2 所示为 ISO 4131 规定的车身侧视图内部尺寸标注方法的例图,图中的 H 点就是 ISO 6549 中明确定义的当座椅调节到最后方位置时的 H 点。采用这种标注方法的优点是,它更能体现驾驶员—汽车系统设计中的人机关系。

H 点三维人体模型除了用来确定汽车的实际 H 点外,还可用来检验座椅设计的合理性。由于舒适坐姿要求有一定的体腿夹角、大腿与小腿及小腿与足之间的夹角,而将 H 点三维人体模型按规定步骤放入汽车座椅内之后,便可以从人体模型的各个量角器上读取上述各角度的大小,然后据此检验和分析座椅设计的合理性。H 点三维人体模型在汽车内的安放方法和步骤可参阅国际标准 ISO 6549 和我国国家标准 GB/T 11563—1989。由于国内生产的轿车多为引进的国外技术或合资生产,各汽车厂使用的三维 H 点人体模型各不相同,见表 6-1。

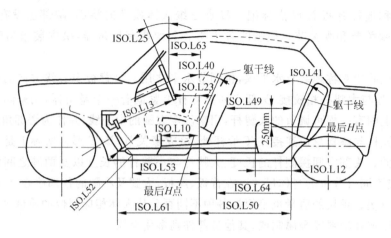

图 6-2 汽车车身侧视图内部尺寸标注方法示例

表 6-1 我国汽车企业使用三维 H 点人体模型的情况

公司/单位名称	使用三维 H 点人体模型的情况
北京吉普汽车有限公司	SAE—3DM,第 95 百分位
上海大众汽车公司	SAE—3DM,第 50 百分位
一汽大众汽车公司	SAE—3DM,第 50 百分位
天津汽车工业公司	JSAE—3DM
国家轿车质检中心	JSAE—3DM
国家汽车质检中心(长春)	SAE—3DM
国家汽车质检中心(襄樊)	JSAE—3DM

6.1.3 H 点二维人体模板

汽车车身设计中也采用 H 点二维人体模板来确定或校核车内尺寸,H 点二维人体模板是根据 H 点三维人体模型制作而成的。图 6-3 所示为美国 SAE 标准中采用的 H 点二维人体模板。图 6-4 为按照国标自行设计开发的第 95 百分位中国男子人体模板,已在实际车身设计研发中加以应用。

6.1.4 数字化人体模型

随着计算机技术的发展和并行工程的应用,在概念设计阶段同时进行三维数字化人机工程设计是现代车身设计的必然要求。以人体参数为基础建立的数字人体模型,是描述人体形态和力学特征的有效手段,是研究分析设计及评价人机系统不可缺少的测量和模拟工具。目前已出现上百种人体模型软件系统,汽车设计领域最著名的是 RAMSIS,其中包括德国、美国和日本等国的人体数据,可生成任何百分位的人体模型,并提供年限参考和预测

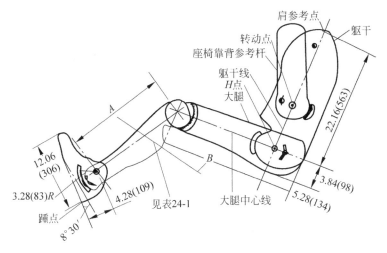

图 6-3　SAE 标准中采用的 H 点二维人体模板（尺寸单位：mm）

图 6-4　自行开发的人体模板实物

功能；具有较强的姿势求解和控制算法，能生成眼点看去的视景，外观也较为逼真。

6.2　汽车驾驶员的手伸及界面

6.2.1　手伸及界面的含义

图 6-5 所示为汽车驾驶员手伸及界面的空间曲面形状，表示驾驶员以正常驾驶姿态坐在汽车座椅中，身系安全带，一手握住转向盘时，另一手所能伸及的最大空间范围，它代表着驾驶员所占据的作业空间。实验结果表明，汽车驾驶员的手伸及界面是一形如椭球的封闭曲面，称为手伸及椭球。不同身材的男、女驾驶员的手伸尺度不同，对应有不同百分位的手伸及界面。根据安全带形式，有对应于三点式安全带和两点式安全带两种类型的手伸及界面。

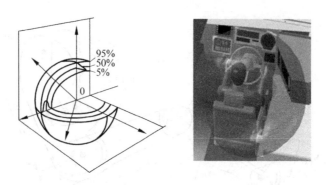

图 6-5　汽车驾驶员手伸及界面的空间曲面

6.2.2　手伸及界面的特点

1. 手伸及界面的影响因素

手伸及界面的影响因素包括安全带形式、具体的人体特征,另外与 7 项尺寸数据有关(图 6-6)。

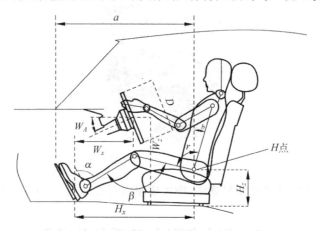

图 6-6　汽车驾驶员手伸及界面的影响因素

2. 通用布置因子

利用多元统计分析方法,寻求一个新的综合变量来表征驾驶员的驾乘舒适性,即驾驶室尺寸综合因子——通用布置因子(General Package Factor,G 因子)G,是反映乘坐环境布置的代数式,即

$$G = 0.0018 \times H_{30} - 0.0197 \times A_{40} + 0.0027 \times W_9 + 0.0106 \times A_{18} -$$
$$0.001 \times L_{11} + 0.0024 \times H_{17} + 0.0027 \times A_{42} - 3.0853 \tag{6-1}$$

式中,H_{30} 为乘坐基准点到加速踏板踵点的垂直距离;A_{40} 为 H 点装置的躯干角;W_9 为转向盘直径;A_{18} 为传向盘倾角;L_{11} 为转向盘中心到加速踏板踵点的前后方向距离;H_{17} 为转向盘中心到加速踏板踵点的垂直距离;A_{42} 为 H 点装置躯干和大腿夹角。

3. 手伸及界面的描述

驾驶员手伸及界面数据是在手伸及界面测量台上测得,再经统计分析后得到的。将在测量台上测得的数据根据 G 因子和男女比例进行分类,对于三点式安全带和两点式安全带各列成 21 张数据表格,用来构造手伸及界面。其中,G 因子分成 $G<-1.25$、$-1.24<G<-0.75$、$-0.24<G<0.24$、$0.25<G<0.74$、$0.75<G<1.24$ 和 $G>1.25$ 共七挡,以此检验操作区域。驾驶员男女比例分别为 50∶50、75∶25 和 90∶10 三种。

6.2.3 手伸及界面研究工具

利用 CATIA 软件可进行人员的可达性检测、操作距离和范围分析。利用 RAMSIS 软件亦可进行关于可达性、方便性和舒适度的考察分析。这些内容都涉及对手伸及界面的考察,研究中需要借助人体几何参数模型进行具体应用。

6.3 汽车驾驶员的眼椭圆

6.3.1 汽车驾驶员眼椭圆的概念

在驾驶员—车辆—环境系统中,人(驾驶员)—机(车和车外环境)界面的视觉链的优化匹配,必须以驾驶员的眼睛位置(称为视点)为定位基准。

由于人的身材大小不同,不同的驾驶员以正常驾驶姿态坐在驾驶座椅上,他们的眼睛位置显然是不同的。运用统计方法研究驾驶员的视点分布规律,发现车辆驾驶员的视点分布图形是呈椭圆状,故称为驾驶员眼椭圆(eyellipse)。

眼椭圆是指不同身材的乘员以正常姿势坐在车内时,其眼睛位置的统计分布图形。左右各一,分别代表左右眼的分布图形,如图 6-7 所示。

汽车驾驶员眼椭圆的概念是美国汽车工程师协会(SAE)车身工程委员会人体模型分会研究提出的,他们通过对美国各州及少数欧洲、亚洲和其他国家的 2300 多名男、女驾驶员进行试验测定和统计分析后,得出了汽车驾驶员眼睛位置在纵向垂直面和水平面上的分布范围都呈椭圆形的结论。SAE 眼椭圆分为第 90、第 95、第 99 百分位等若干种投影图形,分别代表某个百分位人群的眼椭圆分布规律,如图 6-8 所示。

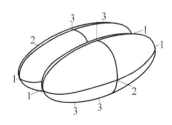

图 6-7 眼椭圆
1—长轴轴线 A_x;2—短轴轴线 A_y;3—竖轴轴线 A_z

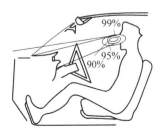

图 6-8 眼椭圆分布

6.3.2 汽车驾驶员眼椭圆的发展过程

1. 眼椭圆的发展

1992年以前的SAE J941眼椭圆标准,是基于美国福特汽车公司Meldrum等人的研究成果。1963年,Meldrum等人在SAE的资助下,对驾驶员眼睛位置的分布进行了试验统计。方法为:让2300多名驾驶员(男女人数比例为1∶1)分别坐在3辆精致的敞篷车内,将转向盘和座椅按各自习惯调整到11点位置,眼睛注视前方屏幕上播放的交通场景,并如同真正驾驶一样操纵汽车,同时正前方和侧面的两架照相机同步拍下眼睛位置的照片,经过计算就可以确定眼睛在汽车坐标系中的位置。将眼睛位置的分布数据进行统计分析,就得到其在空间的分布图形——眼椭圆。随后的几年里,SAE对眼椭圆定位方法进行了研究,并将研究结果整理后形成SAE J941标准。为方便实用,SAE按照百分位和座椅调节行程的不同制定了眼椭圆及其定位模板。1987年,SAE开发了专用于B类车的眼椭圆。1992年,后视图眼椭圆被纳入SAE J941标准,使得眼椭圆在CAD系统中能够以三维形式描述。汽车驾驶员眼椭圆的确立为汽车视野性能研究提供了科学的基准。

2. 眼椭圆最初的测定方法

眼椭圆的测定需在相当大的室内或厅内进行。在室或厅的一面墙上设有宽银幕,银幕前方一定距离处停放测定用的汽车,银幕中央安设一架照相机,在汽车驾驶员旁侧一定距离处设置第二架照相机,两照相机等高,并且光轴互相垂直。

测试场地的布局如图6-9所示。被测驾驶员明确了测定要求后,将座椅按自己身材调整到舒适位置,以正常驾驶姿态入座。当银幕上放映出事先拍摄好的市区街道交通景象时,驾驶员如同在此交通情况下行车,进行相应的观察与操作。此时两架照相机同步拍摄被测驾驶员眼睛在汽车车身坐标系中位置的照片。由于两照相机的光轴在同一水平面内且互相垂直,故可根据照片确定眼睛在车身坐标系中的位置。

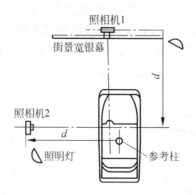

图6-9 眼椭圆测定场地

根据对 513 名驾驶员的测定结果,对测量数据沿 X 轴(车身前、后方向)和 Z 轴(车身高度方向)分别作正态分布检验,查明沿上述两方向的分布均系正态分布。

数学上可以证明,这种双变量的正态分布的等百分比线的轮廓是个椭圆。各种百分位身材的驾驶员对应有各种百分位的眼椭圆。

6.3.3 A 类车、行程可调节座椅眼椭圆

1. 眼椭圆尺寸的计算

1)长轴长度 L_x

研究表明,驾驶员眼睛位置沿眼椭圆长轴方向(A_x 方向)的分布于驾驶员身高呈现 0.473 的相关关系。即,若两个驾驶员身高相差 10mm,则其眼睛位置在 A_x 方向相差 4.73mm,令变量 $X=0.473(S-S_R)$ 表示眼睛在 A_x 方向的位置,S 代表身高,S_R 为参考身高。由于单一性别驾驶员群体的身高呈正态分布,则男子和女子的眼睛位置沿 A_x 方向各自呈正态分布,如图 6-10 所示。

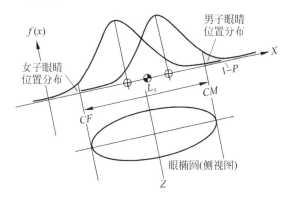

图 6-10 眼椭圆长轴的计算原理

记 $M=0.473(S_M-S_R)$,$F=0.473(S_F-S_R)$,M 和 F 分别为目标驾驶员群体男子和女子眼睛位置分布的均值,S_F 和 S_M 分别为平均女子身高和平均男子身高,如图 6-10 所示,CM 和 CF 分别为男子、女子眼睛位置分布的上、下 $1-P$ 分点,P 为眼椭圆的百分位值,则驾驶员眼睛位置落在 CF 左边的概率 $1-P$ 为

$$\begin{aligned}
1-P &= p\{X<CF\} \\
&= P_M p\{X_M<CF\} + (1-P_M) p\{X_F<CF\} \\
&= P_M p\left\{\frac{X_M-M}{\sigma_{SM}} < \frac{CF-M}{\sigma_{SM}}\right\} + (1-P_M) p\left\{\frac{X_F-F}{\sigma_{SF}} < \frac{CF-F}{\sigma_{SF}}\right\} \\
&= P_M \Phi\left(\frac{CF-M}{\sigma_{SM}}\right) + (1-P_M) \Phi\left(\frac{CF-F}{\sigma_{SF}}\right)
\end{aligned} \qquad (6-2)$$

式中,X_M 和 X_F 分别为男子和女子眼睛位置分布变量;P_M 为目标驾驶员群体中男子出现的概率;Φ 表示标准正态分布函数;σ_{SM} 和 σ_{SF} 分别为男子和女子眼睛位置分布标准差,并且

$$\begin{cases} \sigma_{SM} = (0.473^2\sigma_M^2 + 41.87^2)^{1/2} \\ \sigma_{SF} = (0.473^2\sigma_F^2 + 41.87^2)^{1/2} \end{cases} \quad (6\text{-}3)$$

式中，σ_M 和 σ_F 分别为男女驾驶员身高分布的标准差。

同理，

$$\begin{aligned} P &= p\{X < CM\} \\ &= P_M p\{X_M < CM\} + (1 - P_M)p\{X_F < CM\} \\ &= P_M p\left\{\frac{X_M - M}{\sigma_{SM}} < \frac{CM - M}{\sigma_{SM}}\right\} + (1 - P_M)p\left\{\frac{X_F - F}{\sigma_{SF}} < \frac{CM - F}{\sigma_{SF}}\right\} \\ &= P_M \Phi\left(\frac{CM - M}{\sigma_{SM}}\right) + (1 - P_M)\Phi\left(\frac{CM - F}{\sigma_{SF}}\right) \end{aligned} \quad (6\text{-}4)$$

由于 P 为眼椭圆的百分位值，根据式(6-2)和式(6-4)可以计算 CM 和 CF 的值。则眼椭圆长轴的长度为

$$L_x = CM - CF \quad (6\text{-}5)$$

2) 短轴长度 L_y 和竖轴长度 L_z

对于一定的驾驶员群体，当其坐在适宜的驾驶位置时，其眼睛位置在汽车坐标系三个方向上均呈正态分布。研究发现，眼椭圆的短轴和竖轴长度基本上不受驾驶员身高和布置参数的影响。因此，可以根据眼睛位置一维正态分布变量的标准差和眼椭圆百分位值 P 来计算 L_y 和 L_z，即：

$$\begin{aligned} L_y &= 18.34[\Phi^{-1}(P) - \Phi^{-1}(1 - P)] \\ L_z &= 28.39[\Phi^{-1}(P) - \Phi^{-1}(1 - P)] \end{aligned} \quad (6\text{-}6)$$

式中，Φ^{-1} 表示标准正态分布函数的反函数。

2. 眼椭圆的定位

眼椭圆的定位包括确定椭圆中心位置和倾角。影响眼椭圆定位的布置参数包括转向盘在前后方向相对于加速踏板基准点(PRP)的距离 L_6、座椅高度 H_{30}、变速类型（手动/自动）和座椅升程 A_{19} 等，如图 6-11 所示。

2002 版 SAE J941 标准采用的是有关乘员眼睛位置分布规律的最新研究成果，其眼椭圆不再根据设计乘员躯干角度 A_{40} 定位，而是认为：转向盘前后位置和座椅高度是影响眼椭圆中心位置的主要因素。新方法采用更多更准确的参数作为定位因子，提高了灵活性和准确定。

1) 眼椭圆倾角的计算

眼椭圆的 3 个轴线相互垂直。轴线 A_y 方向平行于汽车坐标系 Y 轴方向。对于 A 类车可以调节座椅的眼椭圆，长轴 A_x 与水平面的夹角应根据 H 点调节轨迹倾角 A_{19} 计算，即

$$\beta = 18.6° - A_{19} \quad (6\text{-}7)$$

2) 眼椭圆中心的计算

椭圆中心的 3 个坐标分量 X_c、Y_c（分别以 Y_{cl} 和 Y_{cr} 代表左右眼椭圆中心的 Y 坐标）和 Z_c

分别以 PRP、Y 零平面和过 AHP 的水平面为定位基准，其计算公式如下：

$$\begin{cases} X_c = 664 + 0.587L_6 - 0.176H_{30} - 12.5t + \dfrac{CM+CF}{2}\cos\beta \\ Y_{cl} = W_{20} - 32.5 \\ Y_{cr} = W_{20} + 32.5 \\ Z_c = 638 + H_{30} + \dfrac{CM+CF}{2}\sin\beta \end{cases} \quad (6\text{-}8)$$

式中，L_6 为转向盘中心到 PRP 的前后距离；H_{30} 为座椅高度；t 为变速类型，当有离合踏板时 $t=1$，否则 $t=0$；CM 和 CF 分别为男子和女子眼睛位置分布的上下 $1-P$ 分位点；β 为侧视图眼椭圆倾角；W_{20} 为 SgRP 点在汽车坐标系中的 Y 坐标。

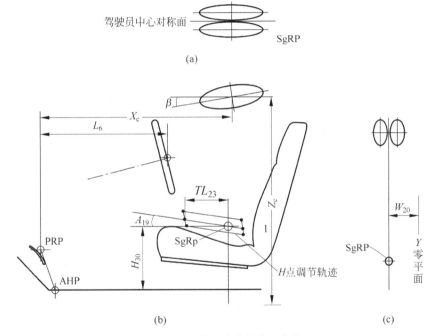

图 6-11 影响眼椭圆定位的布置参数
(a) 俯视图；(b) 侧视图；(c) 后视图

3. 适合某些国家驾驶员群体的眼椭圆

截至 2002 年，SAE 给出了美国、日本和荷兰的眼椭圆尺寸和定位公式。从应用角度看，美国人来源广泛，人体尺寸分布范围大；日本人和整个亚洲人接近；荷兰人普遍身材高大。因此这 3 个国家的眼椭圆数据在一定程度上能够适合主要汽车消费地区人群的特点。这 3 个国家的人体尺寸特征见表 6-2。其中，美国人体数据来源于美国国家健康和营养普查（NHANES Ⅲ）数据，日本数据由日本丰田公司提供，荷兰数据来自 TNO 研究所。

表 6-2 美国、日本、荷兰的人体尺寸特征

国家	性别	平均身高/mm	身高分布标准差/mm	平均坐高/mm
美国	男子	1755	74.2	919.5
	女子	1618	68.7	856.2
日本	男子	1672.7	62.4	901.3
	女子	1544.8	61.2	838.4
荷兰	男子	1806.2	80	944
	女子	1690	70	887

1) 眼椭圆尺寸

适合美国人的 A 类车、可调节座椅眼椭圆尺寸见表 6-3。

表 6-3 适合美国人的 A 类车、可调节座椅眼椭圆尺寸

百分位	TL_{23}/mm	长轴 L_x/mm	短轴 L_y/mm	竖轴 L_z/mm
95th	1~133	173.8	60.3	93.4
	>133	206.4	60.3	93.4
99th	1~133	242.1	85.3	132.1
	>133	287.1	85.3	132.1

表 6-4 日本与荷兰的眼椭圆尺寸

国家	百分位	TL_{23}/mm	长轴 L_x/mm	短轴 L_y/mm	竖轴 L_z/mm
日本	95	>133	195.1	60.3	93.4
	99		271.5	85.3	132.1
荷兰	95		202.0	60.3	93.4
	99		283.1	85.3	132.1

2) 眼椭圆定位

A1 类车可调节座椅眼椭圆的定位公式为

$$\begin{cases} \beta = 18.6 - A_{19} \\ X_c = 664 + 0.587 L_6 - 0.176 H_{30} - 12.5t + 0.473(S_T - S_{US})\cos\beta \\ Y_{cl} = W_{20} - 32.5 \\ Y_{cr} = W_{20} + 32.5 \\ Z_c = \dfrac{H_T}{H_{US}} \times 638 + H_{30} \end{cases} \quad (6\text{-}9)$$

式中,S_T 为目标驾驶员群体平均身高;S_{US} 为美国驾驶员平均身高;H_T 为目标驾驶员群体平均坐高;H_{US} 为美国驾驶员平均坐高。对于美国人的情况,$\beta=12°$。

4. 眼点

眼椭圆为驾驶员视野设计提供了科学依据,但实际应用中也有诸多不便,例如,设计后

视野时,需以眼椭圆轮廓上距离后视镜最远的点作为眼点,但找这个眼点比较麻烦。经过统计研究,SAE 得出了方便某些场合使用的视原点,借助它们可以方便地获得眼点。

1) E 点

E 点(眼点)代表眼睛位置,是视野设计过程中视线的出发点。眼点有两个,分别代表左右眼的位置,二者间距为 65mm。

2) P 点

P 点是驾驶员头部水平转动的中心点,与 E 点等高,位于左右眼点的 E_L 和 E_R 连线中点的后方 98mm 处,如图 6-12 所示。其中,图(a)的头部水平转动角为 0°;图(b)的头部绕 P 点转动了 α 角,新的眼点为 E'_L 和 E'_R。SAE 只定义了 A 类车、装备行程可调节座椅时的 P 点,对固定座椅情况下没有定义 P 点。P 点采用相对于第 95 百分位中央眼椭圆中心的偏移量定位,见表 6-5,其中"+"表示该值沿汽车坐标系轴线正方向起作用。中央眼椭圆是大小和眼椭圆相同、其中心位于左右眼椭圆中心连线中点的辅助椭圆。头部转动点 P_1 和 P_2 分别用来计算驾驶员左右 A 柱的双目视野障碍角,头部转动点 P_4 和 P_3 分别用来计算驾驶员左右侧后视镜的间接视野。

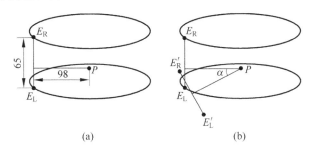

图 6-12 眼点与 P 点的相对位置
(a) 头部水平转动角为 0°;(b) 头部水平转动角为 α

表 6-5 P 点相对于第 95 百分位中央眼椭圆中心的偏移量

TL_{23}	P 点	Δx/mm	Δy/mm 左侧驾驶	Δy/mm 右侧驾驶	Δz/mm
>133mm	P_1	0	−7.3	+7.3	−20.5
	P_2	26.2	+20.6	−20.6	−20.5
	P_3	191.0	−11.2	+11.2	+22.5
	P_4	191.0	+11.2	−11.2	+22.5
<133mm	P_1	16.3	−7.3	+7.3	−20.5
	P_2	39.2	+20.6	−20.6	−20.5
	P_3	175.0	−11.2	+11.2	+22.5
	P_4	175.0	+11.2	−11.2	+22.5

6.3.4 A类车、固定座椅眼椭圆

这里固定座椅专指 H 点或靠背角度不可调节的座椅。这种情况见于 H 点不能调节的前排乘员布置方案,或者用于后排乘员的情况。由于与可调节座椅乘坐环境的差异,使得乘员眼睛位置的分布规律有很大不同。固定座椅眼椭圆的形状以及与座椅的相对位置见图 6-13。

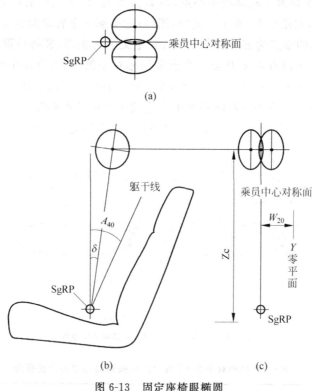

图 6-13 固定座椅眼椭圆
(a)俯视图;(b)侧视图;(c)后视图

在侧视图上,固定座椅眼椭圆的尺寸计算和定位是基于单一性别驾驶员眼睛位置沿 SgRP 到椭圆中心连线方向呈正态分布的假设,根据眼椭圆百分位来选取合适的分布分位点来计算的。鉴于固定座椅样椭圆并不常用,这里不详细介绍定位和椭圆尺寸的计算原理,只给出适合美国人的固定座椅眼椭圆模型,椭圆的 3 个轴的尺寸见表 6-6。

表 6-6 适合美国人的固定座椅眼椭圆模型   mm

百分位	长轴 L_x	短轴 L_y	竖轴 L_z
95	99.2	104.1	119.6
99	140.4	147.3	164.3

其定位公式为

$$\beta = 0.719A_{19} - 9.6; \quad X_r = 640\sin\delta; \quad Y_{rl} = -32.5; \quad Y_{rr} = 32.5; \quad Z_r = 640\cos\delta \tag{6-10}$$

6.3.5 B类车眼椭圆

1. B类车眼椭圆尺寸和定位

B类眼椭圆尺寸见表6-7。B类车眼椭圆定位是以ATRP（Acommodation Tool Reference Point，驾驶室布置工具图形定位基准点）作为基准点。由于操作B类车的驾驶员，随具体车型的不同，驾驶员群体中男女比例可能会有较大差异，因此眼椭圆定位时需要考虑该因素。此外，在侧视图上，眼椭圆关于其中心有向前下方11.6°的转角；在俯视图上，左右眼椭圆关于其中心有向右侧5.4°的转角，如图6-14所示。

表6-7 B类车眼椭圆尺寸   mm

百分位	TL_{23}	长轴 L_x	短轴 L_y	竖轴 L_z
95	100～133	173.8	105.0	86.0
	>133	198.9	105.0	86.0
99	100～133	242.1	149.0	122.0
	>133	268.2	149.0	122.0

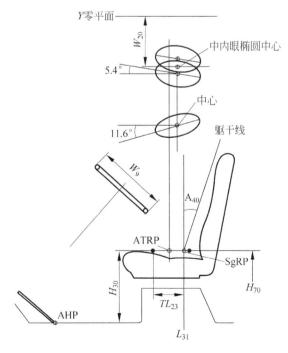

图6-14 B类车眼椭圆

眼椭圆中心相对于 ATRP 的定位公式如表 6-8 所示。表中，X 为椭圆中心相对于 ATRP 的水平距离；Y_L、Y_R 分别为左右眼椭圆中心相对于 ATRP 的侧向距离；Z 为圆中心相对于 ATRP 的垂直距离。眼椭圆绕其中心旋转，在俯视图中向内侧偏 5.4°，侧视图中向前下偏转 11.6°。

表 6-8　眼椭圆中心相对于 ATRP 的定位公式

男女比 90∶10	男女比 75∶25	男女比 50∶50
$X=-184.44+12.23A_{40}$	$X=-201.05+13.65A_{40}$	$X=-175.26+12.68A_{40}$
$Y_L=-32.5$	$Y_L=-32.5$	$Y_L=-32.5$
$Y_R=32.5$	$Y_R=32.5$	$Y_R=32.5$
$Z=707.52-4.17A_{40}$	$Z=699.66-3.82A_{40}$	$Z=691.09-3.57A_{40}$

2. ATRP

ATRP 是 SAE J1516 中定义的驾驶室布置工具图形定位基准点，用于定位布置工具图形的基准点。对于 A 类车，根据第 95 百分位 H 点位置曲线和 H 点高度计算 ATRP。对于 B 类车，根据第 50 百分位驾驶员 H 点位置曲线、H 点高度和驾驶员男女比来计算。

对于 A 类车，现在基本上不采用 ATRP 来定位，所以这里只介绍 B 类车的 ATRP。同样，根据使用群体中男女比例的不同，也分为 3 种情况。ATRP 位置根据下式计算：

$$X = \begin{cases} 855.31-0.509Z & （男女比例为 90∶10） \\ 822.44-0.460Z & （男女比例为 75∶25） \\ 798.74-0.446Z & （男女比例为 50∶50） \end{cases} \quad (6\text{-}11)$$

式中，X 为 ATRP 到 AHP 的水平距离（mm）；Z 为 ATRP 到 AHP 的垂直距离（mm）。这 3 条曲线实际上是 SAE J1516 中定义的第 50 百分位 H 点位置曲线。

6.3.6　眼椭圆的理论解释

1. 眼椭圆的数学含义

对于一定的驾驶员群体，其坐在适宜的驾驶位置时，其眼睛位置在汽车坐标系三个方向上均呈正态分布。设二维随机变量 (x_1, x_2) 中，x_1、x_2 代表眼睛位置坐标在汽车坐标相应视图方向上的两个分量，由正态分布总体的性质可知，x_1、x_2 的联合分布为二维正态分布。该视图方向的眼椭圆轮廓实际上是二维随机变量 (x_1, x_2) 的概率密度在某高度上的水平截面线，如图 6-15 所示，下面给出数学证明。

二位正态分布变量的概率密度函数 $f(x_1, x_2)$ 可写为

$$\begin{aligned} f(x_1,x_2) &= \frac{1}{2\pi\sqrt{|\Sigma|}} e^{\left[-\frac{1}{2}\begin{pmatrix} x_1-\mu_1 \\ x_2-\mu_2 \end{pmatrix}^T \Sigma^{-1} \begin{pmatrix} x_1-\mu_1 \\ x_2-\mu_2 \end{pmatrix}\right]} \\ &= \frac{1}{2\pi\sigma_1\sigma_2\sqrt{1-\rho^2}} e^{\left\{-\frac{1}{2(1-\rho^2)}\left[\left(\frac{x_1-\mu_1}{\sigma_1}\right)^2 - 2\rho\left(\frac{x_1-\mu_1}{\sigma_1}\right)\left(\frac{x_2-\mu_2}{\sigma_2}\right) + \left(\frac{x_2-\mu_2}{\sigma_2}\right)^2\right]\right\}} \end{aligned} \quad (6\text{-}12)$$

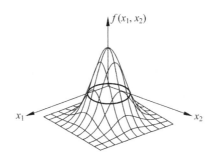

图 6-15 二维正态分布概率密度图形和等概率密度线

式中,x_1、x_2 分别为眼点位置的坐标分量;μ_1、μ_2 分别为 x_1、x_2 的数学期望;σ_1、σ_2 分别为 x_1、x_2 的标准差;ρ 为相关系数;$\boldsymbol{\Sigma} = \begin{bmatrix} \sigma_1^2 & \rho\sigma_1\sigma_2 \\ \rho\sigma_1\sigma_2 & \sigma_2^2 \end{bmatrix}$,为 x_1、x_2 的协方差矩阵。

令式(6-12)等号右边等于常数 C,即

$$\frac{1}{2\pi\sqrt{|\boldsymbol{\Sigma}|}} e^{\left\{-\frac{1}{2}\left(\begin{smallmatrix}x_1-\mu_1\\x_2-\mu_2\end{smallmatrix}\right)^{\mathrm{T}}\boldsymbol{\Sigma}^{-1}\left(\begin{smallmatrix}x_1-\mu_1\\x_2-\mu_2\end{smallmatrix}\right)\right\}} = C \tag{6-13}$$

将式(6-13)进一步整理,得

$$\left(\begin{matrix}x_1-\mu_1\\x_2-\mu_2\end{matrix}\right)^{\mathrm{T}} \boldsymbol{\Sigma}^{-1} \left(\begin{matrix}x_1-\mu_1\\x_2-\mu_2\end{matrix}\right) = C_1 = -2\ln(2\pi C |\boldsymbol{\Sigma}|) \tag{6-14}$$

考虑一般情况,$\boldsymbol{\Sigma}$ 为非对角矩阵。根据协方差矩阵的性质,$\boldsymbol{\Sigma}$ 为正定、对称和非奇异矩阵,其特征矢量相互正交,则存在坐标变换矩阵 $\boldsymbol{T} = [v_1 \quad v_2]$,使 $\boldsymbol{\Sigma} = \boldsymbol{T}\boldsymbol{\Lambda}\boldsymbol{T}^{-1}$。其中,$v_1$、$v_2$ 为 $\boldsymbol{\Sigma}$ 的规范化特征矢量,$\boldsymbol{\Lambda} = \begin{bmatrix} \lambda_1^2 & 0 \\ 0 & \lambda_2^2 \end{bmatrix}$,为对角矩阵,$\lambda_1$、$\lambda_2$ 为 $\boldsymbol{\Sigma}$ 的特征根。于是,式(6-14)变为

$$\left(\begin{matrix}x_1-\mu_1\\x_2-\mu_2\end{matrix}\right)^{\mathrm{T}} \boldsymbol{T}\boldsymbol{\Lambda}^{-1}\boldsymbol{T}^{-1} \left(\begin{matrix}x_1-\mu_1\\x_2-\mu_2\end{matrix}\right) = C_1 \tag{6-15}$$

作变换 $\left(\begin{matrix}x_1'-\mu_1'\\x_2'-\mu_2'\end{matrix}\right) = \boldsymbol{T}^{-1}\left(\begin{matrix}x_1-\mu_1\\x_2-\mu_2\end{matrix}\right)$,则式(6-15)变为

$$\left(\begin{matrix}x_1'-\mu_1'\\x_2'-\mu_2'\end{matrix}\right)^{\mathrm{T}} \boldsymbol{\Lambda}^{-1} \left(\begin{matrix}x_1'-\mu_1'\\x_2'-\mu_2'\end{matrix}\right) = C_1 \tag{6-16}$$

将式(6-16)展开并整理可得

$$\frac{(x_1'-\mu_1')^2}{C_1\lambda_1^2} + \frac{(x_2'-\mu_2')^2}{C_1\lambda_2^2} = 1 \tag{6-17}$$

式(6-17)是标准的椭圆方程。取不同的概率密度值 C 时,就对应着概率密度函数图形上不同高度的水平截面线。因此,某视图方向眼椭圆的几何含义,就是该方向上眼睛坐标变量二维正态分布概率密度函数的等概率密度曲线。

2. 眼椭圆的视切比

视切比定义为眼睛位置落在眼椭圆切线包含眼椭圆一侧的概率。对于眼椭圆的任意切线，眼睛位置落在包含眼椭圆侧的概率都相等，等于眼椭圆的百分位。图 6-16 为视切比的含义。容易与之混淆的概念为包含比，其定义是眼睛位置落在眼椭圆内的概率。显然，视切比总是大于包容比。

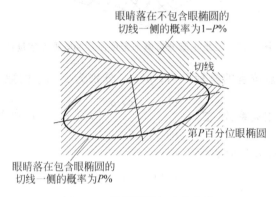

图 6-16　眼椭圆视切比的含义

由于眼睛位置在 x、y、z 3 个方向上的正态分布性质，它在三维空间中的分布呈椭球状。在数学上，三维眼椭圆也是用视切比来定义的，即：三维眼椭圆是由无数个平面所形成的包络面，眼睛落在其任一切平面包含三维眼椭圆一侧的概率都等于视切比。三维眼椭圆左右各一，分别表示左右眼的分布图形。

6.3.7　眼椭圆的应用

眼椭圆是汽车视野设计的基础，但只有与视线一起使用才有意义。以驾驶员前方下视野为例，进一步说明应用眼椭圆进行视野设计的原理，如图 6-17 所示。若要驾驶员前方下视野不被发动机罩、前风窗下缘、仪表板上边缘或转向盘上边缘所阻挡，并能看到车头前方一定距离 d 以外的路面，通常的做法是：在侧视图上，从地面上距离车头 d 处的一点 P_d 作第 95 百分位眼椭圆的下切线 L_d，则眼睛位置落在切线 L_d 上方的概率是 95%。如果使发动机罩、前风窗下缘、仪表板上边缘或转向盘上边缘都在切线 L_d 的下方，就能以 95% 的概率保证驾驶员的眼睛不被上述物体遮挡而能看到 P_d 点前方的路面，从而满足设计要求。

以 SAE 眼椭圆为理论依据，可进行如下视野设计：内外视镜布置、驾驶员前方视野设计和校核、车身 ABC 柱盲区计算、仪表板上可视区域确定、雨刮布置和刮扫区域校核，以及遮阳带位置确定等。

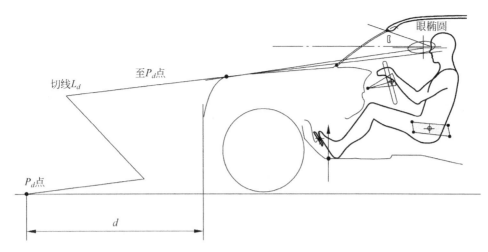

图 6-17 利用眼椭圆进行驾驶员前方下视野设计的原理

6.4 汽车座椅静态舒适性设计

6.4.1 汽车座椅概述

汽车座椅是车身附件,是人和汽车之间接触最多的部件,用于支撑乘员的重量,缓和由车身传来的振动和冲击,也是安全系统的重要组成部分,为驾乘人员提供良好的工作和休息条件,创造安全和舒适的乘坐环境。

1. 座椅的功能和要求

1) 座椅功能
(1) 驾驶人员定位,保证驾驶视野和汽车操纵控制。
(2) 支撑人体结构,使乘客在汽车行驶中保持平稳。
(3) 提供舒适环境,以防乘客受到颠簸路面的影响。
(4) 确保人员安全,汽车受到撞击时能够保护乘员。

2) 座椅要求
(1) 座椅须安全可靠,应有足够的强度、刚度与耐久性,结构紧凑并尽可能减少质量。
(2) 座椅设计需满足各种标准和法规(形状、尺寸等)的要求。
(3) 座椅的外形设计必须符合人体生理功能,在保证舒适性的前提下力求美观。
(4) 座椅靠背须能承受制动踏板的反作用力,坐垫倾斜角可调节,能调节人体下肢角度。
(5) 整个车厢内座椅布置应合理,特别是驾驶员座椅必须处在最佳位置。
(6) 为满足驾乘人员舒适性所设的各种调节机构,要有可靠的锁止装置,以确保安全。

2. 座椅的分类和特点

汽车座椅可按座椅材料、座椅形状、座椅功能、使用对象以及使用性能进行分类,具体分类及其对应特点如表 6-9 所示。

表 6-9 汽车座椅分类及其对应特点

性质	分类		特点
座椅材料	织物座椅		以化学纤维物质为主要材料,性价比高,实用性强
	绒布座椅		防滑、寿命长、不易磨损,但散热差、不易清洁
	皮质座椅		易散热、易清洁,但易滑、易磨损、易褶皱
座椅形状	分开式座椅		仅供一人乘坐的座椅
	一体式座椅		可供多人乘坐的座椅
座椅功能	固定式		不可拆卸,与车体固定的座椅
	可卸式		可拆卸,不与车体固定的座椅
	调节式		可进行调节(如折叠、旋转等)的座椅
使用对象	成人座椅		最常见普通座椅,能够正常使用成人用安全带
	赛车座椅		通常由碳纤维为骨架,无舒适性,主要保证安全性
	儿童座椅	婴儿用	主要以躺的形式,必须后向安装,确保婴儿安全舒适
		幼儿用	可分为前向式、后向式或者两者兼用式
		学童用	用可把学童垫高的安全坐垫,垫高后使用成人用安全带
使用性能	气垫座椅		自带减振功能的座椅,舒适性强
	按摩座椅		座椅内加入气动装置,靠背内多个气压腔实现按摩功能
	电动座椅		依靠电力可以实现座椅滑行、角度倾斜等功能的调整

3. 座椅的结构和造型

座椅由座椅骨架、头枕、靠背、座垫、调节装置、座椅总成与车身相连接的固定部件等部件组成。其中头枕是用以限制乘员头部相对于躯干向后移位,防止在后部碰撞中由于头部相对胸部过度后仰而引起头颈部内伤的弹性装置;靠背主要减轻腰椎的压力,缓解疲劳;座垫主要保证乘员舒适性;调节装置可以将座椅调整到最佳位置上,以获得最好观察视野、最习惯的操纵方式以及最舒服的乘坐角度。

座椅造型设计在满足乘员安全性(包括驾驶员的视野范围及便利操作、碰撞后的最大保护原则等)的前提下,力求乘员舒适性(包括座椅的贴合感以及软硬感、腰部及背部的合理支撑、汽车振动的舒适性等)。座椅造型设计如图 6-18 所示。

4. 座椅安全系统

座椅安全系统包括座椅、安全带和安全气囊等安全辅助装置。随着智能网联和主动安全技术的发展,座椅安全系统必然朝着智能决策型、安全控制型、精准保护型的方向发展,从而为乘员提供更加安全、舒适的驾乘环境。

安全带是主要的乘员约束系统,可限制车辆碰撞以及翻滚过程中人体相对于车体的运

图 6-18　汽车座椅造型设计

动,并可吸收部分冲击能量,达到保护乘员的目的。目前最常见的是预紧式安全带和三点式安全带,较为先进的安全带增设有限荷器、高度调节器、织带预拉紧器以及自动紧急锁止装置等。未来安全带的发展会融合汽车事故预警系统,通过主动安全系统采集的数据更精准地激活安全带的效用,使其实现不同级别的预收紧强度。

安全气囊是辅助乘员约束系统的核心部件,在车辆发生碰撞时最大限度地保护驾乘人员,尽量减少驾乘人员的伤害程度。目前安全气囊的设置趋向于全方位、多角度地对乘员进行保护。安全气囊的未来发展趋势为智能化、轻型化、环保化,以及预碰撞保护。

6.4.2　驾驶员静态舒适性

车辆驾驶座椅的舒适性设计要比一般室内坐姿操作用的工作座椅复杂得多,通常包括静态舒适性、动态舒适性(又称振动舒适性)、操作舒适性三方面的设计任务,而这三方面的设计标准却往往由于实际要求的相互矛盾而难以完全满足。例如,完全按乘坐的静态舒适性要求选择的扶手高度可能会妨碍驾驶员手臂的操纵动作。

好的驾驶座椅设计必须保证驾驶员在连续几个小时操作的情况下,身体能够得到很好的支持。这就要求座椅各个部分的位置是可调节的,以适应从第 5 百分位的女驾驶员到第 95 百分位的男驾驶员范围内所有人的不同需要。应当有不同密度的适宜座垫和靠背来支持身体的敏感部位。必须根据各种车辆的道路试验或田间试验结果和设计经验,找出既能适应工作需要,又能满足休息要求的折中方案。座椅必须有额外的空间,允许驾驶员坐在座椅的任一边或改变在座椅上的角度,以便暂时使其肌肉放松。

6.4.3　静态舒适性的结构要素

1. 腰靠曲线

基本要求:接近正常的腰曲弧线支撑。

重要参数:座椅靠背角 $95°\sim135°$,平均值 $115°$。

2. 人体背部与腰部的合理支撑

两点支撑：背部(肩胛骨)、腰部。

背部：第5～6胸椎高度。

腰部：腰曲部位——腰靠，第4～5节腰椎之间。

3. 体压分布

座垫的体压分布图即等压线，见图6-19。

体压分布应合理，靠背体压分布集中于肩胛骨和腰椎部位，向外压力递减。

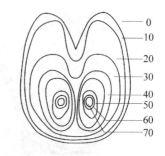

图6-19 座垫体压分布(单位：g/cm^2)

6.4.4 座椅静态舒适性设计

1. 影响静态舒适性的座椅结构参数

(1) 座面(高度、深度、宽度)。

驾驶员座高＝(小腿加足高＋鞋高修正量)×$\sin\alpha$(小腿与地面夹角)

(2) 腰靠(位置、曲面、宽厚)。

腰靠位置应在人体的腰椎靠下部进行支撑。

(3) 头枕(形式、位置、尺寸)。

头枕位置应根据人体的头部几何尺寸进行设计。

2. 舒适坐姿设计

理想的舒适坐姿使得腰曲弧线受拉伸最小，腰背部肌肉松弛，大腿血管不受压迫，颈曲变形小。

3. 其他方面

座椅应突出对人体的保护作用，应在人—机—环境系统的角度体现安全舒适，座椅优化设计应在安全性、舒适性、经济性等方面寻找平衡点。

6.4.5 相关法规标准

设计者在确定驾驶座椅在车辆上的安装位置之前，必须先确定坐着的驾驶员与座椅结构的相对位置。为了提供人体测量数据，美国汽车工程师协会(SAE)已将车辆驾驶座椅设计的参考点标准化(SAE J1163)，这个参考点称为座椅标志点(Seat Index Point，SIP)，其位置如图6-20所示。人体身躯与大腿的转动中心为H点，SIP点和大个子男人的H点重合，座椅标志点SIP的位置由两个基准平面，即靠背基准平面和座椅基准平面确定，两平面相交在座椅基准点(Seat Reference Point，SRP)，知道了SRP点，即可找出SIP点。

为便于实际应用，SAE把SIP点到靠背基准平面的距离135mm，SIP点到座椅基准平面的距离97mm定为标准尺寸。这个标准尺寸适合第97.5百分位的男子，而对于第2.5百分位的女子，其身躯与大腿的转动中心H点与SIP点并不重合，有25mm的差距，这个差距就被忽略了。SAE 明确规定,任何驾驶座椅的座椅基准平面和靠背基准平面只能用 SAE 的标准人体模型或图 6-21 所示的测量装置来确定。这样,座椅制造者和车辆设计工程师就有了一个共同的标准定位点。

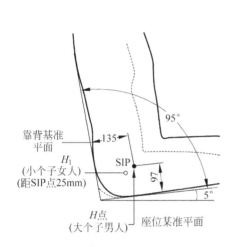

图 6-20　人体 H 点与座椅标志点的关系(尺寸单位:mm)

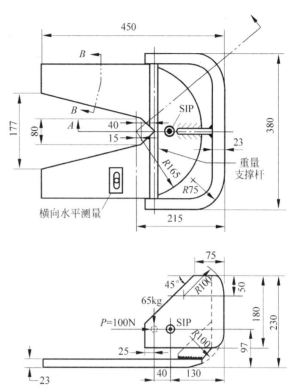

图 6-21　SAE 座椅标志点测量装置(尺寸单位:mm)

6.4.6　汽车座椅发展设想

随着无人驾驶车辆的发展,汽车座椅的设计在保证乘员安全性的前提下,会更加注重乘员的乘坐体验。

(1)座椅设计:采用最先进的生产理念,最优化的工艺流程,最科学的仿真分析进行座椅设计,达到工艺设计和人机工程的完美统一。

(2)座椅材料:采用合金钢等复合材料及碳纤维等轻质材料,尽可能保证高强度的前提下减重使得车辆轻量化,同时采用的材料也更加环保,尽可能延伸汽车座椅的全生命周期。

(3)座椅布局:通过合理利用汽车座舱空间及座椅朝向,结合行驶状态及乘员乘姿多样化,满足乘员不同风格乘坐体验,座椅布局更加趋向于私人定制化。

(4) 座椅使用：会更加符合人机工程要求，更加照顾多样化人群，包括老弱病残孕等不同群体，精准支撑乘员的每一处受力点，满足不同乘客乘坐需求，缓解乘员疲劳压力。

(5) 座椅调节：会增加不同调节装置，可以进行不同方向的运动，以及调节到最习惯舒适的乘坐角度。

(6) 安全程度：会配备更智能的辅助安全系统，如智能安全气囊、智能安全带等。

(7) 舒适程度：会更加体现人文关怀精神，包括座椅记忆、座椅加热、座椅按摩及娱乐设施等功能，使乘员在出行过程中享受宜人化体验。

6.5 汽车驾驶室作业空间设计

6.5.1 基本设计要点

1. 总体考虑

车辆驾驶室的作业空间设计以驾驶员、驾驶座椅、显示装置、操纵装置以及驾驶室的门、窗、顶棚、板壁之间的合理匹配为基本依据。具体设计中包括人机界面的视认性、操纵方便性、乘降方便性、安全性、舒适性和居住性等方面性能的考虑。

2. 驾驶室作业空间

车辆驾驶室的作业空间应宽敞适度，易于出入。要给驾驶员的手和脚留有足够的活动空间，驾驶室的内部高度最好能使第 95 百分位的男驾驶员站起来时不碰到头部，至少当他挺直坐在高度调节到最高位置的座椅上面时，头顶离驾驶室顶部内表面还有一定的间距，驾驶室的门和上下车梯踏板的尺寸及其相关位置均应保证驾驶员出入驾驶室的安全和方便。

操纵装置相对于驾驶座椅的位置应适合于驾驶员方便操作。显示装置相对于驾驶座椅的位置应适合于驾驶员准确认读。门、窗玻璃相对于驾驶座椅的位置应使驾驶员操作时有良好的视野。

3. 乘降方便性

对于小型车辆，驾驶员和乘员上下/出入车辆的设计，即乘降方便性的考虑，主要包括车门的开度和地板的高度。对于驾驶员来说，转向盘与座椅之间的空间也影响人体就座的难易及舒适度，具体而言是转向盘下沿位置与座椅前缘之间的距离是否足够人体的进入。

对于大、中型车辆和工程机械，驾驶员出入驾驶室、乘员上下车的方便性和安全性也应该满足人体因素的具体要求，主要考虑车梯的设计。

依据我国的成年人人体尺寸，上下车梯最低一级踏板的离地高度不宜超过 550mm，最高一级踏板与门槛的垂直距离不宜超过 300mm，相邻两踏板间的垂直距离不宜超过 300mm，车梯各踏板的内侧宽度不宜小于 250mm。要求不用手臂拉力的辅助，脚就能跨上阶梯，所有台阶的最小宽度都要容许两只脚能同时放下。这些限制尺寸是根据下阶梯时的安全和方便性确定的。阶梯应设置扶手，扶手的断面应选取圆形，根据长度的不同，断面直径为20~30mm。车梯越陡,安全性越差。因此,有必要把阶梯做成与垂直面成20°以上的倾斜度的车梯。梯面最小深度宜取为180mm。在车梯上脚可能接触到的任何运动零件,都应当设置防护罩。车梯踏板的表面应设计成在各种天气条件下均能有效防滑的花纹,并使脚与防滑花纹之间保持充分接触。

6.5.2 常用设计工具与标准

常用设计工具包括人体模型及其他可达性考察模板。其中,人体模型包括的参考点主要有H点、眼点、踵点,具体应用时要考虑类型和百分位数。眼椭圆、头廓包络线、手伸及界面、拳椭圆、膝部包络线和胃部包络线均有不同应用。

《载货汽车驾驶员操作位置尺寸》(GB/T 12552—1990)、《客车车内尺寸》(GB/T 13053—2008)、《农业拖拉机驾驶员座位装置尺寸》(GB/T 6235—2004)等标准中,规定了有关车辆驾驶室的作业空间布置和尺寸推荐数据。

图6-22所示为一种轿车驾驶室的推荐设计。图6-23和表6-10给出了客车车内尺寸参数及推荐数值。

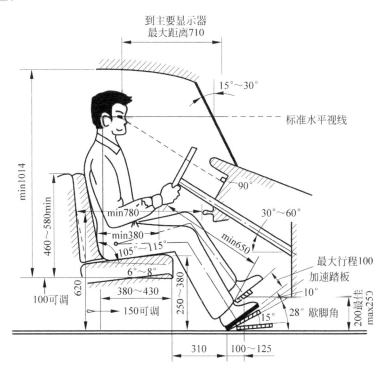

图6-22 一种轿车驾驶室的推荐设计(尺寸单位:mm)

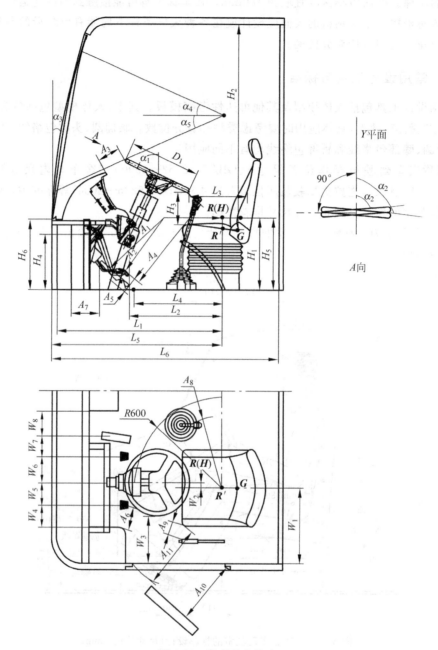

图 6-23 客车车内尺寸

表 6-10　客车车内尺寸参数取值　　　　　　　　　　　　cm

$α_1$	55°～75°	$H_1(H_5)$	405～508	L_1	≥1000
$α_2$	90°±5°	H_2	950～1050	L_2	600～700
$α_4$	arctan((5−M)/(12+N))	H_3	180～240(优选 200～220)	L_3	350～380
$α_5$	arctan(M/(3+N))	H_4	≥350	L_4	525～785
M 为眼点离地高(m)		H_6	≤650	L_5	≥1000
N 为眼点与前保险杠水平距离(m)				L_6	≥1300
W_1	360～550(优选 400～500)	A_1	950～1050	A_7	≥120(踏板行程范围内)
W_2	≤40	A_2	850～950	A_8	≤600(低于方向盘,高于坐垫上表面,在驾驶员右侧,在 R 点前)
W_3	≥100	A_3	≥80		
W_4	≥80	A_4	≥600	A_9	≥50
W_5	80～200	A_5	≤200	A_{10}	≥650
W_6	70～180	A_6	≥80(踏板行程范围内)	A_{11}	≥250
W_7	110～160(优选 110～130)				
W_8	≥80(左侧),≥60(右侧)				

6.6　汽车车身人机工程设计

轿车车身总布置设计包括轿车离地间隙设计、车身地板布置、车身前围的布置、车身室内人机工程布置设计、车门布置及乘降方便性设计、驾驶员视野校核以及发动机舱、行李舱等其他装备的布置设计。上述布置设计都离不开人体参数性能的结合考虑。

6.6.1　SAE 相关标准

SAE 中规定的坐姿人体功能尺寸见图 6-24,包括头部空间,眼的位置,头、眼活动范围、肩、肘、胯的宽度,胯点,座椅调整范围,膝部空间,脚部位置和空间,脚踏板行程及手伸及尺寸。

SAE 驾驶员设计标准见图 6-25,包括头部包络线、驾驶员眼椭圆、胯点(H 点)及其前后调节量、加速踏板踵点、足—踏板接触点及驾驶员手伸及界面。

6.6.2　车身室内人机工程布置设计

根据车身室内设计的基本要求:空间宽敞、乘坐舒适和视野广阔,即尺寸性、舒适性和视野性要求,在车身设计中应以人机工程学研究的基础内容——人体尺寸、人体生理结构和视觉特性为依据,着手进行布置设计,最终使室内布置设计达到以人体为中心的三个方面整

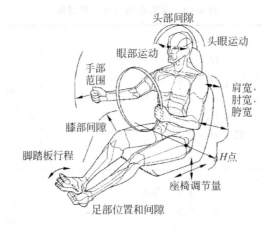

图 6-24 SAE 规定的坐姿人体功能尺寸

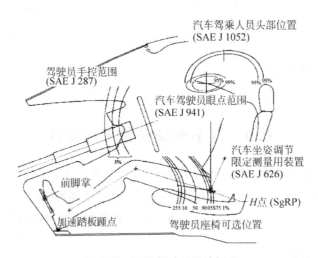

图 6-25 SAE 驾驶员设计标准

车协调。具体对于驾驶员来说,在其舒适的驾驶姿势下,人体的布置设计应达到:

(1) 操纵件位置布置设计的协调,以确定驾驶位置。

(2) 车内空间尺寸的协调,以达到最有效的利用。

(3) 整车的人车视野协调,使其具有最佳视觉效果。

人体模板的布置是车身室内人机工程布置设计的基础。人体模板的布置设计步骤如下:

(1) 选择人体模板(百分位)。

(2) 画出加速踏板位置、地板线,确定踵点。

(3) 以踵点为基准布置 P_{95}、P_{50}、P_5 模板,人体处于最佳活动范围和角度关系。

(4) 以 H_{95}、H_5 点间的水平、垂直距离确定座椅的调节量。

(5) 以 P_{95} 人体模板和 H_{95} 点位置画出人体布置的轮廓曲线,考虑座椅压缩量与厚度给出前座舱的最后设计界限。

(6) 确定各 H 点位置和座椅调节行程是否合适。

(7) 分析加速踏板全程运动中,人体姿势的变化情况。

(8) 画出 3 种百分位人体布置的腿部轮廓线,设计腿部空间。

(9) 后排座椅与上述类似,只需第 95 百分位。着重考虑搁脚位置、姿势和腿部空间。

图 6-26 所示为应用人机工程学进行车身室内布置设计的程序框图。

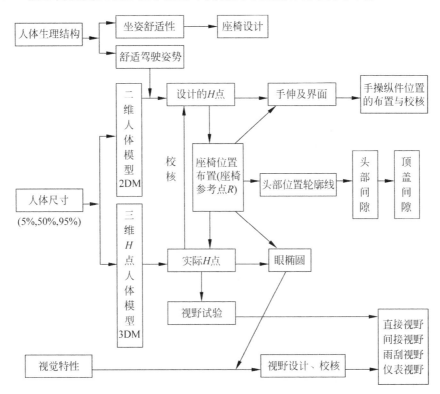

图 6-26 应用人机工程学进行车身室内布置设计的程序框图

车身室内人机工程设计布置具体包括如下方面:

1. 前排座椅 H 点的确定

在车身总布置的侧视图上利用人体尺寸及二维人体模型确定前座的 H 点位置通常有两种思路。一种是根据室内地板的高度和加速踏板的位置,人体模型由下而上布置;另一种是车身高度已定,人体模型从已知的顶盖内衬高度由上而下布置。

2. 前排座椅的布置

确定前排座椅的位置,包括前后和上下方向的可调范围与界限。

3. 人机界面布置

人机界面布置即仪表板断面形状、位置的确定以及操纵件和操纵手柄的位置布置。

4. 后排座椅 H 点的确定

与前排座椅 H 点的确定类似。

5. 车身顶盖及前后风窗的位置确定

利用尺寸关系与设计工具确定车身顶盖与前后风窗的位置。

6. 后排座椅后面及后围的确定

确定后排座椅的位置,进一步确定车身后围的位置。

7. 车身室内宽度的确定

首先初步确定车身宽度;确定驾驶员座椅的横向布置及车身侧围横断面形状(前排座椅处);进行后排座椅横向布置及车身宽度的校核;作出车身最宽部位的断面形状,确定车身宽度。

此外,还包括车门布置及乘降方便性、驾驶员视野校核,以及其他装备的布置。

乘降方便性即驾驶员和乘员的上下车方便性,其影响因素包括侧围立柱和车门布置、车内座椅与侧围立柱的相对位置、车门上下框的侧向位置、车门和立柱上的扶手位置、车梯踏板等因素。对人员入座影响显著的参数包括车门洞的高度、转向盘与座椅的相对位置等。驾驶员的视野校核主要依据眼椭圆来进行,主要包括前风窗视野、雨刮视野及两侧立柱阻挡盲区、仪表板视野和后视野等。

6.6.3 车身室内居住性评价试验

通过车身室内居住性各项指标的实际测定,来评价车身居住性,是检验室内布置的人机工程学,不断改善居住性的重要环节,其评价试验主要包括以下几个方面:

(1) 实际 H 点的位置测定试验。H 点的实际位置测定是检验驾驶员能否按理论设计的舒适姿势进行驾驶的关键,同时 H 点的实际位置是决定室内其他设计指标的基础。

(2) 室内总布置尺寸和角度的测定试验。

(3) 人车视野性测定试验。

(4) 驾驶操纵性试验。

(5) 车内环境状况的综合测定。如车内风速及分布测定、车内制冷或采暖的温度分布测定、车内噪声测定、车身密封性测定等。

6.7 自动驾驶汽车人机工程设计探讨

6.7.1 自动驾驶汽车概述

1. 自动驾驶汽车概念

自动驾驶汽车是在普通汽车的基础上增加先进的传感器(雷达、摄像机等)、控制器、执行器等装置,通过车载传感装置和信息终端实现车与人、车、路、云等之间的智能信息交换,具备智能的环境感知能力,能够自动规划路径形成行驶路线,自动分析汽车行驶的安全及危险状态,控制车辆到达预定目的地的新型汽车,一般具有智能和网联的功能。

2. 自动驾驶汽车类型

按《汽车和挂车类型的术语和定义》(GB/T 3730.1—2001),把汽车分为乘用车与商用车两种,我国未来自动驾驶车辆类型主要有自动驾驶乘用车辆和自动驾驶商用车辆两种类型。未来的自动驾驶车辆可能会按照传感器组合方式、通信方式以及配备先进驾驶辅助系统的集成度进行车辆类型划分。

目前自动驾驶车辆主要分为基于车载式传感器的自动驾驶车辆、基于网联式的智能互联自动驾驶车辆以及融合车载式传感器和网联式的自动驾驶车辆3种类型。第一种主要使用立体视觉传感器和雷达传感器融合,结合决策单元以及控制单元实现自动驾驶;第二种主要使用短距离无线通信技术实现车辆与车辆(V2V)、车辆与云平台与车辆(V2C2V)、车辆与道路基础设施(V2I)之间的实时通信,实现信息传递达到自动驾驶;第三种是深度融合前述两种方式,实现优势互补,提供更为先进可靠的自动驾驶汽车解决方案。

3. 自动驾驶汽车分级

我国自动驾驶车辆等级分类通常是参照美国 SAE 标准进行研究的,自动驾驶汽车对等级的界定主要是从驾驶员对车辆控制权的角度出发,可以分为驾驶员拥有车辆全部控制权、驾驶员拥有部分车辆控制权以及驾驶员不拥有车辆控制权3种形式,另外根据先进驾驶辅助系统(Advanced Driver Assistance System,ADAS)的配备和技术成熟程度,决定驾驶员拥有车辆控制权的多少,ADAS 装备越多,技术越成熟,驾驶员拥有车辆控制权越少,自动驾驶汽车等级越高。我国自动驾驶汽车等级分类及对应特征如表 6-11 和表 6-12 所示。

表 6-11 自动驾驶汽车等级分类及定义

智能化等级	等级名称	等级定义
Level 1 (DA)	驾驶辅助	系统根据环境信息执行转向和加减速中的一项操作,其他驾驶操作由人完成
Level 2 (PA)	部分自动驾驶	系统根据环境信息执行转向和加减速操作,其他驾驶操作由人完成

续表

智能化等级	等级名称	等级定义
Level 3 (CA)	有条件自动驾驶	系统完成所有驾驶操作,根据系统请求,驾驶员需要提供适当的干预
Level 4 (HA)	高度自动驾驶	系统完成所有驾驶操作,特定环境下系统会向驾驶员提出响应请求,驾驶员可以对系统请求不进行回应
Level 5 (FA)	完全自动驾驶	系统可以完成驾驶员能够完成的所有道路环境下的操作,不需要驾驶员介入

表 6-12 自动驾驶汽车等级特征及适用工况

智能化等级	等级特征	适用工况
Level 1 (DA)	人与系统进行控制 人对车辆进行监视 人来应对车辆失效	车道内正常行驶、高速公路无车道干涉路段行驶、无换道操作
Level 2 (PA)	人与系统进行控制 人对车辆进行监视 人来应对车辆失效	变道以及泊车、环岛等市区简单工况 高速公路及市区无车道干涉路段进行换道、泊车、环岛绕行、拥堵跟车等工况
Level 3 (CA)	系统进行控制 系统对车辆进行监视 人来应对车辆失效	高速公路正常行驶工况 高速公路及市区无车道干涉路段进行换道、泊车、环岛绕行、拥堵跟车等工况
Level 4 (HA)	系统进行控制 系统对车辆进行监视 系统来应对车辆失效	有车道干涉路段(交叉路口、车流汇入、拥堵区域、人车混杂交通流等市区复杂工况)进行的全部操作
Level 5 (FA)	系统进行控制 系统对车辆进行监视 系统来应对车辆失效	所有行驶工况下进行的全部操作

6.7.2 自动驾驶汽车的人机关系

自动驾驶车辆中的人机之间会是更加和谐、多样、智能的关系,自动驾驶车辆的设计会注入更多以乘员优质体验为核心的元素,保证乘员在整个驾驶过程中充分享受生理上的舒适度和心理上的安全感。

更加和谐的关系表现在:自动驾驶车辆会降低或消除驾驶人的失误和出错概率,保证行车安全可靠;在行车过程中,充分保证乘员生理、心理等核心需求,体现乘员在自动驾驶车辆的核心作用;合理优化内饰布置,提升乘员满足感和归属感;乘员和自动驾驶车辆的控制达到和谐最优。

更加多样的关系表现在：自动驾驶车辆的设计会充分考虑各种乘员群体，如残疾人等以前驾驶存在困难的群体；会迎合适宜乘员的多样化需求，如改变传统静坐姿势等；人机交互方式表现更加多样，乘员在车辆中的活动表现也更加多样。

更加智能的关系表现在：自动驾驶车辆人机交互界面会减少传统机械控制，取而代之的有手势、语音等多源输入的信息方式；自动驾驶车辆会更精准地量化乘员的核心需求，增值娱乐、商务等功能；自动驾驶车辆也会对乘员进行一定的监控，必要时给予相应的辅助措施。

随着自动驾驶车辆技术的不断发展以及机器拟人化的进程，人机关系也会发生微妙变化，如何处理好人与自动驾驶车辆之间的关系，如何使自动驾驶车辆更符合乘员新的乘坐习惯，如何保留或者激发乘员对自动驾驶车辆控制的乐趣，这些都需要随着人生活习惯的改变以及科技的进步发展，再重新定义新的人机关系。

6.7.3 自动驾驶汽车的人机工程设计

自动驾驶车辆人机工程设计的目标就是在符合制造整个自动驾驶车辆的前提要求下，优化解决好人机功能分配、人机关系协调、人机界面匹配3个基本问题，从而实现人机整体系统的最优化方案，获得安全、健康、舒适、高效的综合效益。更多新技术如智能感知、增强现实、脑机接口等将在自动驾驶车辆中实用化，为乘员提供"出行即服务"。

符合制造要求要做到：在满足技术可能性、性能可靠性、经济可行性的前提下所设计的自动驾驶车辆注入人的因素，不断协调优化，通过尽可能简单的训练使得人能够对自动驾驶车辆进行操作。

人机功能分配要做到：在驾驶准备、驾驶出行、驾驶结束等不同阶段乘员与自动驾驶车辆之间的控制权合理分配以及相应功能实现，优化乘员功能与自动驾驶车辆功能的联系，保证行车安全性以及发生不可避免事故时车内乘员的安全性。

人机关系协调要做到：乘员能够有效合理地完成对自动驾驶车辆的起始终止控制，自动驾驶车辆能够有逻辑地完成乘员指令，充分考虑自动驾驶车辆的可靠性，能够补偿乘员决策的失误，减轻乘员驾驶负担，乘员与控制器能协调工作，从而顺利完成驾驶/行驶任务。

人机界面匹配要做到：乘员以任何方式传递任何信息时，自动驾驶车辆要能稳定可靠地接受并以一定的形式反馈，具体表现在操纵器、显示器的设计、选型以及布置要充分考虑人机之间的几何位置关系等，最终目的主要是保证乘员优质体验。

自动驾驶车辆设计的最终目的不是机取代人，而是要人机和谐共存，成为可交流的友好伙伴，人机工程的设计是综合人和自动驾驶车辆的共同智慧，相互优化协调，使人和自动驾驶车辆的优势都能得到最充分的发挥。

从内饰和人机界面的设计角度而言，作为自动驾驶车辆的最高级——未来的无人驾驶汽车，由于不再需要驾驶员和专门的驾驶操作装置，节省了空间，而更利于人的居住性和娱乐性。人可以在车内休息、娱乐、阅读、观看影视、使用计算机。那么，传统的基于驾驶员和面向驾驶操控的车身人机工程设计将被颠覆还是继承发展？这是人机工程面临的挑战。

不管怎样，以人为中心、人—机—环境系统的设计思想不会变，安全性和舒适性的本质需求不会变，人机界面、人环界面依然存在，人体的感知特性和影响因素依然是系统设计的主要依据。车内人体乘姿变得多样化，不用再严格依照驾驶员的标准坐姿、视觉特性和操作可达性来设计人机界面和座椅，人机之间的沟通和交互可以更多方式和维度……然而，乘员的安全性和舒适性仍然是需要优先考虑和保证的。在智能网联发展趋势下，车辆人机工程设计总体上需要根据实际产品及其功能的发展变化而进行相应调整，向着个性化、虚拟化和智能化的方向发展，期待未来的自动驾驶汽车能带给我们一种全新的、更完美的人机工程体验。

本章涉及的标准

1. 《中国成年人人体尺寸》(GB/T 10000—1988)
2. 《坐姿人体模板功能设计要求》(GB/T 14779—1989)
3. 《汽车室内尺寸测量用三维 H 点装置》(GB/T 11559—1989)
4. 《汽车 H 点确定程序》(GB/T 11563—1989)
5. 《汽车风窗玻璃刮水器和洗涤器性能要求和试验方法》(GB 15085—2013)
6. 《载货汽车驾驶员操作位置尺寸》(GB/T 15705—1995)
7. 《客车车内尺寸》(GB/T 13053—2008)
8. Motor Vehicle Drivers' Eye Locations(SAE J941—2010)
9. (R2012) Determining Seat Index Point(SAE J1163—1997)
10. Taxonomy and Definitions for Terms Related to Driving Automation Systems for On-road Motor Vehicles(SAE J3016—2014)

复习思考题

1. 什么是汽车的 H 点？其在车身设计中有何作用？
2. 什么是手伸及界面？其在车身设计中有何作用？
3. 什么是驾驶员的眼椭圆？举例说明眼椭圆的应用。
4. 什么是眼椭圆的视切比和包含比？两者有何关系？
5. 汽车人机工程设计涉及哪些人体生理特性？
6. 轿车室内人机工程布置设计主要包括哪些方面，按照怎样的程序进行设计？
7. 设想一下未来无人驾驶车辆的人机界面和人机工程设计会有哪些变化。

课后作业

1. 综合本章所学内容,调研一款汽车的人机工程设计。
2. 基于人体的坐姿特性设计一种舒适的轿车用座椅。
3. 为一种自动驾驶汽车设计新型的人机界面和乘员空间。

参 考 文 献

[1] SANDERS S M, McC J E. Human Factors in Engineering and Design[M]. 北京：清华大学出版社,2002.
[2] 丁玉兰.人机工程学[M].2 版.北京：北京理工大学出版社,2000.
[3] 周一鸣,毛恩荣.车辆人机工程学[M].北京：北京理工大学出版社,1999.
[4] 马江彬.人机工程学及其应用[M].北京：机械工业出版社,1993.
[5] 郭青山,汪元辉.人机工程设计[M].天津：天津大学出版社,1994.
[6] 徐军,陶开山.人体工程学概论[M].北京：中国纺织出版社,2002.
[7] 袁修干,庄达民.人机工程[M].北京：北京航空航天大学出版社,2002.
[8] 朱序璋.人机工程学[M].西安：西安电子科技大学出版社,1999.
[9] [美]卡罗琳·考斯梅尔.味觉——食物与哲学[M].吴琼,叶勤,张雷,译.北京：中国友谊出版公司,2001.
[10] 李迪,林忠钦.概念设计阶段汽车内部布置方法研究[J].汽车技术,2004(6)：22-25.
[11] 吴海波,王凤艳,李炭.轿车总布置设计中人机工程应用的初步探讨[J].汽车技术,2004(2)：6-10.
[12] 乐玉汉.轿车车身设计[M].北京：高等教育出版社,2000.
[13] 黄天泽,黄金陵.汽车车身结构与设计[M].北京：机械工业出版社,1989.
[14] 谷正气.轿车车身[M].北京：人民交通出版社,2002.
[15] 黄金陵.汽车车身设计[M].北京：机械工业出版社,2008.
[16] 余志生.汽车理论[M].北京：机械工业出版社,2005.
[17] 任金东.汽车人机工程学[M].北京：北京大学出版社,2010.
[18] 杜子学.汽车人机工程学[M].北京：机械工业出版社,2011.
[19] 吕杰锋,陈建新,徐进波.人机工程学[M].北京：清华大学出版社,2009.
[20] BHISIE D V. 汽车设计中的人机工程学[M].李惠彬,刘亚菇,等译.北京：机械工业出版社,2014.
[21] [日]林洋.实用汽车事故鉴定学[M].黄永和,译.北京：人民交通出版社,2001.
[22] 崔胜民.智能网联汽车新技术[M].北京：化学工业出版社,2017.
[23] 布拉德·沃克.运动损伤解剖学[M].罗冬梅,刘晔,等译.北京：北京体育大学出版社,2018.
[24] 阮宝湘,邵祥华.工业设计人机工程[M].北京：机械工业出版社,2005.